教师发展力丛书

丛书总主编 武丽志 孟繁胜

U0873804

中华传统文化核心经典选读

教师读本

主 编 / 鲍鹏山

副主编 / 洪彦龙

中国人民大学出版社

· 北京 ·

图书在版编目（CIP）数据

中华传统文化核心经典选读：教师读本 / 鲍鹏山主编 . -- 北京：中国人民大学出版社，2020.12
（教师发展力丛书）
ISBN 978-7-300-28697-6

Ⅰ. ①中… Ⅱ. ①鲍… Ⅲ. ①中华文化—师资培训—教材 Ⅳ. ① K203

中国版本图书馆 CIP 数据核字（2020）第 194101 号

教师发展力丛书
从书总主编　武丽志　孟繁胜
中华传统文化核心经典选读：教师读本
主　编　鲍鹏山
副主编　洪彦龙
Zhonghua Chuantong Wenhua Hexin Jingdian Xuandu：Jiaoshi Duben

出版发行	中国人民大学出版社		
社　址	北京中关村大街 31 号	邮政编码	100080
电　话	010－62511242（总编室）		010－62511770（质管部）
	010－82501766（邮购部）		010－62514148（门市部）
	010－62515195（发行公司）		010－62515275（盗版举报）
网　址	http://www.crup.com.cn		
经　销	新华书店		
印　刷	天津中印联印务有限公司		
规　格	185mm×260mm　16 开本	版　次	2020 年 12 月第 1 版
印　张	13	印　次	2020 年 12 月第 1 次印刷
字　数	270 000	定　价	38.00 元

版权所有　侵权必究　　印装差错　负责调换

百校千课共享联盟理事会

理 事 长：严继昌

副理事长：侯建军　陶正苏　马国刚　张　震

百校千课共享联盟融媒体系列教材——教师发展力丛书编委会

主　　任：严继昌

总 主 编：武丽志　孟繁胜

执行主编：（以姓氏笔画为序）

从春侠　许占权　李　洋　杨　敏　吴铁钧

张秀梅　武丽志　程进才　鲍鹏山

编　　委：（以姓氏笔画为序）

丁月牙　　国家教育行政学院

刁庆军　　清华大学

万　春　　上海开放大学

马　英　　北京教育学院

王冬冬　　奥鹏远程教育中心

王宁宁　　北京开放大学

王成龙　　国家教育行政学院

王丽珍　　山西大同大学

王伯军　　上海开放大学

王海波　　湛江二中港城中学

亓俊国　　北京师范大学

邓　毅　　华南师范大学

石长征　　衡水学院

卢子洲	华中师范大学
冯宇红	湛江市赤坎区教师发展中心
冯健文	韩山师范学院
任广卉	山东省邹城市第一实验小学教育集团
庄建华	山东省邹城市第一实验小学教育集团
刘　静	北京教育学院
刘海星	华南师范大学
齐小梅	北京教育学院
闫寒冰	华东师范大学
许　力	广东省教育技术中心
许　蔚	复旦大学
孙传远	上海开放大学
李文送	岭南师范学院附属中学
李立君	广东财经大学
李记旭	韩山师范学院
李爱铭	上海开放大学
李智平	湛江市赤坎区教师发展中心
杨　丽	四川仕途名师堂教育科技有限公司
杨　洪	四川民族学院
杨芳芳	上海市嘉定区南翔中学
杨晓丽	国家教育行政学院
邱晓婷	苏州大学
余致晓	深圳市罗湖教育科学研究院
宋海英	吉林省教育学院
张　瑾	上海开放大学
张　震	北京网梯科技发展有限公司
张二虎	北京市第二中学通州校区
张妙龄	岭南师范学院
张佳伟	苏州大学
张学波	华南师范大学

张轶斌	上海开放大学
张福生	北京教育学院
陈玉娟	湛江第二十七小学
陈圣德	岭南师范学院附属中学
欧阳慧玲	广东省教育技术中心
罗建新	首都师范大学
罗朝明	西南大学
孟　欣	北京教育学院
赵志峰	人民教育出版社
侯　荔	邹城市教体局
洪　越	苏州市相城区教育发展中心
洪彦龙	上海开放大学
贾汇亮	广东第二师范学院
夏金良	河北省廊坊市大厂第一回民中学
翁朱华	上海开放大学
梁　业	广东省惠州市龙门县教育局
梁富华	邹城市教体局
董丽敏	上海开放大学
蒋凤春	河北师范大学
蒋帮民	山东省邹城市第一实验小学教育集团
惠　兰	苏州市姑苏区教师发展中心
曾维义	重庆市江北区教师进修学院
缪世林	苏州大学
薛东前	陕西师范大学
魏　芸	山东省邹城市第一实验小学教育集团

本书编写组

主　编：鲍鹏山

副主编：洪彦龙

成　员：万　春　许　蔚　杨　洪　杨　丽　杨芳芳　赵　枫
赵　洁　张　瑞　张千卫　梁　奇　傅传凤　殷守艳

丛书序言

百年大计，教育为本；教育大计，教师为本！没有好的教师，就没有高质量的教育。教师作为教育发展的第一资源，是国家富强、民族振兴、人民幸福的重要基石，承担着传播知识、传播思想、传播真理的历史使命，肩负着塑造灵魂、塑造生命、塑造人的时代重任。中共中央、国务院高度重视教师队伍建设，2018 年出台了新中国成立以来第一个专门面向教师队伍建设的里程碑式政策文件——《关于全面深化新时代教师队伍建设改革的意见》，确立了教师队伍建设的“极端重要性”战略地位。

“兴国必先强师”已然成为共识。那么，具体到教师个体及群体的专业发展实践，好教师是如何养成（炼成）的呢？名师的成长、成功又是否有“规律”可循，有“秘籍”可学呢？由华南师范大学武丽志博士和东北师范大学孟繁胜博士任丛书主编，国家教育行政学院、华南师范大学、苏州大学、首都师范大学、上海开放大学、岭南师范学院等高校以及奥鹏教育的 9 支教师培训专家团队共同撰写的“教师发展力丛书”较好地回答了这一问题，并给出了一系列切实可行的策略。

“教师发展力丛书”共九本，特色鲜明，是我们百校千课共享联盟推出的第一套非学历融媒体教材，开了一个好头，形成了很好的示范效应。本丛书创意非常好、内容非常实，既可用于教师以自我提升、自我发展为目的的自学，亦可用于教师培训组织（院校、机构）开展相关主题的教师培训。本丛书有利于教师培训工作的内涵建设与质量提升，有利于教师培训工作实施的标准化与科学化，也有利于教师培训的品牌建设与模式推广。具体来说，这套丛书的特色主要包括如下方面：

一、强调立德树人，弘扬传统文化。本丛书中，《立德树人：师德涵养之道》和《中华传统文化核心经典选读：教师读本》围绕师德师风展开，具有十分重要的基础和核心地位。“德”是教师专业发展必须坚守的“根本”。作为新时代的一名合格教师，要真正做到“有理想信念、有道德情操、有扎实学识、有仁爱之心”，就必须厚植中华优秀传统文化底蕴，夯实高尚师德师风，坚持立德树人、育人为本，努力以德立身、以德立学、以德施教、以德育德。这是打造新时代中国高素质教师队伍的内在要求和重要保证。

二、构建完整体系，打造“六脉神剑”。本丛书中有六本名字非常相似，分别是《从优秀到卓越：教师创新力的 12 项修炼》《从优秀到卓越：教师信息力的 12 项修炼》《从优秀到卓越：教师学习力的 12 项修炼》《从优秀到卓越：教师领导力的 12 项修炼》《从优秀到卓越：教师研究力的 12 项修炼》《从优秀到卓越：教师文化力的 12 项修炼》。这是教师专业发展的六个关键维度，也是本丛书主编基于多年教师培训实践提出的“六脉神剑”，分别是：以教学改革为核心的创新力；“互联网 +”时代的信息力；面向终身学习、数字化学习的学习力；立足学生和课程，强化管理、引领价值的领导力；推动教学质量不断提升的研究力；成长为名师所必备的厚积薄发的文化力。这六个维度并行不悖，相互融合，共同支持并成就着教师个体及群体的专业发展。

三、关注青年教师，推进教师进阶。人的一生虽然漫长，但关键的只有那么几步。对于教师来说，走上讲台的头几年最为关键。如何有效推动新手教师尽快完成从学习者到传授者的转变，从追随者到引领者的转变，从职场外到职场内的转变呢？本丛书专门拿出一本《新教师的进阶之路》来讨论并回答这一问题，瞄准教师从教之初的痛点和难点，帮助新教师尽快“站稳讲台”并成为“教学能手”，规范“外在行为”并塑造“内在品德”，朝着“优秀教师”“卓越教师”甚至“未来教育家”的方向努力。

四、内容直击痛点，力求深入浅出。本丛书的主编及所有单本的作者均来自教师培训的第一线，很多作者既是教师培训的授课专家，又是管理者，因此了解教师专业发展的困境和问题，深谙教师专业发展的实际需求和痛点、难点。每一本书的内容组织都是有的放矢，且不绕弯子，既做到了深入浅出，又结合了丰富的生动案例，整套书的可读性非常强。可以这么说，这套丛书是作者们多年培训授课经验的总结积累、提炼升华，是培训师们在自己授课领域的智慧结晶，且经过了培训课堂的反复实践检验，因此内容非常实、干货非常多。

五、创新出版模式，扬融媒体特色。百校千课共享联盟一直在组织开发并极力推广基于互联网的融媒体教材，本丛书也不例外。融媒体教材以知识点为中心，“学、测、评、导”一体化，每个知识点配有二维码，支持读者通过扫码随时随地学习，既助力了出版社教材建设的创新转型，又促进了基于融媒体的在线教学。具体到本丛书，每一本都通过封底的二维码，链接到专家团队的完整在线课程。本丛书不仅仅是纸介的培训教材、教师读物，还是适用于在线培训的完整网络培训课程，其培训目标明确、内容体系完整、线上线下资源建设齐备，因此适用面极广，极具推广价值。与此同时，融媒体也赋予了本丛书不断更新、不断完善、不断发展的可能。

六、立足网络时代，提升信息素养。信息化、网络化、智能化是本丛书撰写的时代大背景，因此其中的每一本书都有“互联网＋”的基因，都是在新技术环境下对教师专业发展的思考和探索。提升教师信息素养，推动教师在互联网生态中发展，是本丛书的设计理念之一。比如《从优秀到卓越：教师研究力的12项修炼》基于网络的文献检索、调查访谈、成果撰写与传播等，《从优秀到卓越：教师创新力的12项修炼》基于网络的直播课堂、翻转课堂、融合创新、智慧教育等，《从优秀到卓越：教师学习力的12项修炼》基于网络的信息获取、加工，以及数字化学习、终身学习，等等。

以上六个特色是本丛书价值的集中体现。教师专业发展的道路是漫长的，每一个教师从“新手”到“成熟”，从“骨干”到“名师”，从“优秀”到“卓越”，本无固定的章法和套路，但本丛书，特别是其中的“六脉神剑”，应当能够给教师们积极的启示和指引。希望大家都能喜欢，并从中受益！

百校千课共享联盟　理事长

全国高校现代远程教育协作组　秘书长　严继昌

2020年7月于北京清华园

前言

《中华传统文化核心经典选读：教师读本》(以下简称《读本》）为“教师发展力丛书”之一种。丛书以“立德树人”为核心，旨在从创新力、信息力、领导力、学习力、研究力、文化力等方面全面提升教师的素养与能力。

中国优秀传统文化的滋养与领会，是当代教师必备的素养，与师德师风建设同为教师精神文化与道德修养的重要组成部分。正是基于这一点，编写组特地编写了本书，力图通过中华传统文化经典篇目的解读，为教师蓄积文化底蕴，提升文化内力，增强文化自信。

但中国传统文化博大精深，内容涵盖极其广泛，如何在二十几万字的《读本》中较有体系、较为全面地向广大教师展现中国传统文化基本面貌，这是编写组面临的首要问题。编写组核心成员经过研讨，拟定两种编写方案：

其一，钱穆先生曾向学生推荐中国人必读的九种经典：《论语》《孟子》《大学》《中庸》《老子》《庄子》《六祖坛经》《近思录》《传习录》。这九种经典基本涵盖了中国传统文化中最为核心的思想观念，就思想而言，以儒为主，兼有道释；就时间而言，从先秦至明代，大致贯穿中国历史。编写组拟就这九种经典进行选编、注释、翻译、导读，力求在疏通文义的基础上，对于中国传统文化中一些核心性的概念、精神与问题进行解说。这是一种以古代文化元典为选编对象的方式，侧重于文化性与经典性，编写组最初倾向于这一方案。

其二，以时代为主要线索，以经典篇目为选编对象，近于传统文选性质。这一方案的优点首先在于涵盖更广，可以选取从先秦至近代各个时期优秀作家的代表作品，能更为丰富、更为鲜活地展现中国文化多层面的内涵。所选文学作品占多数，因此古人情感世界与心灵世界的体现更突出，对中国文化的理解更加感性、具体。另外，篇目选择古文与古诗词相结合，更注重语言美和音韵美，读起来朗朗上口，便于记诵。这是一种以古代经典作品为选编对象的方式，侧重于文学性与诵读性。

丛书编委会与出版社专家建议采用第二种方案，编写逻辑清楚易懂，便于各个学科的教师阅读学习。

根据该方案的思路，《读本》按时代顺序分为五章：先哲智慧、六朝风流、大唐气象、宋元情韵、明清世态。除第一章以主要典籍为选编对象外，其余四章基本以代表作家为对象，选取其经典作品，以点带面，反映时代风貌。

《读本》在编写体例上，分为选篇、注释、导读、嘉言撷英四个部分。

选篇：以通行本为主要底本，参照其他版本，遵照普遍常见原则，择善而从，原则上不出校记，对原文影响较大的异文，随注说明。篇幅较长的，根据文意与章节主旨，适当进行节选。

注释：以简洁清晰为原则，不做专业辨析，原则上不罗列各家说法，根据通行理解，选取一种说法。对重要字句，略加辨析说明；对于较难理解的句子，会在注释里疏通句意，以助理解。

导读：侧重于代表人物与作品的文化史与文学史意义解析。以作家生平与艺术特色为切入点，通过对选文的分析讲评，突出其文化特色；并将其放入中国文化历史发展进程中去审视其意义与价值，从而总结中国传统文化的特质。

嘉言撷英：为本节所选作家或典籍及其时代相关作家经典语句的摘选。作为章节选文之外的拓展，侧重名言佳句，每节 10 条，以精简语句为主，使读者能更深入地了解相关章节内容，也便于记诵。

本书编写组以上海开放大学中国古代文学重点学科教师为核心，广泛吸纳复旦大学、华东师范大学、上海大学、上海社科院等高校、科研机构的教师、研究生及一线中学语文教师，统一标准，分工协作。

主编负责本书编写方案、原则、体例的确定，编写组的召集与研讨，相关章节与例文的编写，书稿最终审定等工作。副主编负责编写分工与进度安排，相关章节编写，书稿统稿与文字修饰等工作。

书稿撰写具体分工如下：

鲍鹏山：第一章第一节、第三章第一节、第五章第二节；

洪彦龙：第二章第六节、第五章第七节；

万　春：第一章第三节、第七节，第三章第四节，第四章第二节，第五章第一节、第三节、第四节、第六节；

赵　枫　鲍鹏山：第三章第三节、第四章第七节、第五章第五节；

张　瑞　鲍鹏山：第三章第六节、第七节；

张千卫　鲍鹏山：第二章第一节、第七节；

许　蔚　洪彦龙：第一章第四节；

梁　奇　洪彦龙：第一章第六节、第二章第五节；

赵　洁　洪彦龙：第四章第四节、第五节、第六节；

杨　洪：第一章第二节、第五节；

杨　丽：第三章第二节；

杨芳芳：第三章第五节，第四章第一节、第三节；

殷守艳　洪彦龙：第二章第二节、第三节、第四节。

嘉言撷英部分由洪彦龙编选；傅传凤编选部分章节选文，并审读校对全部选文及注释。

本书的编写和出版，既是一种文化传承，又是一份教育责任。

限于时间与能力，书中难免存在疏漏与不当之处，敬请方家指正。

本书编写组

2020 年 9 月

目录

第二章 六朝风流

第一章 先哲智慧

第一节　万世之师：孔子的教育之道

孔子者，中国文化之中心也，无孔子则无中国文化。自孔子以前数千年之文化，赖孔子而传；自孔子以后数千年之文化，赖孔子而开。

——柳诒徵

选　篇

子路、曾皙、冉有、公西华侍坐

东周《论语》

子路、曾皙、冉有、公西华侍坐[1]。

子曰："以吾一日长乎尔，毋吾以也[2]。居则曰[3]：'不吾知也！'如或知尔，则何以哉？"

子路率尔[4]而对曰："千乘之国[5]，摄乎大国之间[6]，加之以师旅[7]，因之以饥馑[8]；由也为之，比及三年[9]，可使有勇，且知方也[10]。"

夫子哂之[11]。

"求，尔何如？"

对曰："方六七十[12]，如五六十，求也为之，比及三年，可使足民。如其礼乐，以俟君子[13]。"

"赤，尔何如？"

对曰："非曰能之，愿学焉。宗庙之事，如会同[14]，端章甫[15]，愿为小相焉[16]。"

"点，尔何如？"

鼓瑟希[17]，铿尔，舍瑟而作[18]，对曰："异乎三子者之撰[19]。"

子曰："何伤乎？亦各言其志也。"

曰："莫春者[20]，春服既成。冠者五六人[21]，童子六七人，浴乎沂[22]，风乎舞雩[23]，咏而归。"

夫子喟然叹曰[24]："吾与点也[25]！"

三子者出，曾皙后。曾皙曰："夫三子者之言何如？"

子曰："亦各言其志也已矣。"

曰："夫子何哂由也？"

曰："为国以礼，其言不让[26]，是故哂之。"

"唯求则非邦也与[27]？"

"安见方六七十如五六十而非邦也者？"

"唯赤则非邦也与？"

"宗庙会同，非诸侯而何？赤也为之小，孰能为之大？"

注释

[1] 侍坐：此处指执弟子之礼，侍奉老师而坐。

[2] "以吾一日"两句：这两句的意思是说不要在意我比你们年长几岁就拘束而不敢畅所欲言。

[3] 居：闲居，指平日在家的时候。则：就。

[4] 率尔：不假思索的样子。

[5] 千乘之国：有一千辆兵车的诸侯国。

[6] 摄乎：夹在。

[7] 加之以师旅：有（别国）军队来侵略它。

[8] 因之以饥馑：接连下来（国内）又有饥荒。

[9] 比及：等到。

[10] 知方：懂得道义。

[11] 哂（shěn）：微笑，这里略带讥讽。

[12] 方：方圆。

[13] 俟：等待。

[14] 会同：诸侯之间的盟会。

[15] 端：礼服。章甫：礼帽。这里都是名词用作动词，意思是"穿着礼服，戴着礼帽"。

[16] 相：在祭祀、会盟或朝见天子时主持赞礼和司仪的人。

[17] 鼓：弹。希：同"稀"，稀疏，这里指鼓瑟的声音已接近尾声。

[18] 作：站起身。

[19] 异乎三子者之撰：意思是我的志向与前面三位同学说的不同。

[20] 莫（mù）春：指三月。莫，通"暮"。

[21] 冠：古时男子二十岁为成年，束发加冠。

[22] 沂：水名。

[23] 风：吹风。舞雩（yú）：求雨的祭坛。

[24] 喟然：叹息的样子。

[25] 与：赞成。

[26] 为国以礼，其言不让：治理国家要用礼，可他说话却不知道谦虚。

[27] 唯求则非邦也与：难道冉求所讲的不是治国之事吗？

导 读

中华民族历史绵延悠久，思想文化精深广博，不过要说其中影响最为深远、广泛的人物和著作，大概非孔子与主要记录他和弟子言行的《论语》莫属了。

孔子（前551年—前479年），名丘，字仲尼，春秋末年鲁国人，为我国古代著名的思想家、教育家、政治家，儒家学派的创始人。其先世虽为殷人后裔、宋国贵族，但他三岁丧父，其“少也贱，故多能鄙事”，曾做过管理仓库、畜牧的小吏。他“十有五而志于学，三十而立”，中年始招收弟子，开创、从事私人讲学。孔子一度担任中都宰和大司寇，代理鲁国最高行政事务，为时虽短，而有实际的政治作为。后以政局混乱而去职，带领弟子周游列国，以实现其政治理想。然生逢乱世，虽经十四载颠沛流离，足迹遍及卫、宋、陈、蔡、齐、楚等国，其理想终无法实现。于是回到鲁国，修《诗》《书》，定《礼》《乐》，序《周易》，作《春秋》，对我国古代文化典籍的整理、传播作出了巨大的贡献。

孔子去世后，诸弟子将其日常生活言行记录整理为《论语》一书，成为集中反映孔子思想学说的最为可靠的主要文献。

尽管孔子自己并没有对其思想学说作出全面、系统的阐述，《论语》的记述也多是简短的问答语录，但其思想实际上涵盖社会、人生的各个方面，充分反映出孔子对世界、人生及社会的诸多问题有着深刻的思考与体察，处处闪烁着思想智慧之光。然而孔子并没有刻意冷峻、故弄玄虚地说着这些道理，而是处处不离生活日常，显得真实、朴素、具体而丰富。《论语》中的孔子，是那么的亲切、温和，富有人情味。是的，孔子是伟大的，这不仅体现在他为我们的人生和社会树立了一种“仁”的崇高的理想和标准，提供了一种人类道德自我完善与超越的可能，还体现在他对其自身理想的执着追求——“知其不可而为之”。在《论语》中，孔子对自身理想的无法实现难免有着沉重的叹息和感伤。然而，也正是“仁以为己任”，“死而后已”，这种坚韧、无畏的担当，这种积极努力的精神和态度，连同孔子的那些沉重的叹息和感伤，永远感动、激励着我们后人。

本文选自《论语·先进》，是《论语》中最长的一篇。孔门师徒的性情在其中显现得惟妙惟肖。

首先是孔子，当他问弟子们“平时你们总说：没人了解我啊。假如有人了解你们，你们能拿出什么成绩证明你们的才能”时，他自己内心的病痛也就昭然若揭。实际上，感慨“不吾知也”的就是他自己。“天下无道久矣，莫能宗予”（《史记·孔子世家》）——天下无道很久了，但没有人听我的。这不是怨吗？他曾经说过：“人不知而不愠”，但说起来容易，做起来难。特别是看着天下礼乐崩坏，社会一片黑暗，自己身怀治国利器而不得用，能无怨吗？所以，孔子此处拿这个问题问学生，正是他自己急于求用心态的表露。不得用之痛苦，不吾知之寂寞，只好通过转向学生而移之，舒缓之。

另外，我们不仅要洞悉孔子此时内心的“怨”，还要看他是如何排解这种“怨”的。

不得重用而怨时，屈原是“露才扬己，忿怼沉江”，以死抗争；鲍照是“拔剑击柱长叹息”；李白是“拔剑四顾心茫然”，他们或自戕，或找对象发泄，都不及孔子的沉稳平静。圣人心胸，可容万物，当然也可以容纳并消化痛苦和委屈。从这个角度看，“人不知而不愠”，孔子还是做到了。

再看他和弟子们的对话，他是那么平等和蔼，让人如坐春风。先打消弟子们的顾虑，说明自己和他们的差别只是比他们年长，并且年长也不多，只是“一日”，让其不要拘谨。这种谦虚下人的态度，就足以让人感动。对他人的不足，如子路的不知谦让，率尔而对，他只不露痕迹地一笑；而对别人的优点，则不吝给予大大的称赞，“吾与点也”！责人之轻微，赞人之显著，是师长，更是仁者。而“吾与点也”的喟叹，把自己失意之时的茫然情怀尽情展露。最后对自己弟子的评价，表扬之中有自信，推重之中有欣慰。是则孔子虽然不能亲自去治国平天下，但已为天下培养了一流人才。这些人才，是将来天下由大乱走向大治、由分裂走向统一、由愚昧走向文明、由残忍走向人道的希望。他已经看到花蕊中的果实了。

子路大概是孔门弟子中最可爱的一个。他无小人之心，无虚伪之心，无畏怯之态。他“率尔而对”时，只求表现自己，才不管别人怎么看他呢。这种自由舒张的心态，健全的精神与完整的人格，在孔门中是很突出的。子路“一片天真烂漫到底”（金圣叹说李逵语），你看他在这儿，自信自负，说他能治理好一个内忧外患的国家，让人民能在困难中有勇气，看到希望，这是他的专长。但是他说话时不谦让，几乎是抢着发言。尤其是不该说自己有能力让人民“知方”——懂得礼仪，因为在孔子看来，这是只有圣王才能做到的事业。所以孔子对他不禁加以哂笑。而这一切都让善于察言观色的冉求看在眼里。轮到他说话时，就十分的谦虚。他特别在最后补了一句：“如其礼乐，以俟君子”——至于礼乐这样的事，只有圣人才能做到，我冉求只能是打好基础，以等待这样的圣明君子。

另外，公西华作为在场年龄最小的学生，在老师和师兄面前，自是格外谦虚。相反，当老师和其他师弟在谈论时，曾皙在一旁悠然鼓瑟。老师点到他时，他更是从容自若，胸有成竹地说出一番让孔子内心极受震撼的话，他的风度来自他的修养，孔子曾说，曾皙的学识和修养，基本框架已经有。

嘉言撷英

1. 子曰：“学而时习之，不亦说乎？有朋自远方来，不亦乐乎？人不知而不愠，不亦君子乎？”
2. 子曰：“吾十有五而志于学，三十而立，四十而不惑，五十而知天命，六十而耳顺，七十而从心所欲，不逾矩。”
3. 子曰：“学而不思则罔，思而不学则殆。”
4. 子曰：“知之者不如好之者，好之者不如乐之者。”

5. 子曰：“志于道，据于德，依于仁，游于艺。”
6. 子曰：“饭疏食饮水，曲肱而枕之，乐亦在其中矣。不义而富且贵，于我如浮云。”
7. 子曰：“仁远乎哉？我欲仁，斯仁至矣。”
8. 子曰：“知者不惑，仁者不忧，勇者不惧。”
9. 曾子曰：“士不可以不弘毅，任重而道远。仁以为己任，不亦重乎？死而后已，不亦远乎？”
10. 曾子曰：“吾日三省吾身：为人谋而不忠乎？与朋友交而不信乎？传不习乎？”

第二节　冷眼热肠：庄子的自由寓言

庄子眼极冷，心肠极热。眼冷，故是非不管；心肠热，故悲慨万端。虽知无用，而未能忘情，到底是热肠挂住；虽不能忘情，而终不下手，到底是冷眼看穿。

——胡文英

选　篇

逍遥游[1]（节选）

战国　庄子

北冥有鱼[2]，其名为鲲[3]。鲲之大，不知其几千里也[4]。化而为鸟，其名为鹏[5]。鹏之背，不知其几千里也。怒而飞[6]，其翼若垂天之云[7]。是鸟也，海运则将徙于南冥[8]。南冥者，天池也[9]。

《齐谐》者[10]，志怪者也[11]。《谐》之言曰：“鹏之徙于南冥也，水击三千里[12]，抟扶摇而上者九万里[13]，去以六月息者也[14]。”野马也[15]，尘埃也[16]，生物之以息相吹也[17]。天之苍苍[18]，其正色邪[19]？其远而无所至极邪[20]？其视下也[21]，亦若是则已矣。

且夫水之积也不厚[22]，则其负大舟也无力[23]。覆杯水于坳堂之上[24]，则芥为之舟[25]；置杯焉则胶[26]，水浅而舟大也。风之积也不厚，则其负大翼也无力[27]。故九万里，则风斯在下矣[28]，而后乃今培风[29]；背负青天而莫之夭阏者[30]，而后乃今将图南[31]。

蜩与学鸠笑之曰[32]：“我决起而飞[33]，抢榆枋[34]，时则不至[35]，而控于地而已矣[36]，奚以之九万里而南为[37]？”适莽苍者[38]，三餐而反[39]，腹犹果然[40]；适百里者，宿舂粮[41]；适千里者，三月聚粮[42]。之二虫又何知[43]！

小知不及大知[44]，小年不及大年[45]。奚以知其然也？朝菌不知晦朔[46]，蟪蛄不知春秋[47]，此小年也。楚之南有冥灵者[48]，以五百岁为春，五百岁为秋；上古有大椿者[49]，以八千岁为春，八千岁为秋，此大年也。而彭祖乃今以久特闻[50]，众人匹之[51]，不亦悲乎[52]？

…………

故夫知效一官[53]，行比一乡[54]，德合一君，而征一国者[55]，其自视也[56]，亦若此矣[57]。而宋荣子犹然笑之[58]。且举世而誉之而不加劝[59]，举世而非之而不加沮[60]，定乎内外之分[61]，辩乎荣辱之境[62]，斯已矣[63]。彼其于世未数数然也[64]。虽然[65]，犹有未树也[66]。

夫列子御风而行[67]，泠然善也[68]，旬有五日而后反[69]。彼于致福者[70]，未数数然也。此虽免乎行，犹有所待者也[71]。

若夫乘天地之正[72]，而御六气之辩[73]，以游无穷者[74]，彼且恶乎待哉[75]？故曰：至人无己[76]，神人无功[77]，圣人无名[78]。

注释

[1] 本篇为《庄子·内篇》的第一篇，意思是没有任何束缚、自由自在地活动。
[2] 北冥：北海，因海水深黑而得名。冥，通“溟”，指广阔幽深的大海。
[3] 鲲（kūn）：此处为大鱼之名。
[4] 不知其几千里也：不知道它有几千里大。
[5] 鹏：此处为大鸟之名。
[6] 怒：奋力飞举。
[7] 垂天：天边。一说遮天。
[8] 海运：海水运动，此处指汹涌的海涛。徙：迁移。
[9] 天池：天然形成的池子。
[10]《齐谐》：志怪小说集。
[11] 志怪：记述怪异的故事。志，记载。
[12] 水击：“击水”一词的倒装，形容大鹏起飞时翅膀拍击水面的壮观景象。
[13] 抟（tuán）：盘旋上升。扶摇：旋风。
[14] 去：离开。息：气息，指风。
[15] 野马：云雾之气变化腾涌成野马的样子。
[16] 尘埃：空中游尘。

[17] 以息相吹也：以气息相互吹拂所致。
[18] 苍苍：深蓝色。
[19] 其：或许。正色：真正的颜色。
[20] 邪（yé）：通“耶”，疑问词。
[21] 其视下也：它（指鹏）向下俯视。
[22] 且夫：助词，无实义，起提示下文的作用。
[23] 负：承载。
[24] 覆：倒。坳（ào）堂：屋前地上的洼坑。
[25] 芥：小草。
[26] 置：放。焉：在这里。胶：粘住地面动不了。
[27] 则其负大翼也无力：就没有力量托起鹏巨大的翅膀。
[28] 则风斯在下矣：风就在大鹏的下面（说明风有九万里深厚）。
[29] 而后乃今：“今而后乃”的倒装，相当于“这时……然后才”。培风：乘风。
[30] 夭（yāo）：挫折。阏（è）：阻碍。
[31] 图南：图谋飞往南方。
[32] 蜩（tiáo）：蝉。学鸠（jiū）：斑鸠一类的小鸟。
[33] 决起：迅速跃起。
[34] 抢：撞到，碰到。榆枋（fāng）：泛指树木。
[35] 时则：时或。
[36] 控：投下，落下来。
[37] 奚以：何必，哪里用得着。之：往。为：句末疑问语气词，相当于“呢”。
[38] 适：去，往。莽苍：草色苍莽的郊野。
[39] 三餐：指一天。反：通“返”，返回。
[40] 犹：还是。果然：饱足的样子。
[41] 宿：隔夜，头一夜。舂（chōng）粮：把谷物的壳捣掉，指准备粮食。
[42] 三月聚粮：准备三个月的粮食。
[43] 二虫：指蜩和学鸠。虫，古代对动物的统称。又何知：又怎么会知晓呢。
[44] 小知（zhì）：小聪明。知，通“智”。大知：大智慧。
[45] 小年：短命。大年：长寿。
[46] 朝菌：一种朝生暮死的菌类植物。晦朔：月亮的盈缺。晦，每月的最后一天。朔，每月的第一天。
[47] 蟪（huì）蛄（gū）：寒蝉，春生夏死或夏生秋死。春秋：一整年。
[48] 冥灵：大树名，一说大龟名。
[49] 大椿（chūn）：树名。
[50] 彭祖：传说中寿达八百岁的人物。乃今：而今，现在。
[51] 匹之：和他相比。

[52] 悲：可悲。
[53] 效：功效，此处引申为胜任。
[54] 行：品行。比：团结。
[55] 而：通“能”，能力。征：信。
[56] 其：指上述四种人。自视：看待自己。
[57] 此：指斥鴳。
[58] 宋荣子：战国中期的思想家。犹然：讥笑的样子。
[59] 举：全。誉：赞美。劝：勉励，奋发。
[60] 非：非难，指责。沮：沮丧。
[61] 内：主观。外：客观。分：分际。
[62] 辩：通“辨”，辨明。境：界限。
[63] 斯：这样，如此。指宋荣子的智德仅此而已。
[64] 数（shuò）数然：急切追求的样子。
[65] 虽然：即便如此。
[66] 树：树立，建树。
[67] 列子：名御寇，先秦郑国思想家。文段借列子乘风飞行，表明有待的道理。御：驾驭。
[68] 泠（líng）然：轻妙的样子。善：美妙。
[69] 旬有（yòu）五日：十五天。
[70] 致福：得福。
[71] 有所待：有所凭借。庄子的“有待”与“无待”是哲学范畴，指的是事物有否条件性。全句是指列子即使可乘风飞行，也仍然不得不凭借他物。
[72] 若夫：至于。乘：顺。天地之正：天地万物的本性。
[73] 六气：指阴、阳、风、雨、晦、明。辩：通“变”，变化。与“正”相对。“正”为本根，“辩”为派生。
[74] 以游无穷：行游于绝对自由的境界。无穷，绝对自由的境界。
[75] 恶（wū）乎待哉：还用什么凭借呢？
[76] 至人：极致的人，庄子心目中境界最高的人。至人、神人、圣人，三者名异实同。无己：指至人破除自我偏执，扬弃小我，摒绝功名束缚的本我，追求绝对自由、通达，物我相忘的境界。
[77] 无功：顺应大道不示功名。
[78] 无名：不求名望。“至人无己”是庄子体悟的最高人格境界；“神人无功”是庄子无治主义政治观的表达；“圣人无名”是庄子扬弃功名、去除外物束缚的人生追求。

导读

《逍遥游》是《庄子》的名篇，也是《庄子·内篇》的第一篇。这篇文章在思想上和艺术上都极具代表性，是理解庄子思想的关键。庄子通过这篇文章想要表达一种“逍遥”的理想，即“无所待而游无穷”，对世俗之物无所依赖，与自然化而为一，不受任何束缚自由地游于世间的精神境界。

《庄子》一书善用寓言，全书共一百多个寓言，仿佛是一部寓言故事集。司马迁说庄子：“著书十余万言，大抵率寓言也。”庄子在《寓言》一篇中也说自己的作品“寓言十九”。寓言是《庄子》最主要的表现方式。《庄子》大量运用充满“谬悠之说、荒唐之言、无端崖之辞”(《庄子·天下》) 的寓言，来表达高深莫测的“道”。因此,《庄子》的文章看似散漫断续，但却不失旨趣；看似彼此独立，实际上环环相扣。庄子的寓言故事之间彼此互相说明论证。寓言这种文体将说理与寓意合而为一，因此，在阅读《庄子》的时候不能单独地分析寓言，而是应当将寓言和庄子的思想作为一个整体来理解。

在《逍遥游》中，庄子通过假托一只巨大的鹏鸟借助云气飞往南方，蜩与学鸠却讥笑它“奚以之九万里而南为”来说明蜩与学鸠这样的行为是“小知不及大知”。蜩、学鸠和《秋水》篇中的河伯、井蛙极为相似，庄子在《秋水》中说：“井蛙不可以语于海者，拘于虚也；夏虫不可以语于冰者，笃于时也；曲士不可以语于道者，束于教也。”庄子通过这一寓言故事是要告诉我们：万物都被自身所处的环境所局限，难以获得认识上的飞跃，因而常常处在难以了悟道家“道”的真谛的境地。因此，他们无法理解和运用道家所谓的“无为”，大鹏鸟的寓言实际上是在为后文的寓言张本。

庄子还每每在寓言当中运用譬喻和类比来说明自己所要表达的观点。比如在鲲化为鹏的寓言里，为了说明鹏鸟需要借助大自然强烈的云气才能飞上九万里高空，庄子将鹏鸟和风的关系类比为水和舟的关系，简单明了，通俗易懂。接着又用草芥和杯子在坳堂之上的小水坑中的不同状况来譬喻“风之积也不厚，则其负大翼也无力”的道理。蜩与学鸠不需要飞这么远，自然不需要像鹏鸟一样借助大风，它们根本就不能理解鹏鸟的这种行为也就无可厚非了。庄子的寓言告诉我们，当人们把眼光局限在某一物的某一方面的时候，或者只注重它的“用”的一方面的时候，都会表现出一定的缺陷与不足。反之，把它看作无用的时候，那么一切问题就都解决了。这就是庄子所谓的“无所可用，安所困苦哉”。

《庄子》的寓言常常还表现出超凡的想象力，由此构成一幅幅奇特瑰丽的奇妙图景。寓言和想象往往在此书中融为一体。刘熙载《艺概·文概》说它“意出尘外，怪生笔端”。《庄子》的想象虚构，往往超越时空的局限和物我的分别，奇幻异常，变化万千，充满了夸张和变形。在《逍遥游》一文中“北冥有鱼……化而为鸟，其名为鹏……怒而飞，其翼若垂天之云。……水击三千里，抟扶摇而上者九万里”。鲲的硕大无朋，和“化而为鹏”的神奇变化，气势恢宏，充分体现了庄子万物混一的哲学思想。在这里，庄子的想象可谓是天马行空，无拘无束，奇诡的文风充溢于字里行间。类似的故事还有如《大宗师》,“子舆”病得极重，以致身体严重病变：“曲偻发背，颐稳于脐，肩高于顶。”发人之所未发。难怪鲁迅说《庄子》：“其文则汪洋辟阖，仪态万方，晚周诸子之作，莫能先也。”

嘉言撷英

1. 天地有大美而不言，四时有明法而不议，万物有成理而不说。
2. 人皆知有用之用，而莫知无用之用也。
3. 举世而誉之而不加劝，举世而非之而不加沮。
4. 泉涸，鱼相与处于陆，相呴以湿，相濡以沫，不如相忘于江湖。
5. 其嗜欲深者，其天机浅。
6. 彼亦一是非，此亦一是非。
7. 天地与我并生，而万物与我为一。
8. 人生天地之间，若白驹之过隙，忽然而已。
9. 君子之交淡如水，小人之交甘若醴。
10. 好面誉人者，亦好背而毁之。

第三节　兴观群怨：中国人的情感与诗教

子曰："小子，何莫学夫诗？诗，可以兴，可以观，可以群，可以怨。迩之事父，远之事君；多识于鸟兽草木之名。"

——《论语》

选　篇

诗经·小雅·采薇[1]

西周

采薇采薇，薇亦作止[2]。曰归曰归[3]，岁亦莫止[4]。靡室靡家[5]，猃狁之故。不遑启居[6]，猃狁之故[7]。

采薇采薇，薇亦柔止[8]。曰归曰归，心亦忧止。忧心烈烈[9]，载饥载渴[10]。我戍未定[11]，靡使归聘[12]。

采薇采薇，薇亦刚止[13]。曰归曰归，岁亦阳止[14]。王事靡盬[15]，不遑启处[16]。忧心孔疚[17]，我行不来[18]。

彼尔维何[19]？维常之华[20]。彼路斯何[21]？君子之车[22]。戎车既驾[23]，四牡业业[24]。岂敢定居[25]？一月三捷[26]。

驾彼四牡，四牡骙骙[27]。君子所依，小人所腓[28]。四牡翼翼[29]，象弭鱼服[30]。岂不日戒[31]？猃狁孔棘[32]！

昔我往矣[33]，杨柳依依[34]。今我来思[35]，雨雪霏霏[36]。行道迟迟[37]，载渴载饥。我心伤悲，莫知我哀！

注释

[1] 本诗出自《诗经·小雅·鹿鸣之什》，写作时间历代注者说法很不统一。从诗歌所写内容看，是戍边士兵返乡时候的吟唱，抒写了久戍士兵生活的艰辛与思乡念家的复杂苦痛情怀，据此并参考其他历史记载推测，此诗大约出现在周宣王时代。薇：豆科野豌豆属的一种，种子、茎、叶均可食用。

[2] 作：指薇菜冒芽拱出地面的情形。止：句末助词，无实义。

[3] 曰：句首、句中助词，无实义。

[4] 莫：通假字，通“暮”。本文指年末。

[5] 靡（mǐ）室靡家：靡，无；室，同“家”；古代室、家互言。此处意指没有正常的家庭生活。

[6] 不遑（huáng）：不暇。启居：跪、坐，指休息、休整。居，安坐、安居。

[7] 猃（xiǎn）狁（yǔn）：中国古代北方少数民族名。

[8] 柔：柔嫩。“柔”比“作”更进一步，指薇菜长得十分柔嫩的样子。

[9] 烈烈：炽烈，形容忧心如焚。

[10] 载饥载渴：又饥又渴。

[11] 戍：防守，此处指戍守之地。

[12] 聘：聘问，此处指问候的音信。

[13] 刚：坚硬。

[14] 阳：暖和的季节。

[15] 盬（gǔ）：止息，了结。

[16] 启处：休整，休息。

[17] 孔：甚，很。疚：病，苦痛。

[18] 我行不来：意指我不能回家。来，回家。

[19] 尔：花盛开的样子。

[20] 常：常棣，即棠棣，植物名。华：通“花”。

[21] 路：通“辂”，高大的战车。斯何：犹言“维何”。

[22] 君子：指将帅。

[23] 戎：古代兵器的总称，戎车又称兵车。

[24] 牡：雄马。业业：高大威武的样子。

[25] 定居：犹言“安居”。
[26] 捷：胜利。
[27] 骙（kuí）骙：指马强壮。骙，雄强，威武。
[28] 小人：指士兵。腓（féi）：庇护，掩护。
[29] 翼翼：整齐的样子，指战马训练有素。
[30] 象弭（mǐ）：以象牙装饰弓端的弭。弭，弓的一种，其两端饰以骨角。一说弓两头的弯曲处。鱼服：鲨鱼鱼皮制作的箭袋。
[31] 日戒：日日警惕戒备。
[32] 孔棘（jí）：很紧急。棘，急。
[33] 昔：从前，文中指出征时。往：指当初离家从军。
[34] 依依：形容柳丝轻柔、随风摇曳的样子。
[35] 思：用在句末，无实义。
[36] 雨：这里是下雨的意思。霏（fēi）霏：雪花纷纷扬扬飘落的样子。
[37] 迟迟：迟缓的样子。

导读

《诗经》是中国最早的一部诗歌总集，收录了西周初年到春秋中叶大约五百年间的305篇诗歌。《诗经》，原名“诗”，或以诗篇的约数称作“诗三百”，汉代“罢黜百家，独尊儒术”，儒家奉之为经典，始有“诗经”的尊称。

《诗经》因为所收录的都是当时入乐的歌曲，所以，传统上按音乐性质的不同常分为风、雅、颂三类。

“风”又称“国风”，指不同诸侯国和地区的地方乐曲（或叫土乐），共有十五国风。“雅”指“雅正之乐”，产生于西周京畿地区，分为大雅和小雅，主要用于贵族朝会和宴享活动。“颂”是宗庙祭祀神灵、祖先时使用的舞曲歌辞，包括周颂、鲁颂、商颂。305篇诗歌以外，还有6篇“笙诗”，有目无辞。

《诗经》开创了中国现实主义诗歌创作的先河，奠定了中国现实主义文学的发展道路，为后世现实主义的诗歌创作提供了经典范例。它的现实主义精神，一直被后世所继承和发扬。

《诗经》中的民歌创作，成就辉煌，确立了民间文学在中国文学史上的崇高地位，启发和推动了后世作家积极向民间文学作品学习，先秦之后的中国民间文学几乎都与《诗经》有着一脉相承的关系，形成了中国文学的现实主义优良传统。

《诗经》为后世文学提供了很多诗歌样式，比如叙事诗、劳动歌、恋歌、战歌、祭歌、颂歌、节令诗、讽刺诗，等等。

《诗经》创立的赋、比、兴手法，成为中国古代诗歌创作的基本表现方法，为后世广泛采用并发展，历代诗人不断加以创新，最终形成了中国诗歌创作鲜明的民族主义特色。

本诗是一首戍卒的哀歌，它用倒叙手法，抒写了一位久戍返乡的士兵归家途中的回忆和慨叹。全诗六章，可视为两个部分，前五章追忆紧张、艰苦的戍边生活，抒发思家盼归、归途茫茫的苦痛；第六章从追忆过去转到面对现实，抒发了无边的孤寂、彷徨和忧伤之情。诗歌反映了西周时期猃狁侵扰、战火不断、民无宁日的现实苦难，千万将士久戍边关、思乡念家的悲苦之情及其抗击侵略、保家卫国的英勇精神，带有浓郁的忧世伤时、无奈怅惘之情。

前五章中，前三章为一层，以采薇起兴，兴中兼赋，采用重章、叠词，从薇菜破土发芽，到幼苗柔嫩，再到茎叶老硬，循序渐进，反复吟咏，追忆戍边生活之苦况，抒写思家盼归心情的急切，叙述战事频仍、关山万里、故土难回的原因，恋家思亲的个人情感，为国赴难的责任和战斗意识，相互交织，融汇成矛盾而又真实深沉的家国情怀，动人心魄。同时，通过"岁亦莫止"和"岁亦阳止"，喻示了戍役的漫长和物换星移、生命流逝的忧伤。如此抒写，营造了全诗的历史背景、生活情状、情感基调和艺术氛围，并通过后面的章节一再表现出来。

第四、五两章为第二层，追述戍边军营、行军作战的紧张、艰苦生活，情调由前文念亲思归之忧伤转为出生入死的豪迈激昂。先写军容威武，气象森严，战马强壮，武器精良，严阵以待；然后写了两个战斗场面，将士气势如虎，冲锋陷阵，所向披靡，沙场征战，视死如归。由此，刻画了戍边士兵出生入死、卫国牺牲的忠诚、豪迈之情。

第六章为第三层，从追忆过去转到面对现实，抚今忆昔，两相比对，痛定思痛，记事写景，景中寓情，触景伤怀，使全篇充满浓郁的诗情画意和抒情色彩，笼罩着凄清悲凉的哀伤。数九寒冬，阴雨霏霏，雪花飘飘，一位退役的老兵，须发如霜，踽踽独行在返乡路上，又饥又渴，又累又乏；边关远去，乡关渐近，思绪纷飞，百感交集。忆往昔，艰苦的军旅生活，激烈的战斗场面，无数次的登高盼归，一幕幕若隐若现；看眼前，一望无际，雪花漫天，当年的家乡在哪里，当年的依依杨柳在哪里，亲人又在哪里？没有人知道老兵的孤寂、忧伤和苦恼，只有一条泥泞小道，崎岖、漫长，在老兵的脚下无限地伸长、伸长。

"昔我往矣，杨柳依依。今我来思，雨雪霏霏"被称为《诗经》中最佳诗句之一，千古传诵。自南朝谢玄以来，对它的评析也绵延成一部一千多年的阐释史。王夫之《姜斋诗话》有言："以乐景写哀，以哀景写乐，一倍增其哀乐。"刘熙载《艺概》中说："雅人深致，正在借景言情。"

本诗的艺术特征分析如下：

第一，全诗采用倒叙的结构，先用大量的篇幅回忆过去的军旅生活，把读者带入远离家乡，艰苦、紧张、危险的边关战斗生活当中，横空而来，引人入胜。最末章抒写主人公归途中的忧伤与感慨，触景生情，应喜却悲，耐人寻味。这样安排，便于突出诗歌的主题，增强抒情的效果。

第二，大量运用比兴、复叠的句式章法。诗歌前三章都以物起兴，用薇菜出芽又由嫩而老的变化过程，表明季节的更换和时光迁移，暗示戍边时间之长，烘托士兵思乡愁绪之深。第四章以盛开的常棣之花起兴，兼比将帅战车的高大华美，寓含士兵昂扬豪迈、英勇抗敌的激情。

叠句叠词的运用，重叠而错综，状物鲜明，抒情忧伤，语调优美和谐，造成回环往复、一唱三叹之韵致，增强了诗歌的音乐美和节奏感。

第三，浓郁的抒情色彩和诗情画意的美学境界。末章为最，以优美的语言，触景生情，营造了景中寓情的美学境界。叠字状物，形象准确。对偶修辞，整齐和谐。对比衬托，含蕴幽深。语末叹词，平添情致。情景相融，境界悠远。

总之，《采薇》叙写戍边士兵追忆往事、徜徉乡关，抒发士兵内心无限的忧伤、哀恸，构思独特，手法丰富，将国家、个人、战争、和平、边关、家园、亲人、生命、人生、自然、命运等融汇一起，蕴藉幽深，表现了复杂的思想情绪和生命感喟以及对战争的深深厌弃。

嘉言撷英

1. 关关雎鸠，在河之洲。窈窕淑女，君子好逑。
2. 蒹葭苍苍，白露为霜。所谓伊人，在水一方。
3. 死生契阔，与子成说。执子之手，与子偕老。
4. 知我者谓我心忧，不知我者谓我何求。
5. 有匪君子，如切如磋，如琢如磨。
6. 战战兢兢，如临深渊，如履薄冰。
7. 言之者无罪，闻之者足以戒。
8. 它山之石，可以攻玉。
9. 青青子衿，悠悠我心。
10. 靡不有初，鲜克有终。

第四节　香草美人：屈原的精神隐喻

其文约，其辞微，其志洁，其行廉。其称文小而其指极大，举类迩而见义远。其志洁，故其称物芳；其行廉，故死而不容。自疏濯淖污泥之中，蝉蜕于浊秽，以浮游尘埃之外，不获世之滋垢，皭然泥而不滓者也。推此志也，虽与日月争光，可也。

——司马迁《史记》

选篇

离骚[1]（节选）

战国　屈原

帝高阳之苗裔兮[2]，朕皇考曰伯庸[3]。摄提贞于孟陬兮[4]，惟庚寅吾以降[5]。皇览揆余初度兮[6]，肇锡余以嘉名[7]。名余曰正则兮[8]，字余曰灵均[9]。纷吾既有此内美兮[10]，又重之以修能[11]。扈江离与辟芷兮[12]，纫秋兰以为佩[13]。汩余若将不及兮[14]，恐年岁之不吾与[15]。朝搴阰之木兰兮[16]，夕揽洲之宿莽[17]。日月忽其不淹兮[18]，春与秋其代序[19]。惟草木之零落兮[20]，恐美人之迟暮[21]。不抚壮而弃秽兮[22]，何不改此度[23]。乘骐骥以驰骋兮[24]，来吾道夫先路[25]！

昔三后之纯粹兮[26]，固众芳之所在[27]。杂申椒与菌桂兮[28]，岂维纫夫蕙茝[29]？彼尧舜之耿介兮[30]，既遵道而得路[31]。何桀纣之猖披兮[32]，夫唯捷径以窘步[33]。惟夫党人之偷乐兮[34]，路幽昧以险隘[35]。岂余身之惮殃兮[36]，恐皇舆之败绩[37]。忽奔走以先后兮[38]，及前王之踵武[39]。荃不察余之中情兮[40]，反信谗而齌怒[41]。余固知謇謇之为患兮[42]，忍而不能舍也[43]。指九天以为正兮[44]，夫唯灵修之故也[45]。曰黄昏以为期兮，羌中道而改路。初既与余成言兮[46]，后悔遁而有他[47]。余既不难夫离别兮[48]，伤灵修之数化[49]。

余既滋兰之九畹兮[50]，又树蕙之百亩[51]。畦留夷与揭车兮[52]，杂杜衡与芳芷[53]。冀枝叶之峻茂兮[54]，愿竢时乎吾将刈[55]。虽萎绝其亦何伤兮[56]，哀众芳之芜秽[57]。众皆竞进以贪婪兮[58]，凭不厌乎求索[59]。羌内恕己以量人兮[60]，各兴心而嫉妒[61]。忽驰骛以追逐兮[62]，非余心之所急[63]。老冉冉其将至兮[64]，恐修名之不立[65]。朝饮木兰之坠露兮[66]，夕餐秋菊之落英[67]。苟余情其信姱以练要兮[68]，长顑颔亦何伤[69]。擥木根以结茝兮[70]，贯薜荔之落蕊[71]。矫菌桂以纫蕙兮[72]，索胡绳之纚纚[73]。謇吾法夫前修兮[74]，非世俗之所服[75]。虽不周于今之人兮[76]，愿依彭咸之遗则[77]。

注释

[1] 离骚：遭遇忧愁。

[2] 高阳：楚之远祖颛顼之号。苗裔（yì）：子孙后代。

[3] 朕：我。皇考：对已故父亲的尊称，一说指太祖或曾祖。

[4] 摄提：岁星纪年法中摄提格的简称，此指寅年。贞：正当。孟陬（zōu）：夏历正月。

[5] 庚寅：指庚寅日。降：降生，出生。

[6] 皇：皇考。揆（kuí）：揣测。

[7] 肇（zhào）：开始。锡：赐。

[8] 名：命名。正则：与“平”相应。

[9] 字：起个表字。灵均：与“原”相应。
[10] 纷：盛多貌。内美：天然内在的美好品质。
[11] 重（chóng）：加上。修：优秀。
[12] 扈（hù）：披。江离：香草名。芷：香草名。
[13] 纫（rèn）：连结。秋兰：香草名。
[14] 汩（yù）：水流急貌。此用以形容时光飞逝。
[15] 不吾与：即“不与吾”。与，等待。
[16] 搴（qiān）：摘。阰（pí）：山。
[17] 揽：采。宿莽：草名，经冬不死。
[18] 忽：迅速貌。淹：停留。
[19] 代序：代谢更迭。
[20] 惟：想到。
[21] 美人：屈原自喻。迟暮：衰老。
[22] 抚：凭借。弃秽：废弃谗佞邪恶之人。
[23] 度：指政治法度。
[24] 骐（qí）骥（jì）：骏马。
[25] 道（dǎo）：通“导”，引导。
[26] 三后：指楚国贤明先君。
[27] 固：本来。众芳：指下文的椒、桂、蕙、茝等香草，比喻贤才。
[28] 申椒：香料名。菌桂：香木名。
[29] 蕙（huì）、茝（chǎi）：均为香草名。
[30] 耿介：光明正大。
[31] 遵道：遵循正道。路：比喻治国的正确途径。
[32] 何：何等。猖披：猖狂放肆。
[33] 捷径：斜出的小道。窘步：举步艰难。
[34] 党人：结党营私之小人。偷乐：苟安享乐。
[35] 幽昧（mèi）：昏暗不明。险隘：危险狭隘。
[36] 惮殃（yāng）：害怕祸患。
[37] 败绩：此指王朝倾覆。
[38] 忽：急，犹言“匆忙地”。
[39] 及：赶上。踵武：足迹，指先王政绩。
[40] 荃（quán）：香草名，喻楚怀王。中情：内心。
[41] 齌（jì）怒：暴怒。
[42] 謇（jiǎn）謇：忠贞直言貌。
[43] 舍：放弃。
[44] 九天：古人认为天有九重。正：通“证”，验。
[45] 灵修：楚人对君王的美称。

[46] 成言：约定之言。
[47] 悔遁：翻悔。有他：另有别的打算。
[48] 离别：屈原被疏。
[49] 数（shuò）化：多次变化。
[50] 滋：培植。九畹（wǎn）：表示种植之多。
[51] 树：种植。
[52] 畦：五十亩为畦。留夷、揭车：均为香草名。
[53] 杜衡：香草名。
[54] 冀：希望。峻茂：高大茂盛。
[55] 竢（sì）：通“俟”，等待。刈（yì）：收获。
[56] 萎绝：枯萎凋落。
[57] 芜秽：长满荒草，喻贤才变质。
[58] 竞进：争相谋取官位。
[59] 凭：满。厌：满足。
[60] 内恕己以量人：党人以己之心度量他人。
[61] 兴：生，起意。
[62] 驰骛（wù）：狂奔乱跑。
[63] 所急：急迫的事。
[64] 冉冉：渐渐。
[65] 修名：美名。
[66] 坠露：坠落的露水。
[67] 落英：零落的花。
[68] 苟：只要。信：确实。姱（kuā）：美好。练要：精专。
[69] 颇（kǎn）颔（hàn）：因饥饿而面黄肌瘦的样子。
[70] 擥（qiān）：持取。
[71] 贯：串连。蕊：花心。
[72] 矫：举，拿。
[73] 索：搓绳。缅（xǐ）缅：绳索美好貌。
[74] 法：效法。前修：前贤。
[75] 服：佩戴。
[76] 周：合。
[77] 彭咸：古之大贤。遗则：留下的榜样。

导读

《楚辞》收录屈原、宋玉以及汉代贾谊等多位作者的楚赋作品，尤以《离骚》为其代表，因而与《诗经》并称为“诗骚”，以其为代表的体裁也被称为骚体。

《离骚》流传于楚地，一向被认为是屈原的著作，在汉代也被尊为《离骚经》，淮南王刘安曾为其作注释，但没有流传下来。《离骚》经过刘向整理后，作为第一篇编入《楚辞》。《楚辞》在汉代流行，得到上自帝王，下至诗人的喜爱，有歌吟楚音的因素。汉代的《楚辞》注释著作，只有王逸的《楚辞章句》得以保存流传下来。

作为现存最早的《楚辞》注释，王逸的《楚辞章句》自始至终强调依《诗经》之义、以“忠王”“讽谏”来训释《离骚》等屈原作品，虽然看起来具有那个时代典型的政治阐释学印记，很容易理解为是汉代经学风气的反映，实际上是有具体针对的。《离骚》本身具有强烈的宣言特征，反复宣说自己一片忠贞却遭谗被嫉的孤愤之情，也明白告诉读者自己要像古之贤人那样自沉，可以说非常注意塑造自己的高洁形象。因此，班固认为《离骚》是“露才扬己，责数君王”，诗歌虽然绮丽可观，称得上辞赋宗主，但不合经义，并非正体，如果认为具备《诗经》的《风》《雅》之德，达到与日月争光的高度，则太过了。王逸就是针对这个看法，淡化怨愤而强调忠贞，特别是将《离骚》中出现的“美人”处处都对应为楚王，导致解读上的穿凿附会与文理不通。

班固的说法，似乎是站在儒家的正统立场上，其实也是有具体的针对性的。班固是《汉书》的著者，后世将他与《史记》的著者司马迁并称为“班马”。司马迁在《史记》中是为屈原立了传的，相当于一篇《离骚》的读后感。该传中对屈原非常同情，认为《离骚》虽然是自怨而生，但是像屈原这样正直而被谗佞之人离间，已经属于势之穷极，“信而见疑，忠而被谤，能无怨乎？”在强调“怨”是人之常情的基础上，司马迁把《离骚》抬到与《诗经》同等高度，说“《国风》好色而不淫，《小雅》怨诽而不乱。若《离骚》者，可谓兼之矣”，并认为《离骚》所展露之心志“虽与日月争光，可也”。班固之说就是针对这一看法。实际上，这与班固对司马迁的看法有关。总的来说，他承认司马迁有史才，但认为他“是非颇谬于圣人”。如果这一判断算是理念上的分歧的话，那么，面对皇帝诏问时，指摘司马迁成一家之言，扬名后世，“以身陷刑之故，反微文刺讥，贬损当世”（班固《典引》）就多少有些显露心机。当然，司马迁对《离骚》的偏爱相信是有感同身受的因素。

《离骚》开篇是自述身世。王逸从此部分就开始讲忠于怀王，是比较附会的，也不符合诗歌写作的逻辑。宋代的朱熹在一般人印象中可能是刻板儒者，但他其实是比较反对将《诗经》《楚辞》这类文学作品完全政治化的，可以说主张回归人之本真。

如果不按照政治化的解读，《离骚》开篇无非就是说：我屈原是上古帝王高阳氏（颛顼）的子孙，先父的名字叫作伯庸。我的生日是太岁在寅那一年，正月庚寅那一天。我父亲按照我的出生年月日时，给我取了不错的名字。他给我取名叫作正则（原），取字叫作灵均（平）。希望我内有美好的品德，外有过人之能力。为此，他不仅用江离、辟芷给我做被子，还用秋兰给我缝制佩饰，希望我能像这些香草一样高洁芬芳。他又担心假如我的德行配不上自己的名字，上天可能不会给我多少年寿。为此，他早上去山上采木兰，晚上去水边摘宿莽，希望我能像木兰、宿莽一样长命百岁。可是，日月忽然不久，春秋也终将代序，我的父亲像草木一样凋零老去。我年纪尚轻时不知弃恶从善，培养自己的德行，那现在何不做出改变？那么，我愿意骑着骏马奔驰，开拓前路！

屈原用香花、香草比喻正直之行、贤达之士，确实符合《诗经》以来的解释及修辞传统，也不必刻意回避这种解读。但诗中的“美人”就不同，一定要指为楚王或者更具体地指为楚怀王，就会显得很牵强，就诗歌写作而言也显得无条理。由近至远，由己及彼，从自己的身世起笔，讲述父亲对自己的殷殷期望，进而引起下文的忠于楚王，引导楚王走光明正大的为君之道，如此，则文脉就比较顺畅。那么，正道是什么？这是首先要处理的问题。从前三皇德高行粹，众多德行芬芳之士都聚集在身边。就好像不是仅仅用蕙茝来缝制衣服，也掺杂着申椒、菌桂等众多香花那样。到了尧、舜之时，他们光明正直，能够遵正道，从容而行。可是，桀、纣却德行不正，只在小道旁径上匆匆而行。正道不明，小道危险，就只有朋党之人才偷着乐。古圣帝王之道，兼听兼明，光明正直，不为曲径，也就是诸葛亮所说“亲贤臣，远小人”之道。讲完这些道理，接下来便转到自己如何不顾安危，一心为楚王引领正道，进而一面导入自己被谗言中伤的怨愤之情，一面强调自己即使受到不公正的对待，也仍然希望能够帮助楚王回归正道。那些高洁的香草、花树再次大量出现，用来表达正直与奸佞不能共处，而年岁已长，老之将至，修名未立，心之所急。面对这样的窘迫之极，自然就想到要师法前贤，要自沉明志。以下的部分本书未选入，除引入历史上一些不君之君的恶行以为劝诫外，仍反复言说己志不伸，遭嫉被逐，终将自沉。

《离骚》的诉说有三个对象：对君，对自己，对小人。简单地说，对君是忠。屈原标志着对士之朝秦暮楚式自由的否定，对士之“弃天下如弃敝屣”的自由的否定，也标志着“忠”的观念的建立。

忠而见疑，便生怨。屈原在《离骚》中把被委屈、被疏远、被流放归罪于小人对自己光彩的遮蔽，对自己清白的污染。不可否认的是，中国文化传统中，失意官僚普遍存在的弃妇心态，就是从屈原开始的。对外在权威的皈依和依恃，导致先秦士人自由精神的没落。屈原的选择标志着路已只剩下一条：在绝对君权下放弃自己的主体选择，除了获得一个特定的君主的认可之外，不能有更多的自由空间。这几乎是一条绝路。

好在《离骚》中还有对自我的充分肯定与赞扬，在很大程度上洗刷了“忠君”带来的污垢，而保持住了自己的皓皓之白。这可能是因为先秦士人主体精神的强大基础尚未坍塌，屈原尚有精神的支撑。令人稍感吃惊的是，正是在屈原这样一位向君权输诚的人那里，这种桀骜不驯的个性精神表现得尤其强烈和突出。为了坚持自己，他可以九死不悔，体解不惩。谁能像他那样让自己的个性直面世界的碾压而决不屈服？谁能像他那样以自己个性的螳螂去挡世界的战车？谁能像他那么悲惨？谁能像他那么壮烈？谁能像他那样成为真正的战士？

在中国古代，优美的抒情小品实在太多了，但像《离骚》这样的华丽的交响乐则太少。单从篇幅上讲，它就是空前绝后的，全篇 372 句 2490 余字，是中国古代诗歌史上最长的一篇，几千年来没有人能打破这个纪录。而其结构的繁复、主题的丰富、情感的深厚，更是令人叹为观止。作为抒情诗，而能展开如此宏大的篇章，不能不令人叹服屈原本人思想和个性精神的深度和广度。

屈原是历史上第一位伟大的诗人。屈原已成为一种精神的象征，他已是我们在不同历史时期精神力量的来源之一，重要的思想资源之一，人格精神的诱导之一。

嘉言撷英

1. 亦余心之所善兮，虽九死其犹未悔。
2. 路曼曼其修远兮，吾将上下而求索。
3. 悲莫悲兮生别离，乐莫乐兮新相知。
4. 举世皆浊我独清，众人皆醉我独醒。
5. 长太息以掩涕兮，哀民生之多艰。
6. 鸟飞返故乡兮，狐死必首丘。
7. 尺有所短，寸有所长；物有所不足，智有所不明。
8. 悲哉，秋之为气也！萧瑟兮，草木摇落而变衰。
9. 帝子降兮北渚，目眇眇兮愁予。袅袅兮秋风，洞庭波兮木叶下。
10. 沧浪之水清兮，可以濯吾缨。沧浪之水浊兮，可以濯吾足。

第五节　道德人心：春秋时代的微言大义

左氏之传，史之极也。文采若云月，高深若山海。

——贺循

选　篇

左传·申叔时谏庄王

战国　左丘明

冬，楚子为陈夏氏乱故[1]，伐陈。谓陈人“无动[2]！将讨于少西氏[3]”。遂入陈，杀夏徵舒，轘诸栗门[4]。因县陈[5]。陈侯在晋[6]。

申叔时使于齐[7]，反[8]，复命而退[9]。王使让之，曰：“夏徵舒为不道，弑其君，寡人以诸侯讨而戮之[10]，诸侯、县公皆庆寡人[11]，女独不庆寡人[12]，何故？”对曰：“犹可辞乎[13]？”王曰：“可哉！”曰：“夏徵舒弑其君，其罪大矣；讨而戮之，君之义也。抑人亦有言曰[14]：‘牵牛以蹊人之田[15]，而夺之牛[16]。’牵牛以蹊者，信有罪矣[17]；而夺之牛，罚已重矣[18]。诸侯之从也，曰讨有罪也。今县陈，贪其富也。以讨召诸侯，而以贪归之[19]，无乃不可乎[20]？”王曰：“善哉！吾未之闻也[21]。反之，可乎？”对曰：“吾侪小人所谓‘取诸其怀而与之’也[22]。”乃复封陈。乡取一人焉以归，谓之夏州[23]。故书曰[24]：“楚子入陈。纳公孙宁、仪行父于陈[25]”，书有礼也[26]。

注释

[1]“楚子”句：陈夏氏乱指的是夏徵舒弑灵公一事。宣公十年冬，即公元前599年，夏徵舒射杀荒淫无道的陈灵公，自立为陈侯。古代统治阶级称子杀父、臣杀君为弑。夏徵舒，妫姓、夏氏，名徵舒，春秋时期陈国柘城人。

[2] 谓：告诉。动：惊，惧。

[3] 少西氏：指夏徵舒家族。

[4] 轘（huàn）：将人车裂。栗门：陈城门。

[5] 县陈：把陈变为楚国的县。

[6] 陈侯：指陈成公，当时在晋国避乱。

[7] 申叔时：楚大夫，当时正出使齐国。

[8] 反：通“返”，返回。

[9] 复命：执行命令后回来报告。

[10] 以：率领。

[11] 县公：楚之县尹称公。庆：贺。

[12] 女：通“汝”，你。

[13] 辞：解说。

[14] 抑：然而，不过。

[15] 蹊（xī）人之田：以他人之田为蹊径，即踩踏他人之田。

[16] 之：其。

[17] 信：确实。

[18] 已：太。

[19] 归：终。

[20] 无乃：表推测，相当于口语的“恐怕”。

[21] 未之闻：“未闻之”的倒装。

[22] 吾侪：我辈。取诸其怀而与之：从别人怀中拿走然后又还给他。

[23]“乡取”句：取陈之民，乡各一人，于楚地别立夏州，以彰武功。州：周之编户单位，二千五百户为州。五州为一乡。

[24] 书：指《春秋》。

[25] 纳：护送回国。公孙宁、仪行父：史载此二人从陈灵公因宣淫于国而被弑后，依靠

楚国报君之仇。

[26] 有礼：讨乱存国，故曰有礼。

导读

本文选自《左传·宣公十一年》。《左传》是我国第一部叙事详细的完整的历史著作，它在文学上也相当出色，善于用极少的笔墨刻画人物的细微动作和内心活动，同时也记录了许多精彩的外交辞令。另外，本书作为儒家经典，处处体现了对仁、义、礼、德等道德规范的肯定。本段所选取的《申叔时谏庄王》这个故事看点有二：一是申叔时论辩的策略和辞令；二是故事背后所体现的儒家思想。

首先，申叔时确实可谓善于晓谕利害，楚庄王本来想“讨有罪”，最后却因为利欲熏心，“以贪归”。楚庄王的这种心态真真实实表现出了人自身的贪欲，尤其是面对唾手可得的诱惑，欲望便开始肆意滋长。对于欲望，儒家实际上并不反对，《礼记·礼运》云：“饮食男女，人之大欲存焉。”孔子也说：“富与贵是人之所欲也。”那么，对于一国之君，他的欲望又是什么呢？梁惠王的“大欲”是“辟土地，朝秦、楚，莅中国，而抚四夷也”（《孟子·梁惠王上》）。楚庄王作为春秋五霸之一，当然也有这样的欲望，面对轻易到手的陈国，庄王难免有些飘飘然，于是干脆一不做二不休，把陈国变成自己的一个县，扩充自己的版图。但是楚庄王“县陈”这一行为完全不符合儒家的礼。孟子告诫梁惠王“以若所为，求若所欲，犹缘木而求鱼也”。不仅如此，还有后灾。梁惠王是怎么做的呢？梁惠王没有把仁德推己及人，惠及天下的老百姓。所以在孟子看来，梁惠王想要实行王霸，必然会失败。梁惠王尚且失败，楚庄王的所作所为更是如此了。楚庄王不仅没有把“义举”坚持下去，还反其道而行之，趁人之危，中饱私囊，干出不义之事来。《论语》云：“富与贵是人之所欲也，不以其道得之，不处也”，楚庄王以“义”联合诸侯，最后却利用这次机会，占领陈国的地盘。这无异于打着匡扶正义之名，行欺世盗名之实，最终必将不齿于诸侯。周瑜说曹操：“托名汉相，其实汉贼”（《三国志·吴书·周瑜传》），由此看来，楚庄王犹过之而无不及！

申叔时作为楚国公族，算是楚王麾下深明大义之人，也算得上是楚国的诤臣，所以当所有的诸侯、县公都在吹捧楚王“丰功伟业”的时候没有人云亦云，而是正直地提出自己的看法。所谓“君有诤臣，不亡其国；父有诤子，不亡其家”。申叔时也并非愚戆鲁莽之人，他深知此时楚庄王正洋洋得意，如果直接进谏，必然会触怒楚庄王，搞不好还得掉脑袋。于是他采用了迂回进击的办法，巧妙说服楚庄王恢复陈国。申叔时论辩的巧妙之处就在于没有直接指陈楚庄王的卑劣行径，而是采用冷处理的方式，以沉默漠视楚庄王自认为英明睿智的行为，此举可谓先避其锋芒。《孙子兵法》云：“兵者，诡道也。利而诱之，乱而取之，实而备之，强而避之，怒而挠之，卑而骄之，佚而劳之，亲而离之。攻其无备，出其不意。”又曰：“故善用兵者，避其锐气，击其惰归。”此招已可谓深得兵法要旨。当楚庄王好奇而主动询问时，庄王的气势其实已经减弱了，有句俗话叫做

“先开口的就已经输了”，用在这里可以说再合适不过了。这里的君臣对质情形与《触龙说赵太后》极为神似。《触龙说赵太后》一文开始时赵太后“盛气而揖之”，然而触龙见到太后却是“至而自谢”，降低自己的姿态，避开赵太后的锐气，然后通过嘘寒问暖拉近彼此的距离，最终令赵太后“色少解”，顺利为后面的游说扫清障碍。申叔时在此刻不动声色，以沉默应对，实际上就是放低姿态。楚庄王没有因此直接喝令推出斩之，也充分说明其不是暴戾凶残之人。其询问“寡人以诸侯讨而戮之，诸侯、县公皆庆寡人，女独不庆寡人，何故?”此处亦是妙极。这一问把楚庄王此刻沾沾自喜、洋洋得意，急于获得臣下恭维的心理勾画得淋漓尽致。同时，从这里也可以看出楚庄王有那么一点“温情”，就像一个小孩子获得了些许“成功”，便急于想得到别人的表扬一样。当然，也正是如此才有后面精彩的君臣互动。孔子云：“唯上智与下愚不移”，楚庄王不凶暴无常，反而颇有温情，孟子谓“人皆可以为尧舜”，因此，楚庄王完全算得上是儒家所谓的可造之材。且看接下来申叔时对答之句——“犹可辞乎?”申叔时的从容真可谓是“泰山崩于前而色不变”！此时还在掩藏锋芒，迂回进击！一句“犹可辞乎”，用询问的口吻展现了其不卑不亢、镇定自若的态度，并且进一步减弱楚庄王的气势，增加了楚庄王的好奇。当楚庄王同意其申辩的时候，申叔时才和盘托出，娓娓道来，然后直击要害，让楚庄王恍然大悟。申叔时论辩的内容也很精彩，他先肯定楚庄王除去乱臣贼子，实为义举，可为楷模。但接着话锋一转，用一个譬喻精妙指出了楚庄王“县陈”的行为和“夺人之牛”差不多，进而一针见血地指出楚庄王此举实是贪欲所致。即始为义举，终为贼行，完全与初衷背道而驰。此种小人行径必不为世人所取。楚庄王幡然醒悟，终于答应让陈国复国。经过申叔时的一番劝谏，楚庄王其实已经认识到了问题的严重性。庄王一句“反之，可乎”，用的也是询问的口吻，但这一询问大不同于申叔时“犹可辞乎”的询问，这是因为楚庄王现在已被抓住把柄，心有愧疚，像是犯了错而询问解决办法的口气。现在“县陈”已经木已成舟，生米煮成了熟饭，俗话说泼出去的水就没有收回来的道理，而且收回成命可能面子上也有点挂不住，骑虎难下。这可怎么办呢?办法总是有的，申叔时用了一句俗语“取诸其怀而与之”来打消楚庄王心中的疑虑。这句俗话的意思是从别人手中夺了过来然后又还回去，这样比不还好多了。也就是说虽然做了不义之事，但是最终物归原主作为补救，依然是可以的。孔子云：“过而不改，是谓过矣。”《左传》又云：“过而能改，善莫大焉”，因此，楚庄王仍然不失为一位优秀的君主。《史记·陈杞世家》云：“孔子读史记至楚复陈，曰：‘贤哉楚庄王！轻千乘之国而重一言。’”《孔子家语》也说：“匪申叔之信，不能达其义；匪庄王之贤，不能受其训。”对两人都给予了很高的评价。

其次，《左传》作为儒家经典，虽没有大篇说教，却处处体现出了儒家的精神实质，本故事充分说明了儒家对于“义”和“不义”的认识。《中庸》云：“义者宜也”，儒家所谓的“义”就是指行为符合儒家的准则。孔子云：“君子喻于义，小人喻于利”，楚庄王的欺世盗名之行即是属于见利忘义的小人行径。《史记》在记载申叔时言辞的时候与《左传》不尽相同，《史记》明确写到“以义伐之，已而取之，以利其地”。一国之君而做出不义之事，那还了得！孟子说“君子犯义，小人犯刑，国之所幸存者幸也”。又说：“君仁，莫不仁；君义，莫不义”。国君不仅是一个国家的政治领袖，同时也是精神领袖，国君的一举一动关系到整个社会发展和完善，因此必须将楚庄王从“利”的深渊中挽救回来，回归到“义”。而这正是儒家所推崇的臣子的责任。孟子说：“欲为臣，尽臣道”，“责难于君谓之恭，陈善闭邪谓之敬，吾君不能谓之贼。(这句话的意思是责求君王施行仁政，这叫恭；向君王陈述好的意见，堵塞他的邪念，这叫敬；认为君王不能行善，这叫贼。)”又说“务引其君以当道，至于仁”。因此，为人臣者必须“怀仁义以事其君”。此中申叔时正是这一类型的代表，他晓以利害，对国君劝善规过，成就美名，可说是曲尽臣节，最终“致君尧舜”。难怪《孔子家语》要赞美申叔时的“信”和庄王的“贤”，因此，从另外一个角度来说，这个故事也体现了儒家对于“君臣之义”的理解。

《左传》的艺术成就很重要的一点就是语言上的特色。其叙述语言典雅平实，简练丰润，含蓄畅达，曲折尽情。其人物语言，与人物的性格、修养、身份及其处境、在事件中的地位，十分贴切。而语言背后，对于德行的关注和重视，又展现了在礼崩乐坏的春秋时代人们对于道德伦理的关注与疾呼。

嘉言撷英

1. 多行不义必自毙。
2. 人谁无过？过而能改，善莫大焉。
3. 太上有立德，其次有立功，其次有立言。虽久不废。此之谓不朽。
4. 善不可失，恶不可长。
5. 俭，德之共也；侈，恶之大也。
6. 不以一眚掩大德。
7. 祸福无门，唯人所召。
8. 众怒难犯，专欲难成。
9. 无德而禄，殃也。
10. 我闻忠善以损怨，不闻作威以防怨。

第六节　学究天人：太史公的公正与激情

此书反复曲折，首尾相续，叙事明白，豪气逼人。其感慨啸歌，大有燕赵烈士之风；忧愁幽思，则又直与《离骚》对垒，文情至此极矣。

——吴楚材

选篇

报任安书（节选）

西汉　司马迁

夫人情莫不贪生恶死，念亲戚，顾妻子，至激于义理者不然，乃有不得已也。今仆不幸[1]，蚤失二亲[2]，无兄弟之亲，独身孤立，少卿视仆于妻子何如哉？且勇者不必死节，怯夫慕义，何处不勉焉！仆虽怯软欲苟活，亦颇识去就之分矣[3]，何至自沉溺累绁之辱哉[4]？且夫臧获婢妾犹能引决[5]，况若仆之不得已乎！所以隐忍苟活，函粪土之中而不辞者[6]，恨私心有所不尽，鄙没世而文采不表于后也[7]。

古者富贵而名摩灭[8]，不可胜记[9]，唯倜傥非常之人称焉[10]。盖文王拘而演《周易》[11]；仲尼厄而作《春秋》[12]；屈原放逐，乃赋《离骚》；左丘失明，厥有《国语》[13]；孙子膑脚，兵法修列；不韦迁蜀，世传《吕览》；韩非囚秦，《说难》《孤愤》。《诗》三百篇，大底贤圣发愤之所为作也[14]。此人皆意有所郁结，不得通其道，故述往事，思来者。及如左丘明无目，孙子断足，终不可用，退论书策以舒其愤，思垂空文以自见[15]。仆窃不逊，近自托于无能之辞，网罗天下放失旧闻，考之行事，稽其成败兴坏之理[16]，凡百三十篇，亦欲以究天人之际，通古今之变，成一家之言。草创未就，适会此祸，惜其不成，是以就极刑而无愠色[17]。仆诚已著此书，藏之名山，传之其人，通邑大都。则仆偿前辱之责，虽万被戮，岂有悔哉？然此可为智者道，难为俗人言也。

且负下未易居，下流多谤议。仆以口语遇遭此祸，重为乡党戮笑[18]，污辱先人，亦何面目复上父母之丘墓乎？虽累百世，垢弥甚耳！是以肠一日而九回，居则忽忽若有所亡，出则不知所如往[19]。每念斯耻，汗未尝不发背沾衣也。身直为闺阁之臣[20]，宁得自引深臧于岩穴邪？故且从俗浮沉，与时俯仰，以通其狂惑。今少卿乃教以推贤进士，无乃与仆之私指谬乎[21]。今虽欲自雕琢，曼辞以自解[22]，无益，于俗不信，祇取辱耳。要之死日，然后是非乃定。书不能尽意，故略陈固陋。

注释

[1] 仆：我。

[2] 蚤：通“早”。

[3]“仆虽怯软”二句：意思是我虽然软弱，想苟活偷生，但也知道什么该做，什么不该做。

[4] 累绁：捆绑犯人的绳索，引申为牢狱。

[5] 臧：奴。获：婢。引决：自尽。

[6]“函粪土之中”句：意思是身陷于粪土般的牢狱之中而不肯赴死。

[7]“鄙没世”句：意思是遗憾担心死后文章不能流传于后。

[8] 摩灭：磨灭。

[9] 胜：尽。
[10] 倜傥：豪迈不羁。
[11] 拘：拘囚。
[12] 厄：困厄。
[13] 厥：才。
[14] 大底：大都。
[15] “思垂空文”句：意思是想借助文章流传后世来表现自己。
[16] 稽：考察。
[17] 极刑：最严厉的刑罚，此指宫刑。愠：怒。
[18] “重为乡党”句：意思是深深地被身边的人所耻笑。
[19] “居则”二句：意思是居家则恍恍惚惚，若有所失，出门则茫然无从，不知何往。
[20] 闺阁之臣：此指宦官。
[21] “无乃与仆”句：意思是不正与我内心的想法相反吗。
[22] 雕琢：修饰。曼辞：美妙的言辞。

导读

司马迁（前 145 年—？），字子长，夏阳（今陕西韩城）人，西汉史学家、文学家，太史令司马谈之子。创作有中国第一部纪传体通史《史记》，该书记载了从黄帝到汉武帝时期长达三千年的历史，规模宏大，体系完备，被鲁迅誉为“史家之绝唱，无韵之离骚”。

汉武帝天汉二年（前 99 年）发生了一件震动朝野的大事：名将李广之孙李陵率数千步兵，深入匈奴，先胜后败，而救兵不至。在走投无路的重围之中，这个家世悲惨、满怀光宗耀祖志向的年轻人，不甘心就此在失败中了断一生，他做出了最为耻辱的决定：投降匈奴。对他而言，他只是想“留得青山在”；在现代人看来，在牺牲自己也不能改变战局的情况下，投降而成为战俘，也是正常选择。但在那个时代，在特别寡恩的汉廷，这个有“国士之风”的青年将军却就此彻底地铸定了自己的悲剧命运。

更令人唏嘘的是，这件事竟然也彻底铸就了另一个人的命运，这就是曾经与他共事过的司马迁。他俩一文一武：当李陵在沙场上为汉廷浴血奋战时，司马迁也在书房中奋笔疾书，他在为这个大时代，为“明主贤君忠臣死义之士”树碑立传。此刻，远在漠北惶恐绝望的李陵绝不会想到，司马迁，这个他虽然认识却“未尝衔杯酒之欢”的一介文人，为了援救李陵一家老小的生命，在为他辩护，从而冒犯武帝，被下狱，并于公元前 98 年被判死刑。

同样不甘心就此“轻于鸿毛”地死掉，“没世而名不称”，司马迁也选择了活下来，为此不惜接受最为耻辱的宫刑。

悲剧是文学的温床。这件事引出了汉代最杰出的两封书信——李陵的《答苏武书》

和司马迁的《报任安书》。《答苏武书》让我们记起了一个被自己的民族抛弃、被大漠淹没的人的绝望。而《报任安书》，则写尽了一个人被自己的政府羞辱，被人群歧视，在濒临崩溃的边缘，如何独力支撑，为了某种希望，所能承受的人生耻辱的极限——用司马迁自己的话说，在人生的所有耻辱中，“最下腐刑极矣！”

《报任安书》是司马迁写给狱中好友任安的，是一篇情辞兼备、具有深切感染力的奇伟之文。这封书信，显示了作者内心在巨大的打击和耻辱感下深重的痛苦，以及在对抗这种痛苦中显示出的坚韧的个性力量，读后有一种震撼人心的感受。它是散文体的《离骚》，它与《离骚》一样，都展示了个体与强大体制的对抗及其悲剧性后果，而且它们都站在个体的立场，对冷酷的体制与强权进行道德审判并给以足够的轻蔑。事实上，就这一点而言，《报任安书》甚至比《离骚》更杰出：因为它的作者司马迁最终以个人的坚韧完成了自己的名山事业。所以，如果说屈原是失败的英雄，司马迁则是成功的伟人。屈原的死是伟大的，因为它表明作者对荒谬世界的背弃，个体以“死亡”的形式保持自己的“皓皓之白”，显示自己最终没有屈服，用海明威的话说，是“可以被打败，但不可能被征服”；司马迁的忍辱不死也是伟大的——因为它体现出韧性的战斗，并且给我们以乐观的启示：伟大而顽强的个性可以在对体制的激愤与抗争中完成自我的使命，实现自我的意志，个性甚至是不可以被打败的。

说司马迁是一个伟大的史家，当然不会有人怀疑。但对于他为什么伟大，人们却有不同的见解。这正说明他在诸多方面都是伟大的，在后人所涉足的许多地方，都发现了他的伟大与创造。

他笔下的历史，是“活的历史”。中国传统史家大都是用他们头脑中固有的价值观念——主要是社会主流意识形态——儒家的价值观念来考据历史，记录历史，评价历史。史家必须兼具书记员和审判官双重职能。在他们看来，历史是一个事实，但却是一个已经“过去了”的、尘埃落定的事实；是一个经历，但却是人类“曾经有过”的经历。它对我们的意义与价值，乃在于为我们提供一种道德案例。我们关注的乃是这些已经过去的事实中透露出的道德意义，而不是事实本身。这样，作为对象的历史，就被我们判为死亡了的东西。历史学家们面对历史，只是解剖它，判定其“死因”，而不必对之表示尊敬与哀挽。

但司马迁则异乎寻常地为我们展现了另一种对历史对象的处理方式：他抚尸痛哭，为历史招魂，让历史复活。他让历史的幽灵飞临我们现实的天空，与我们共舞。他为我们展现的，不是历史逻辑，不是历史理性，不是一切理论性的灰色的历史结论，而是历史本身，是原生态的历史，或者说，是历史的原生态。他用“再现”的方法，让“曾经的事实”变成了每一个阅读者“当下的现实”。当我们翻开《史记》的册页，我们就会听到那些历史人物的声音，看到他们生动的面容。

同时，他虽然也满怀无奈与感喟地承认历史的必然性并在其著作中对之加以勾隐索微，但他真正的兴趣，则是关注着人类天赋中的自由精神、原始的生命激情、道德勇气下义无反顾的心灵；关注着历史人物的血性、气质、性情，以及那种冲决逻辑的意志力量。一个不相信、不承认、不尊重历史必然性的史家，不是一个老实的、心智健全的史家；但仅有历史必然性而没有自由精神，仅有逻辑而没有意志，仅有理性精神而没有道德崇高感，匍匐在必然性法则之下而不能歌颂个体生命对必然性的抗争，必不是一个伟大的史家。这种伟大的史家必具有一种无与伦比的悲剧精神，所以也往往是伟大的悲剧家。我们在古老的史诗中可以仰望到这样的人物，像荷马及荷马史诗。史与诗的结合，就是历史必然性和个人自由意志的结合。在史诗中，历史必然性与个人自由意志的永恒冲突，就是其作品内在张力与其无限魅力的来源。

可能是由于司马迁认识到了历史总归是“人”的历史，不是天的意志史，不是神的历史，也不是哲学家们所想象的“观念”（或“理念”、绝对理念等）的历史，以“绍圣《春秋》”为使命的司马迁抛弃了孔子既定的历史纪年法——编年体，而改用纪传体。这绝不仅仅是一个技术问题，而是观念问题。抛弃编年体，就是对所谓包含历史必然性的“历史进程”的蔑视，是对“时间”的过程、“时间”的整体有序性的放弃，是对“人”的命运、“人”的生命历程的重视。他对那冰冷的历史巨轮投以轻蔑的一哂，然后他满怀慈悲地去关心轮子下面的那些泣血的生灵，从而，我们看到，一代一代的人物以及他们对历史必然性的反抗，对自身命运的体认，构成了《史记》中最绚烂、最悲壮、最华丽、最哀婉的主色调。

司马迁纪传体之“以人代史”“以人叙史”，实际上乃是历史观念的伟大觉醒：没有人，便没有历史，历史的主体正是那形形色色的人及其命运。而历史的意义也恰好就是人的意义，而不是抽象的道德观念。司马迁是一个自觉的“人类的史学家”，而不是“天”或“绝对理念”的账房先生。

司马迁创作《史记》，其最大宏愿以及其为自己定下的伟大目标，乃是“究天人之际，通古今之变，成一家之言”。“究天人之际”是哲学，“通古今之变”是史学，他确实非常杰出地完成了这两项使命而“成一家之言”。但显然，《史记》的成就还不仅仅在这两方面。司马迁对人的重视，对人的意志的高扬，对人的情感与理想、痛苦和欢乐、成功与失败、性情与才华、智慧与激情的浓厚兴趣和出色描摹，以及他投入其中的充沛的个人激情、个性化特征，又使《史记》成就为一部无与伦比的文学华章。

以“人”及人之性格、命运作为自己写作的目的和使命，最终决定了《史记》不仅是哲学、史学，还是文学。《史记》中记录描摹的历史人物，不仅仅是“历史”的对象，而且是审美的对象。我们从那些人物身上不仅了解了历史，甚至更多地了悟了人及人类的命运，世界的悲剧性，人生的荒谬性；了悟了人性的美与丑，伟大与卑微。《史记》不仅让我们了解了那一段历史，领会历史的必然性、规律性，更多的倒是激起了我们内心巨大的审美感慨。

司马迁对人的命运的关注，与他自身的经历有关。遭受李陵之祸，使他感受到个体生命在强大的体制面前的渺小脆弱与不堪一击，感受到个人的意志、人格、精神力量在命运面前的无奈，同时，他又一定被人性的东西感动，对人的自由意志无比推崇。鲁迅说《史记》乃“史家之绝唱，无韵之《离骚》”，刘鹗《老残游记·序》说“《离骚》为屈大夫之哭泣……《史记》为太史公之哭泣”，都以《离骚》这样的纯个人抒情作品来比拟《史记》，这说明《史记》虽为史书，但却确实是有鲜明的个性色彩。

通过《史记》，我们洞悉了司马迁内心忍受的痛苦以及在忍受侮辱时他内在的强大与自尊。《史记》是他耻辱与痛苦的结晶，却变成了他尊严与崇高的象征。是的，《史记》首先是他的光荣，然后又成为我们民族的光荣，成为我们伟大的文化传统中最为耀眼的光环。

嘉言撷英

1. 富贵者送人以财，仁人者送人以言。
2. 士为知己者死，女为悦己者容。
3. 千人之诺诺，不如一士之谔谔。
4. 桃李不言，下自成蹊。
5. 众口铄金，积毁销骨。
6. 一死一生，乃知交情；一贫一富，乃知交态；一贵一贱，交情乃见。
7. 智者千虑，必有一失；愚者千虑，必有一得。
8. 天下熙熙，皆为利来；天下攘攘，皆为利往。
9. 燕雀安知鸿鹄之志哉。
10. 人固有一死，或重于泰山，或轻于鸿毛。

第七节　五言冠冕：古诗中的爱与痛

文温以丽，意悲而远，惊心动魄，可谓几乎一字千金！

——钟嵘《诗品》

选　篇

行行重行行

东汉 《古诗十九首》

行行重行行[1]，与君生别离[2]。

相去万余里[3]，各在天一涯[4]；
道路阻且长[5]，会面安可知[6]？
胡马依北风[7]，越鸟巢南枝[8]。
相去日已远[9]，衣带日已缓[10]；
浮云蔽白日[11]，游子不顾反[12]。
思君令人老[13]，岁月忽已晚[14]。
弃捐勿复道[15]，努力加餐饭[16]。

注释

[1] 行行重行行：重，又。

[2] 生别离：古代流行的成语，犹言“永别离”，诀别。生，硬生生、活生生的意思，写出亲人生死离别的一种感受。

[3] 相去：相隔，距离。

[4] 涯：边际。

[5] 阻：路上的阻隔、障碍，意指道路艰险、难行。

[6] 安：怎么，哪里。

[7] 胡马：北方所产的马。依：依恋的意思。

[8] 越鸟：南方所产的鸟。巢：指做巢，做窝。南枝：朝南的树枝，比喻温暖、舒适的地方，借指南方故土、故国。二句合用比喻，以禽兽尚恋故土，比喻人有思乡之情，写出女子对远方之人的期盼，寄慨深沉。

[9] 远：久。日已远：分离，日复一日很久了。

[10] 缓：宽松。日已缓：(衣带）一天天宽松了。

[11] 浮云：浮动的云彩，喻指外面的女人，或者功名利禄等。白日：原用于隐喻君王，此处喻指未归的丈夫。此句意指丈夫为其他女子、功名利禄，或者其他事情蒙蔽了心灵，忘记了回家。通过比喻，委婉地表达了女子的焦虑与担心。

[12] 游子：指出门在外的丈夫。顾：顾恋、思念。反：同“返”，返回，回家。

[13] 老：非实指年龄，也指消瘦的体貌和忧伤的心情，意为身心憔悴，容颜衰老。

[14] 岁月：时光，指眼前的时间。忽已晚：忽，倏忽，迅速。晚，岁末。意思指时光流转迅速，一不留心，已近岁末年关。

[15] 弃捐：抛弃，丢开。复：再。道：谈，说。

[16] 加餐饭：当时习用的一种亲切的安慰别人的成语。有两说：一是女子道与游子，希望他只身在外努力加餐，多加保重；二是指女子自我安慰，努力加餐，保养身体，将来好与丈夫相见。

导 读

《古诗十九首》是乐府民歌文人化的显著标志，深刻地再现了中下层知识分子在汉末社会大转型时期，人生追求的幻灭与沉沦、心灵的觉醒与痛苦，抒发了离愁别恨、彷徨失意、生命无常等人生最基本、最普遍的情感和思绪，表现出鲜明的道家与儒家的哲学意境。其诗语言朴素自然，描写生动真切，长于抒情，善于比兴、烘托，寓情于景，情景交融，风格浅显冲淡、天然浑成，具有极高的艺术成就。

《行行重行行》是《古诗十九首》的首篇，写一个女子对离家远行的丈夫的深切思念，是一首动荡岁月中的相思乱离之歌，情真、景真、事真、意真，追忆、怀想、犹疑、期盼，缠绵悱恻，深沉哀婉。

本诗的艺术特色如下：

1．构思谨严，层次清晰，情感一波三折，层层推进，纹丝不乱。先以“行行重行行，与君生别离”总领全诗，追叙初别之悲，次述路远会难的怅惘，再表相思之苦和幽怨之深，最后安慰远人也自作宽慰，实则更是痛上加痛，从而深入细致地表现了女子的缠绵忧伤之情。

2．采用多种手法，细致绵密、委婉含蓄地刻画了女子的相思之苦，塑造了具有典型东方女性情感、心理特点的形象。叙述中，交替运用了议论、夸张、比兴（喻）、映照、对比等，或显、或寓、或直、或曲、或托物比兴。以鸟兽（胡马、越鸟）比人，感喟人之常情；浮云、白日的比喻，写出深深的苦痛和彷徨，以及由思念引起的猜测、疑虑，使相思之情愈显刻骨、深婉，意味不尽。带缓、人老的细节刻画，情意宛转，对比中窥见真情。抽象的相思之苦，由此表现得愈加具体、真切而令人怦然心动。

3．诗歌的内在节奏平淡舒缓、层层深入，抒写句式排叠相联、回环复叹，语言优美、朴素、自然又精练生动，使这首诗歌韵味深长、形象感人，具有浓厚的抒情色彩、淳朴清新的民歌风格，和绵长久远的艺术感染力。

选 篇

迢迢牵牛星[1]

东汉 《古诗十九首》

迢迢牵牛星[2]，皎皎河汉女[3]。
纤纤擢素手[4]，札札弄机杼[5]。
终日不成章[6]，泣涕零如雨[7]。
河汉清且浅，相去复几许[8]？
盈盈一水间[9]，脉脉不得语[10]。

注释

[1] 本诗是《古诗十九首》之第十首。作者不详，创作时代大约在东汉末年。

[2] 迢（tiáo）迢：遥远。牵牛星：天鹰星座的主星，在银河东岸，与织女星隔银河相对，俗称“牛郎星”。

[3] 皎皎：明亮的样子。河汉：即银河。河汉女：指织女星，是天琴星座的主星，在银河西稍偏北，与牵牛星隔银河相对。

[4]“纤纤”句：这句是说，伸出细柔、白皙的手。纤纤，纤细柔长的样子。擢（zhuó），引，抽，意为伸出的意思。素，白皙。

[5]“札札”句：此句意为摆弄织机织着布，发出札札的声响。札（zhá）札，象声词，机织声。弄，摆弄。杼（zhù），织布机上的梭子。

[6]“终日”句：用《诗经·小雅·大东》语意，说织女终日织不成布。《诗经》原意是织女徒有虚名，不会织布。而这里则是说织女因相思苦痛而无心织布。章，指布帛上的经纬纹理，这里指整幅的布帛。

[7] 涕：眼泪。零：落下。

[8]“河汉”两句：织女和牵牛二星彼此只隔着一条银河，相距能有多远啊？去，距离，间隔。几许，多少。

[9] 盈盈：清澈、晶莹的样子。和下句的“脉脉”都是描写织女仪容。《古诗十九首》中还有“盈盈楼上女，皎皎当窗牖”，用以形容女子仪态之美好。一水：指银河。间（jiàn）：间隔，相距。

[10] 脉（mò）脉：含情相视、默默无语的样子。李善注：“《尔雅》曰‘脉，相视也’。郭璞曰‘脉脉谓相视貌也’。”

导读

牵牛和织女本是两个星宿的名称。牵牛星即“河鼓二”，在银河东。织女星又称“天孙”，在银河西，与牵牛星隔河相对。中国民间关于牵牛和织女二星的故事起源很早。《诗经·小雅·大东》已写到了牵牛和织女，但只是作为两颗星来写的。《春秋元命苞》和《淮南子·俶真》开始有了新的撰述，称织女是神女。到了曹丕的《燕歌行》、曹植的《洛神赋》和《九咏》中，牵牛和织女已成为夫妻。《文选》中李善引曹植《九咏》注曰“牵牛为夫，织女为妇。织女牵牛之星各处河鼓之旁，七月七日乃得一会”。《古诗十九首》中的《迢迢牵牛星》写牵牛织女夫妇被银河阻隔，其时代似在东汉后期，略早于曹丕和曹植。比照这首诗和曹氏兄弟的作品，可以看出，东汉末年到曹魏时期，牵牛和织女的故事大约已经定型。

《迢迢牵牛星》驰骋丰富的想象，借助牛郎织女银河相望不得相聚的神话故事，抒发了因爱情受挫而痛苦的心情，刻画了织女忧伤哀怨、美丽动人的形象。诗歌渐次抒写了织女有情思亲、无心织布、隔河落泪、对水兴叹、无语落寞，思路清晰，描写细腻，笔法生动、传神，并具有丰富的比喻、象征意蕴，写尽了人间离妇对辞亲远行的丈夫的相思之情，哀婉动人。

本诗的艺术特色体现在：

1. 想象丰富，将天上星辰幻化为纯净的美丽形象，以其悲苦遭际来抒写人间至情、比喻人间悲剧，突出表现在对织女形象和内心世界的刻画上。诗歌运用了一系列典型细节，如写织女的皎皎光辉、纤纤素手、牵引摆弄的劳作，泣涕如雨的面貌，娇弱温柔的身形，孤寂忧伤的心灵，缠绵哀婉的情感，落寞无语的神态，无不栩栩如生，感人至深。

2. 构思精妙，层次清晰。全诗先写牵牛，其余都从织女落笔，写织女系情于牵牛，相爱而又无奈。这样的写法使主线突出，便于集中描写、刻画织女形象，而牵牛之情状，又暗寓其中，促人联想，言简而意丰，含蓄而独标一格。

3. 运用比兴手法，寄托情思，象征旨意。整首诗借天上神话故事，写人间情怀，或托言，或寄情，或达意，或寓怀，使得这首诗歌的内涵更加丰富。

4. 大量使用叠字，增强了诗句的形象性和音乐感。全诗十句，有六句叠字起头，或表距离，或状形态，或摹声响，或画神情，物随笔转，变化有致，自然贴切，生动传神，音律和谐，境界奇特，格调清高。袁行霈先生评论说，这些叠音词使这首诗质朴清丽、情趣盎然，特别是后两句，一个饱含离愁的少妇形象若现于纸上，意蕴深沉，风格浑成，是极难得的佳句。

嘉言撷英

1. 人生天地间，忽如远行客。
2. 人生寄一世，奄忽若飙尘。
3. 生年不满百，常怀千岁忧。
4. 愿为双鸿鹄，奋翅起高飞。
5. 思为双飞燕，衔泥巢君屋。
6. 还顾望旧乡，长路漫浩浩。
7. 庭中有奇树，绿叶发华滋。攀条折其荣，将以遗所思。
8. 所遇无故物，焉得不速老。盛衰各有时，立身苦不早。
9. 明月何皎皎，照我罗床帏。忧愁不能寐，揽衣起徘徊。
10. 青青河畔草，郁郁园中柳。盈盈楼上女，皎皎当窗牖。

第二章
六朝风流

第一节　建安风骨：曹操的悲凉慷慨

慷慨以任气，磊落以使才。

——刘勰《文心雕龙》

选　篇

蒿里行

东汉　曹操

关东有义士[1]，兴兵讨群凶[2]。
初期会盟津[3]，乃心在咸阳[4]。
军合力不齐，踌躇而雁行[5]。
势利使人争，嗣还自相戕[6]。
淮南弟称号[7]，刻玺于北方[8]。
铠甲生虮虱[9]，万姓以死亡。
白骨露于野，千里无鸡鸣。
生民百遗一[10]，念之断人肠。

注　释

[1] 关东：指函谷关以东。义士：指关东州郡讨伐董卓的那些牧守们。汉献帝初平元年（190 年），关东州郡起兵讨伐董卓，推渤海太守袁绍为盟主。

[2] 群凶：指董卓及其部下。

[3] “初期”句：期，期望、希望。盟津，即孟津（今河南省洛阳市孟津县），相传是周武王讨伐商纣王时与诸侯会盟的地方。

[4] 乃心：其心，他们的心愿。咸阳：秦国及秦朝首都，在今陕西省咸阳市东。这里指董卓所控制的以长安为中心的关中一带。初平元年二月，汉献帝被董卓劫持迁都到长安。这两句是说，本来预期会合诸侯，像周武王讨伐商纣王那样吊民伐罪，目标是要直捣洛阳勤王救皇帝，像项羽、刘邦那样攻入咸阳。

[5] 踌躇：徘徊，迟疑不进。雁行：军队排列前行，如飞雁的行列一般。“踌躇而雁行”，

是说军队依次排列，却徘徊观望，各有打算，不肯用力前进。

[6] 嗣还（xuán）：其后不久。自相戕（qiāng）：自相残杀。戕，杀害。起兵时关东诸侯就各有打算，后来部分牧守之间相互攻打，如孙坚杀南阳太守张咨，袁绍和公孙瓒彼此攻杀等。

[7] "淮南"句：董卓被杀后，袁绍和异母弟袁术闹分裂，袁术占据淮南（淮河下游南部以至长江以北地方）一带，于建安二年（197 年）在寿春（今安徽寿县）自立为皇帝。

[8] "刻玺"句：初平二年（191 年），袁绍谋划立宗室刘虞为皇帝，为之雕刻玉玺。玺，皇帝所用的印章。

[9] 铠甲：保护身体的战袍。金属制作的为铠，毛皮制作的为甲。虮虱：虱子，人身上的寄生虫。

[10] 百遗一：百人中活下来的只有一人。

选篇

短歌行

东汉　曹操

对酒当歌[1]，人生几何！
譬如朝露，去日苦多[2]。
慨当以慷[3]，忧思难忘。
何以解忧[4]？唯有杜康[5]。
青青子衿，悠悠我心[6]。
但为君故，沉吟至今[7]。
呦呦鹿鸣，食野之苹。
我有嘉宾，鼓瑟吹笙[8]。
明明如月，何时可掇[9]？
忧从中来，不可断绝[10]。
越陌度阡[11]，枉用相存[12]。
契阔谈讌[13]，心念旧恩[14]。
月明星稀，乌鹊南飞。
绕树三匝[15]，何枝可依？
山不厌高，海不厌深[16]。
周公吐哺[17]，天下归心[18]。

注释

[1] 对酒当歌：一边喝着酒，一边唱着歌。当歌，面对着歌舞。

[2] 去日：过去了的日子。苦多：苦恨很多。
[3] 慨当以慷：慨而且慷。慨慷，即慷慨，指因不能实现自己的理想而产生的一种不平静的感情。
[4] 何以解忧：什么东西可以解除我的忧愁。
[5] 杜康：相传是古代造酒的始祖，这里是酒的代称。
[6] “青青”两句：是《诗经·郑风·子衿》里面的句子，被借用来表示对贤才的思念。衿，衣领。青衿是周代学子的服装。悠悠，形容时间长，指思念绵绵不断绝。
[7] 沉吟：沉思吟咏，指整日在心头思索考虑。
[8] “呦呦”四句：是《诗经·小雅·鹿鸣》里面的原句，本是宴请宾客的诗，这里用来表示自己优待礼遇贤才的态度。呦呦，鹿鸣叫的声音。苹，蒌蒿。瑟、笙，乐器名。
[9] “明明”两句：形容人才难得。掇，拾取。
[10] “忧从中来”两句：指未得到贤才因而忧思难断。
[11] 越陌度阡：指客人远道来访。“阡”和“陌”都是田间的道路，南北叫阡，东西叫陌。
[12] 枉用相存：枉劳来问候。枉，屈驾。用，以、来。存，问候。
[13] 契阔：聚散，这里指久别重逢。
[14] 旧恩：旧日的情谊。以上四句意思为，作者希望久别的朋友远道来归。
[15] 匝：周，圈。
[16] “山不厌高”两句：源自《管子·形解》：“海不辞水，故能成其大；山不辞土，故能成其高；明主不厌人，故能成其众；士不厌学，故能成其圣。”
[17] 哺：口中咀嚼着食物。《韩诗外传》说周公忙于接待天下贤士，吃饭也没有时间（“一饭三吐哺，犹恐失天下之士”）。
[18] 以上四句是说贤才多多益善，并以周公的求贤若渴来说明自己渴望贤才帮助建功立业的心愿。

选　篇

步出夏门行·观沧海

东汉　曹操

东临碣石[1]，以观沧海[2]。
水何澹澹[3]，山岛竦峙[4]。
树木丛生[5]，百草丰茂[6]。
秋风萧瑟[7]，洪波涌起[8]。
日月之行，若出其中。
星汉灿烂[9]，若出其里。
幸甚至哉，歌以咏志[10]。

注释

[1] 临：到达，登上。碣石：山名，在今辽宁省葫芦岛市绥中县城西56公里、山海关东15公里的止锚湾海滨。秦始皇、汉武帝、魏武帝曹操、晋武帝司马懿、唐太宗李世民等人均来过此地。现在的碣石由三块高出海面20米左右的巨大礁石组成，东边一块礁石从远处望去如一人矗立在海中，因此也称姜女石。东汉建安十二年（207年）秋天，曹操在柳城（今辽宁朝阳）击败乌桓回师途中路过碣石，在这里写下了著名的诗篇《观沧海》。

[2] 沧海：大海。海水苍茫，故称沧海。

[3] 何：多么。澹澹：水波荡漾的样子。

[4] 竦峙：耸立。竦、峙，都是挺立的意思。

[5] 丛生：聚集在一处生长。丛，聚集。

[6] 百草：多种多样的草。百，这里是虚指，指种类很多。丰茂：丰美茂盛。

[7] 萧瑟：形容风吹过树木的声音。

[8] 洪波：巨大的波涛。

[9] 星汉：银河。

[10] 咏：歌唱，表达，抒发。志：心愿，志向，志趣。

导读

曹操（155年—220年），字孟德，沛国谯县（今安徽亳州）人。东汉末年著名政治家、军事家、诗人。年二十就被举荐为孝廉，征拜为议郎。后来因参与镇压黄巾起义有功，升迁为济南国国相。董卓专权后，曹操起兵讨伐董卓，后迎汉献帝迁都许昌。他采取抑制豪强、推行屯田、督促垦荒等一系列有利于恢复生产的政策，促进了经济的恢复和发展，再加上大力招揽人才的开明政治措施，终于先后剿灭袁术、袁绍、吕布等割据势力，统一了北方，成为北方的实际统治者。他位至丞相，进封魏王，为三国曹魏政权的建立奠定了基础。

公元196年曹操自洛阳迎献帝迁都于许昌，开创了建安时代，这个建安时代，既是一个政治时代、军事时代，也是文学史上旗帜一般的时代。以“建安”命名的“建安文学”，以及“建安七子”“建安风骨”等，成为中国文学史上最为闪亮的字眼。建安时代是一个流血的时代，混乱的时代，苦难的时代，但又成了历代文人向往的时代。而曹操，当之无愧地，成为这个文学时代的开创者。

我们看他的《蒿里行》，知道他深感痛苦的不是那生命尽头的死亡，而是生命当下所体验到的现实的伦理痛苦与伦理关怀：社会崩溃，生灵涂炭，以及他自己作为该时代的独特分子所体味到的种种艰辛——而这种价值取向，正是建安文学的伟大之所在。是什么让他念念不忘，痛断肝肠？是百姓的死亡，是生灵涂炭，是“白骨露于野，千里无鸡鸣”的现实。这首诗充分体现了他对现实人生的伦理关怀，而且还剔除了汉末以来一般文人的愤世嫉俗与尖刻不屑，是大慈悲，大关怀，不是清高文人远避肮脏、洁身自好的冷眼神，而是介入当时纷争、为理想而战的战士的热心肠。

曹操最为人所知的作品当数《短歌行》，在这首“跌宕悠扬，极悲凉之致”（陈祚明《采菽堂古诗选》卷五）的诗歌里，充分表现了他的英雄情怀。

曹操“不戚年往，忧世不治”（《秋胡行》其二），在他那里，人生短暂的痛苦转化为了功业未建的痛苦，且这种功业还是一种社会责任心与伦理责任心。他的《短歌行》，一开始即是“对酒当歌，人生几何！譬如朝露，去日苦多”，颇似颓唐，以至于唐人吴兢就误以为这首诗写的仍然是《古诗十九首》的主题：“言当及时行乐”（《乐府古题要解》）。直到清代的沈德潜也还持同样论调（《古诗源》卷五评《短歌行》：“言当及时为乐也”）。但曹操“慨当以慷，忧思难忘”之“忧”，却不是“譬如朝露”的人生，而是功业未建，贤才未附，故他的结论不是“及时行乐”，而是要像“山不厌高，海不厌深”那样胸襟宽广，广纳人才，更要像历史上的周公那样，“周公吐哺，天下归心”，虚心降志，谦虚谨慎，招致人才，从而“早建王业”（张玉穀《古诗赏析》）。难怪张玉穀要嘲弄吴兢、沈德潜他们“何其掉以轻心！”吴淇评此诗是全篇“曲曲折折，絮絮叨叨，若连贯，若不连贯，纯是一片怜才意思”（《六朝选诗定论》）。

这首诗共分八节。第一节由此刻当下之“对酒当歌”之乐（“当”可理解为“合当”之“当”，也可理解为“对当”之“当”，与“对酒”之“对”同义），而突悟“人生几何”之悲，正是乐极生悲。而此“悲”，在第二节又转为“忧”，正是这一转，体现了建安诗人由生命本体之“悲哀”转向关注社会之“忧患”。可以说，这是一个伟大的转折，弥漫汉末的颓废消极无奈无聊将一扫而空，积极向上努力当下的新世风涣然形成。所以，我们可以说，曹操《短歌行》的主题，实际上就是一个时代的主题。“老汉朝”正在死去，“新汉代”（也就是曹操掌控的建安时代）已经诞生。

为了更好地说明这一点，我们继续往下看，看看曹操“忧”的是什么。

接下去第三、第四节引的是《诗经》成句，关念“子”，牵挂“君”，欢宴“嘉宾”，乃是在提示我们，他之“忧”，是由于对一些人的思慕。是外向涉他的，而不是内向内省自涉的，他的“忧”，来自于自身之外的关注。

第五节明白地告诉我们：正是这些美好如月、难掇如月的人，使他念念不忘，“忧从中来”，且“不可断绝”。

那么，他所思慕的到底是什么样的人呢？

第六节没有回答，而是写出了在想象之中，他已与他思慕的这些人“契阔谈宴，心念旧恩”了。在这看似虚幻的描写里，恰恰可以体现出他对他所思慕的人的强烈渴求。

然后，在第七节，他用一个非常传统的比兴告诉了我们所思慕的是什么人：用“良禽择木而栖”，来喻“贤才择主而事”，从而我们明白，他所思慕的，就是在那样的纷争时代最稀缺也最重要的人才！他的忧，就是惧怕这些南奔北走恓惶不定的人才不来投奔他！

至此，第八节的一个比兴、一个典故，其用意也就昭然若揭：他是在表达他对人才的容纳与礼遇，以期天下人才归之如百川之归海。而以儒家的大圣人周公自比，除了表明他要做忠臣、圣臣，不做篡臣，向天下表明心迹，也是一种自我勉励，同时还可以看出他对事功的重视，体现出入世的精神。

与此相类似的，当然还有那首描写大海的名作《步出夏门行·观沧海》。值得注意的是，在那样的乱世之中，曹操仍然抱持着政治上的理想，有廓清天下、重整乾坤、拯救生灵的道德上的目标，并为之奋斗。显然，他的这种精神、情怀影响了围绕在他周围的建安作家，从而，建安的文人们又都对那个血腥的时代抱持着莫大的希望。是的，是希望，是带着希望的道德追求与道德实践，使建安的作家们获得了尊严与光荣。

谭元春评曹操《蒿里行》说："声响中亦有热肠。"（《古诗归》）吴淇评《短歌行》说："从来真英雄，虽极刻薄，亦定有几分吉凶与民同患意……观魏武此作，及后《苦寒行》，何等深，何等真。所以当时豪杰，乐为之用，乐为之死。今人但指魏武杀孔融、杨修等，以为惨刻极矣，不知其有厚道在。"（《六朝选诗定论》）这"热肠"，这"厚道"，既真且深，"以仁人忠臣自负"（《古诗归》）的他意识到了自己的责任，并由这份责任心而生出时不我待的急迫感。良心一旦主动，便成为责任心，责任心一旦强烈到某种程度，又会成为一种心理的焦虑。建安诗人就是循着这一条合乎逻辑的伦理关怀之路，把个人的建功立业和社会重建紧密地结合在一起，而不是追求那种单纯的个人的荣升或成就。

嘉言撷英

1. 老骥伏枥，志在千里。烈士暮年，壮心不已。
2. 设使国家无有孤，不知当几人称帝，几人称王！
3. 秋风萧瑟天气凉，草木摇落露为霜。
4. 盖文章，经国之大业，不朽之盛事。
5. 捐躯赴国难，视死忽如归。
6. 丈夫志四海，万里犹比邻。
7. 体迅飞凫，飘忽若神。凌波微步，罗袜生尘。
8. 翩若惊鸿，婉若游龙。
9. 煮豆持作羹，漉菽以为汁。萁在釜下燃，豆在釜中泣。本自同根生，相煎何太急？
10. 虽信美而非吾土兮，曾何足以少留。

第二节　两朝开济：诸葛亮的复兴志业

出师一表真名世，千载谁堪伯仲间。

——陆游

选　篇

出师表

三国　诸葛亮

先帝创业未半而中道崩殂[1]，今天下三分[2]，益州疲弊[3]，此诚危急存亡之秋也[4]。然侍卫之臣不懈于内[5]，忠志之士忘身于外者[6]，盖追先帝之殊遇[7]，欲报之于陛下也。诚宜开张圣听[8]，以光先帝遗德[9]，恢弘志士之气[10]；不宜妄自菲薄[11]，引喻失义[12]，以塞忠谏之路也。

宫中府中[13]，俱为一体[14]，陟罚臧否[15]，不宜异同[16]。若有作奸犯科及为忠善者[17]，宜付有司论其刑赏[18]，以昭陛下平明之理[19]，不宜偏私，使内外异法也[20]。

侍中、侍郎郭攸之、费祎、董允等[21]，此皆良实[22]，志虑忠纯[23]，是以先帝简拔以遗陛下[24]。愚以为宫中之事[25]，事无大小，悉以咨之[26]，然后施行，必能裨补缺漏[27]，有所广益。

将军向宠[28]，性行淑均[29]，晓畅军事[30]，试用于昔日，先帝称之曰能，是以众议举宠为督[31]。愚以为营中之事[32]，悉以咨之，必能使行阵和睦[33]，优劣得所[34]。

亲贤臣，远小人，此先汉所以兴隆也[35]；亲小人，远贤臣，此后汉所以倾颓也[36]。先帝在时，每与臣论此事，未尝不叹息痛恨于桓、灵也[37]。侍中、尚书、长史、参军[38]，此悉贞良死节之臣[39]，愿陛下亲之信之，则汉室之隆[40]，可计日而待也。

臣本布衣[41]，躬耕于南阳[42]，苟全性命于乱世，不求闻达于诸侯[43]。先帝不以臣卑鄙[44]，猥自枉屈[45]，三顾臣于草庐之中[46]，咨臣以当世之事。由是感激[47]，遂许先帝以驱驰[48]。后值倾覆[49]，受任于败军之际，奉命于危难之间，尔来二十有一年矣[50]。

先帝知臣谨慎，故临崩寄臣以大事也[51]。受命以来[52]，夙夜忧叹[53]，恐托付不效[54]，以伤先帝之明[55]。故五月渡泸[56]，深入不毛[57]。今南方已定，兵甲已足[58]，当奖率三军[59]，北定中原[60]，庶竭驽钝[61]，攘除奸凶[62]，兴复汉室，还于旧都[63]。此臣所以报先帝[64]而忠陛下之职分也[65]。至于斟酌损益[66]，进尽忠言，则攸之、祎、允之任也[67]。

愿陛下托臣以讨贼兴复之效[68]，不效则治臣之罪，以告先帝之灵[69]；若无兴德之言[70]，则责攸之、祎、允等之慢[71]，以彰其咎[72]。陛下亦宜自谋[73]，以谘诹善道[74]，察纳雅言[75]，深追先帝遗诏[76]。

臣不胜受恩感激。今当远离，临表涕零，不知所言。

注释

[1] 先帝：指刘备。中道：中途。崩殂：古时称皇帝死亡。刘备是汉皇室之后，汉灵帝末年参加镇压黄巾起义，从此开始与其他军阀角逐，企图统一天下。但他并未能实现自己的志愿，只保持了三国鼎立的局面。曹丕篡汉后，他也自称皇帝，建号章武，但称帝后第三年就去世了。

[2] 三分：指魏、蜀、吴三国的割据鼎立。当时这三国都已建立帝号。

[3] 益州：此指刘备建立的蜀汉政权。当时中国版图分为十二州，蜀据其一，即益州，其地相当于今四川、云南和贵州的一部分。疲弊：困乏。益州地处西南，土地较肥沃，但当时生产比较落后，相对于魏、吴来说，蜀显得国小兵弱，处境困乏。

[4] 秋：此指关键、紧要时刻。

[5] 内：内廷、宫廷。

[6] 外：与内廷相对而言，泛指执政机构。

[7] 殊遇：优厚、特别的待遇。

[8] 开张：与闭目塞听相反。圣：皇帝的尊称，此指刘禅。

[9] 光：发扬光大。

[10] 恢弘：弘扬张大。

[11] 菲薄：微薄。

[12] 引喻：称引，告喻。失义：失当。

[13] 宫中：指宫中侍奉皇帝的官员。府中：指丞相府中的官员。据《三国志·蜀志·诸葛亮传》，建兴元年（223 年）刘禅命诸葛亮开府治事。

[14] 一体：谓宫中、府中两部分同属皇朝政权，是一个整体。

[15] 陟罚臧否：赏罚善恶。

[16] 异同：偏义复词，此仅取“异”之义。

[17] 科：科条、法律。

[18] 有司：司法官吏。

[19] 昭：显明。平明：公平英明。理：治。

[20] 内外异法：宫中、府中法度标准不一。

[21] 侍中、侍郎：官职名，为出入皇宫、侍奉皇帝的近臣。郭攸之：字演长，时为侍中。费祎：字文伟，刘备时曾任太子舍人，刘禅即位，曾任黄门侍郎，后迁侍中。董允：字休昭，曾任太子舍人和黄门侍郎。

[22] 良实：善良诚实。

[23] 忠纯：忠贞不贰。

[24] 简拔：选拔。

[25] 愚：诸葛亮谦称自己。

[26] 悉：全，都。咨：咨询，商量。

[27] 裨补：补救、补益。缺漏：缺失、疏漏。

[28] 向宠：字巨违，刘备时为牙门将。刘备为报孙权杀关羽之仇，曾攻吴，结果反被击败。这次战役中，只有向宠的部队损伤很少。刘禅即位后封向宠为都亭侯，后为中部督。

[29] 淑均：贤良公正。

[30] 晓畅：通晓熟练。

[31] 举：举荐、任命。督：官名，此指中部督。

[32] 营：军营。

[33] 行阵：队伍行列。

[34] 优劣：指将士才能和兵力的强弱。得所：得其所宜，安排得当。

[35] 先汉：西汉。

[36] 后汉：即东汉。倾颓：指政权衰乱覆灭。

[37] 桓、灵：东汉末年的桓帝、灵帝。桓帝任用宦官单超等，朝政日败，陈蕃、李膺等上书进谏，反而大兴党锢之狱，正直的人都遭禁锢。灵帝宠任宦官曹节等，杀害陈蕃、李膺。

[38] 侍中：即指郭、费、董等三人。尚书、长史、参军：三者皆官名。尚书指陈震，长史指张裔，参军指蒋琬。

[39] 贞亮死节：坚贞忠直，能以死守其节操。

[40] 汉室：蜀自以为继承汉朝政权正统，故称。

[41] 布衣：平民。古代平民的衣服，除老年人可以用丝外，其余都是用麻类材料制成的，故即用之代称平民。

[42] 躬耕：亲自耕种。南阳：汉郡名，今湖北襄阳一带，诸葛亮曾避乱隐居于此。

[43] 闻达：名位通显。

[44] 卑鄙：卑下鄙陋，诸葛亮自谦之词。

[45] 猥：辱。枉屈：屈尊枉顾。二者都是尊敬对方的说法。

[46] 顾：拜访、拜见。

[47] 感激：感动奋激。

[48] 驱驰：奔走效力。

［49］倾覆：遭遇兵败。

［50］二十有一年：建安十三年（208年），曹操南征刘表，恰逢刘表死，其子刘琮请求投降。当时刘备依附刘表，屯兵在樊城，闻讯后赶到襄阳，责问刘琮，同时接受了荆州的大批兵马物资，随后便往当阳。曹操听说刘备过襄阳，就派精兵轻骑追击，在当阳的长坂击溃刘备军队。诸葛亮就是在这次失败后受命到东吴去联结孙权，并与东吴一起在赤壁大破曹军。刘备的荆州因而得以稳定。诸葛亮于建兴五年（227年），上表北伐，自倾覆至此，整整二十年，而刘备与诸葛亮相遇，则在败军之前一年，故称二十一年。

［51］临崩寄臣以大事：《三国志·蜀志·诸葛亮传》载，刘备临死前对诸葛亮说："君才十倍曹丕，必能安国，终定大事。若嗣子可辅，辅之；如其不才，君可自取。"诸葛亮流泪回答说："臣敢竭股肱之力，效忠贞之节，继之以死。"

［52］受命：接受刘备所托付辅佐刘禅之命。

［53］夙夜忧叹：早晚忧愁叹息。

［54］效：奏效、实现。

［55］明：明智，此指知人之明而言。

［56］泸：泸水，指金沙江。

［57］不毛：不生五谷等农作物，指未经开发的蛮荒之地。建兴元年（223年），云南境内少数民族统治者发动变乱，诸葛亮为了巩固蜀本土，于建兴三年（225年）南征，恩威并施，稳定了后方。"七擒孟获"就发生于这一次战争中。据记载，泸水地方湿热，多瘴气，三四月就很少有人渡河，五月间连呼吸都感困难，渡河就更加艰苦了。

［58］今南方已定，兵甲已足：建兴三年，诸葛亮南征，当年秋天即平定云南境内少数民族之乱，稳定后方。于是休养生息，讲武练兵，至建兴五年，准备北伐曹魏。

［59］奖帅：鼓励、率领。

［60］中原：指曹魏。

［61］庶：庶几，差不多，表示希望、打算。驽钝：自谦才能平庸。

［62］攘除：排除、铲除。奸凶：指曹魏。

［63］旧都：指东汉都城洛阳，当时为曹魏的京都。

［64］报：报答。

［65］忠：效忠。职分：职责本分。

［66］斟酌损益：权衡得失，考虑取舍。

［67］任：职责、责任。

［68］愿：希望。效：效验、成效。

［69］灵：死者在天之灵。

［70］兴德之言：即上文所谓"斟酌损益"的"忠言"。

［71］慢：怠慢。

[72] 彰：显示、表明。咎：过错。
[73] 自谋：自我考虑、打算。“谋”，一作“课”，指自我约束、约制。
[74] 谘诹：咨询。善道：好的道理。
[75] 雅言：正言。
[76] 追：追怀、追念。遗诏：指刘备去世前的遗训。

导 读

诸葛亮（181 年—234 年），字孔明，琅琊阳都（今山东沂水县南）人。三国时期著名的政治家、军事家，辅佐刘备建立蜀汉政权，与魏、吴三足鼎立。刘备去世后，诸葛亮秉其遗命，忠心竭力辅佐后主刘禅，以期光复汉室，统一天下，但最终无力回天，于北伐曹魏途中劳瘁而死。他并不以文学著称，但《出师表》一文却备受后人称道。宋代著名爱国诗人陆游有诗云：“出师一表真名师，千载谁堪伯仲间。”后人甚至有“读诸葛孔明《出师表》而不堕泪者，其人必不忠”之言，可见其感染力之深。

《出师表》实即关于军队出征的奏疏，最初见于《三国志・蜀志・诸葛亮传》，并无篇名，其篇名乃后人所加。三国蜀后主建兴五年（227 年），诸葛亮驻军汉中（今陕西汉中市），准备北伐曹魏，出发之前向刘禅进此奏疏。诸葛亮欲自率军北伐，而无暇无力内顾国政，其之所以进呈此表，主要是因为对刘禅不放心，所以恳切开导，殷勤叮咛，希望刘禅能够听纳己言，从而免除自己北伐的后顾之忧。

文章开头即言刘备创业未半而崩，语带伤痛，指明当前天下三分，蜀国形势危急，以警刘禅；次即转叙群情，尽管形势危急，然而人心并未涣散，事尚可为；随即以“宜”与“不宜”，一正一反，从整体上予以恳切开导，进入文章正题。此后一段即为具体展开，细致而周详。首先针对刘禅亲近小人、惑于阉竖的毛病，告诫其宫中府中不应有所偏私，而应视为一体，赏罚均平。就与刘禅的关系而言，宫中亲近，府中疏远，诸葛亮尤其担心在其出师之后，丞相府属官更遭轻忽疏远，因此首进此言。接着则分别从宫中、营中两方面推荐堪以信用的文武人才，并以先汉后汉兴衰之史为鉴，表明对待贤臣、小人孰亲孰远，关乎国家前途命运，非同小可，以此警示、勉励刘禅。文章后半部分为自叙出身，以表明自己对刘备和蜀汉政权的耿耿忠心，以及出师北伐的原因和决心，并再次劝勉刘禅应振奋有为。其感情真挚，言辞悲切，尤为动人。

这篇文章之所以感人，最重要的原因在于诸葛亮对蜀汉政权，尤其是对先主刘备的一片忠诚之心和真挚而深沉的情感。这一点，直接反映在文章的结构上。文章以言“先帝”始，以言“先帝”终，文中“先帝”出现了 13 次，可以说，诸葛亮在写这篇奏疏时，心中始终有一个“先帝”在，故凡事必言及之。蜀汉事业乃先帝所开创，士臣追先帝殊遇而不懈、忘身以报，先帝遗德宜努力发扬光大，宫中良实忠纯之士乃先帝所简拔，将军向宠之能亦曾经先帝所试，先汉后汉兴衰之由每与先帝共论，为感激先帝之枉顾而许身为其驱驰奔走，秉受先帝遗命，恐伤先帝之明而尽忠竭力以报，欲以北伐之效告慰先帝之灵，先帝遗诏宜深追不负，所有的一切，都不曾离开先帝。其之所以如此，当然有刘禅与诸葛亮之间君臣身份的关系。诸葛亮虽受刘备托孤遗命，年齿尊，资格老，且身为丞相，主持国政，但毕竟刘禅乃一国之君，其呈疏进谏，自当注意二人的身份和关系，既不宜自恃资格而施以教训，又不宜自居卑下而软弱其辞，故借“先帝”以重其言，实乃最为切当之举。不过，诸葛亮之所以这样做，其根源还是在于他与刘备之间的深厚感情，以及对刘备知遇之恩的真诚感激。

只不过，不知刘禅在读到这篇表文的时候作何感想？史传于此无明确记载，不妨做一点猜测。诸葛亮去世后，蜀汉政权日益衰败，最终为晋所灭。刘禅东迁洛阳，被封为安乐县公，留下了“乐不思蜀”的笑谈。与刘备和诸葛亮相比，刘禅自然可以说是昏弱而无能的。但就人之常情而言，除非是傻瓜，恐怕谁都不愿也不甘自认、自居昏庸和愚弱，然而由于天赋与能力有限，加上其他各种内在外在因素的影响，不是每个人都能够表现优秀、大有作为的。这样，在很多时候，弱者和平庸的人，尤其是其中的一些敏感而不甘心者，在强者和优秀者面前，往往会受到强烈的刺激，并感受到由此带来的巨大精神压力。在刘备和诸葛亮面前，刘禅是不是也有这种感觉？想来是难免的。他对自己的能力多少有所了解，对刘备和诸葛亮自然是心存敬畏的，但当他看到诸葛亮在表文中一口一个“先帝”，并以此劝诫自己的时候，会是什么反应？是心悦诚服地接受，并思欲奋发有为，还是自暴自弃甚至于激而怀怨？这不得而知，但他终于还是作了亡国之君，沦为俘虏。

文章语言流畅，文字质朴，熔叙事、议论、抒情于一炉，志尽而文畅，因其肺腑之言，发于至忠至诚，故不假刻意藻绘修饰而能感人至深。

嘉言撷英

1. 鞠躬尽瘁，死而后已。
2. 静以修身，俭以养德。
3. 非淡泊无以明志，非宁静无以致远。
4. 夫学须静也，才须学也，非学无以广才，非志无以成学。
5. 勿以恶小而为之，勿以善小而不为。
6. 读书百遍，其义自见。
7. 伐人之国而以为欢，非仁者之兵也。
8. 处大无患者恒多慢，处小有忧者恒思善。
9. 覆巢之下，焉有完卵。
10. 士别三日，即当刮目相看。

第三节　曲水流觞：文人雅集的玄远与深情

> 圣上忘情，最下不及情。情之所钟，正在我辈。
>
> ——刘义庆

选　篇

兰亭集序

东晋　王羲之

永和九年[1]，岁在癸丑[2]，暮春之初[3]，会于会稽山阴之兰亭[4]，修禊事也[5]。群贤毕至[6]，少长咸集[7]。此地有崇山峻岭，茂林修竹[8]；又有清流激湍[9]，映带左右[10]。引以为流觞曲水[11]，列坐其次[12]，虽无丝竹管弦之盛[13]，一觞一咏，亦足以畅叙幽情[14]。

是日也[15]，天朗气清，惠风和畅[16]。仰观宇宙之大，俯察品类之盛[17]，所以游目骋怀[18]，足以极视听之娱[19]，信可乐也[20]。

夫人之相与[21]，俯仰一世[22]。或取诸怀抱[23]，悟言一室之内[24]；或因寄所托[25]，放浪形骸之外[26]。虽趣舍万殊[27]，静躁不同[28]，当其欣于所遇，暂得于己[29]，快然自足[30]，不知老之将至[31]。及其所之既倦[32]，情随事迁，感慨系之矣[33]。向之所欣[34]，俯仰之间，已为陈迹[35]，犹不能不以之兴怀[36]。况修短随化[37]，终期于尽[38]。古人云："死生亦大矣[39]。"岂不痛哉！

每览昔人兴感之由[40]，若合一契[41]，未尝不临文嗟悼[42]，不能喻之于怀[43]。固知一死生为虚诞[44]，齐彭、殇为妄作[45]。后之视今，亦犹今之视昔，悲夫[46]！故列叙时人[47]，录其所述[48]。虽世殊事异，所以兴怀[49]，其致一也[50]。后之览者，亦将有感于斯文。

注　释

[1] 永和九年：公元353年。永和，东晋穆帝年号。

[2] 岁在癸丑：古人以天干地支相配纪年，这一年属癸丑。

[3] 暮春：农历三月。

[4] 会稽：郡名，今浙江省北部和江苏省东南部一带。山阴：县名，今浙江省绍兴市。兰亭：今绍兴市西南二十七里，地名兰渚。
[5] 修禊：古人于三月上旬的巳日（后定为三月三日）在水边举行祭祀活动，以祓除不祥，消灾去祸。
[6] 群贤：对参加此次活动的孙绰、谢安、支遁等人的敬称。毕：都，全部。
[7] 少长：指作者自己一辈的年长人和王氏年轻一辈的子弟。咸：都。
[8] 修：长、高。
[9] 激湍：流势很急的水。
[10] 映带：相互映衬。
[11] 流觞：流杯，修禊时的一种娱乐活动。把盛酒的杯子放在流水的上游，任其漂流而下，停在谁的面前，就取而饮之。曲水：环曲的水渠。
[12] 次：旁边，这里指水边。
[13] 盛：多。
[14] 幽情：深细的情致。
[15] 是日：此日，这一天。
[16] 惠风：和煦的清风。
[17] 品类：物类，指自然界的万事万物。
[18] 游目：举目观望。骋怀：舒怀。
[19] 极：尽。视听之娱：视觉和听觉方面的乐趣。
[20] 信：确实。
[21] 相与：相处，相交。
[22] 俯仰：低头和抬头，比喻时间短暂。
[23] 怀抱：襟怀抱负。
[24] 悟言：见面交谈。悟，通“晤”。
[25] 因寄所托：有所凭借以寄托。
[26] 放浪：任性放荡，无所拘束。形骸：形体，人的身体。
[27] 趣舍：趋舍，取舍。万殊：各种各样。
[28] 静躁：安静与躁动。
[29] 暂：忽然。得于己：指所遭遇的外境与内心的期待相符合。
[30] 快然：高兴、痛快的样子。自足：自我满足。
[31] 曾：竟然。
[32] 及：等到。所之：指外境所引起的内心的所思所感。倦：指久而失去新鲜感，因而感到倦怠。
[33] 感慨系之：感慨随之产生。
[34] 向：先前。
[35] 陈迹：旧迹，往事。

[36] 犹：尚且。以之兴怀：由于它而引起感触。
[37] 修短：长短，指寿命的长短。化：造化，自然。
[38] 终期于尽：最终都将归于消亡。
[39] 死生亦大矣：《庄子·德充符》：“仲尼曰：‘死生亦大矣，而不得与之变。’”
[40] 兴感之由：发生感慨的缘由。
[41] 若合一契：如符契那样相合，指兴感的原因大家都一样。契，符契，古人用作凭信之物，用竹、木等做成，刻有文字，剖成两半，双方各执一半以为凭证。
[42] 临文：阅读文章。嗟悼：叹息伤感。
[43] 不能喻之于怀：不能释怀，所引起的嗟悼伤感情绪难以排解遣除。
[44] 固：本来，确实。一：同一。
[45] 齐：等同。彭：指彭祖，传说他的寿数很长，活了八百岁。殇：夭折，短命的人。妄作：虚妄的行为。
[46] 夫：感叹语气词。
[47] 列叙时人：依次记下当时与会的人。
[48] 述：指所作的诗文。
[49] 所以兴怀：用诗文来表达内心所感。
[50] 致：情致、情况。

导读

“死生亦大矣！”

面对浩瀚无穷的宇宙时空，想起人生的渺小短暂，总是难免让人兴起这样的感慨，而那些心灵敏感的人们尤其如此，即使是以风流旷达著称的魏晋名士们也大多不能例外。

王羲之（303年—361年），字逸少，东晋著名书法家，号称“书圣”。琅琊临沂（今山东临沂）人，后迁会稽山阴（今浙江绍兴），晚年隐居剡县金庭。历任秘书郎、宁远将军、江州刺史，后为会稽内史，领右将军，世称“王右军”。

东晋南渡后，中原士族在山水清丽之会稽广置园田别墅，兰亭为会稽郡治山阴城西南郊名胜，风景幽绝优美，遂成为王羲之、谢安等士族名流宴集流连之地。东晋穆帝永和九年（353年），五十一岁的王羲之时任会稽内史（相当于郡太守）。三月三日，他与谢安、孙绰等四十多人，其中包括许多当代著名的文士，会集于兰亭修禊，并作曲水流觞之饮。当时要求与会者每人作四言、五言诗各一首，王羲之将诸人名爵及诗作一一记录，并作序一篇，记述其事，同时抒写其内心感触。

全文分两大部分。从开头到“信可乐也”，是前半部分，叙兰亭宴集情景，由宴集的时间、地点、缘由、人物、环境、气候，到观赏的感受，一一叙述下来，参以简洁的描写。这里没有什么费力雕琢的地方，着色轻淡，用词浅切，更自有清新之感，而结构却有变化。“永和九年”至“修禊事也”一节叙述平稳，语气舒展，至“群贤毕至，少长咸集”，则显得短截警拔，而后“此地有”以下，又变为舒展曼婉。接着一段“是日也”三字提顿，然后一气流转而下。在参差错落的句子中，交错使用了较多的四言句，构词省净，节奏明朗，音乐感强，使文章既显明快畅亮，又不致过于急促，保持了从容潇散的仪态。作者其实未必用心于此，但其效果则犹如一道清溪，随山势回折，空灵流转，泠泠于虚谷之中。

文中对景物的描绘和观赏的感受，颇可注意。天宇清朗，和风吹拂，高山流水，林木摇曳，自然是那样具足圆满，自由活泼，高旷寥廓，生生不息。置身于其间，人似乎忘却了自我，与物同化，生命意识渗透在深邃的宇宙精神之中。此时此地，人世的是非彼我、荣辱毁誉，都变得虚幻而微渺了。烦虑顿消，心境澄明，“信可乐也”。东晋士人对自然的观赏是带有哲学意识的。他们感觉到人不仅在社会中存在，而且，每一个体生命都独立地面对整个宇宙。这种哲学意识，在本文中营造出超然玄远的情趣。

从自然中得到愉悦，又从中感受到悲哀，文章自“夫人之相与”以下，发生转折。这是因为自然是自在自足无外求的，人生却需要外在的事物来满足；自然是永恒的，人生却如此短暂。尽管人们的好恶趣舍各不相同，得其所需，莫不欣然忘乎所以，以为人生至此，可称满足。然而，随着时光的流失，那些令人欣喜的事物，很快就成了陈迹，只留下无穷感慨而已。何况，生命修短一期，俱有尽时，这种痛苦更是难以摆脱。最后，作者又把这种痛苦推延到整个人类。昔人兴感，已契我心，后之视今，犹今之视昔，徒叹奈何！

人生短暂，世事无常，欢聚易散，生死悬隔，本是很自然、正常的现象，但正是由于对生的执着和留恋，这一切总是那么容易引起人们无尽的感伤与嗟叹。于是，兴尽悲来，哀感无端，叙写这类主题的中国古典文学作品也就极为常见。如汉武帝行幸河东，船至中流与群臣欢饮，自作《秋风辞》：“横中流兮扬素波。箫鼓鸣兮发棹歌，欢乐极兮哀情多。少壮几时奈老何！”东汉《古诗十九首》之四：“今日良宴会，欢乐难具陈……人生寄一世，奄忽若飙尘。”魏文帝《与朝歌令吴质书》：“乐往哀来，怆然伤怀。余顾而言：‘斯乐难常’。足下之徒，咸以为然。”西晋石崇《金谷诗叙》：“感性命之不永，惧凋落之无期。”

那么，这种由生与死的矛盾所引发的感伤和痛苦是不是终究无法排解消除呢？其实，古代很多思想家对此都有所思考与探究。儒家注重现实生存，“未知生，焉知死”，强调生的重要，主张成就所谓“立德、立功、立言”的三不朽事业以抵抗死亡对人生意义和价值的消解。道家则认为生死自然，主张寿夭齐一，与物顺化，从而摆脱形体的束缚，实现精神的自在逍遥。佛家则认为生命死生轮回无尽，而欲超脱轮回，则需看破生死，彻底放下对生的任何执着与留恋。尽管各家的认识及其解决方法各不相同，但道理终究只是道理，理性的思考和认同在很多时候并不能代替直接而现实的生命情感体验。即以王羲之而言，身为士族名流，且当魏晋玄学盛行之时，他对儒释道各家观点自然十分熟悉，而且有研究者认为其家族世代信奉道教，对生与死的问题，他自然也不乏理论上的深入思考。但即使这样，当他身处兰亭宴会，感受着友朋欢聚之乐、自然山川之美时，面对宇宙自然的浩渺无垠、永恒无尽，依然不禁悲从中来，伤感不已，乃至直斥道家所谓的“一死生”“齐彭殇”为虚诞妄作。由此可见，在直接而强烈的情感体验之中，经由理性思考而得的道理是多么的虚弱而无能为力。当然，这并不是意味着这些理论和道理一无是处，毫无价值和作用，而只是表明人的情感力量的无比强大。王羲之的这篇序文之所以具有强烈的感染力，极易引起人们的共鸣，令“后之览者”，“有感于斯文”，其原因正在于此。

或有人怀疑这篇文章非王羲之所作，但缺乏明确而坚实的证据。不过，这并不是很重要，重要的是它能给予我们非凡的艺术感受，能够激荡我们内心的情感波澜，引发我们对自身生命的深入思考。

嘉言撷英

1. 大矣造化功，万殊莫不均。群籁虽参差，适我无非新。
2. 木犹如此，人何以堪。
3. 林无静树，川无停流。
4. 非唯使人情开涤，亦觉日月清朗。
5. 会心处不必在远，翳然林水，便自有濠、濮间想也。觉鸟兽禽鱼，自来亲人。
6. 千岩竞秀，万壑争流，草木蒙笼其上，若云兴霞蔚。
7. 从山阴道上行，山川自相映发，使人应接不暇。若秋冬之际，尤难为怀。
8. 泓峥萧瑟，实不可言。每读此文，辄觉神超形越。
9. 见此芒芒，不觉百端交集。苟未免有情，亦复谁能遣此！
10. 黯然销魂者，唯别而已矣！

第四节　隐逸之宗：陶渊明的精神田园

欲仕则仕，不以求之为嫌；欲隐则隐，不以去之为高。饥则扣门而乞食，饱则鸡黍以延客。古今贤之，贵其真也。

——苏轼

选篇

归去来兮辞并序

东晋　陶渊明

余家贫，耕植不足以自给。幼稚盈室，瓶无储粟，生生所资[1]，未见其术[2]。亲故多劝余为长吏[3]，脱然有怀[4]，求之靡途[5]。会有四方之事[6]，诸侯以惠爱为德[7]；家叔以余贫苦[8]，遂见用于小邑[9]。于时风波未静[10]，心惮远役[11]，彭泽去家百里[12]，公田之利[13]，足以为酒，故便求之。及少日，眷然有归欤之情[14]。何则？质性自然，非矫厉所得[15]。饥冻虽切[16]，违己交病[17]。尝从人事[18]，皆口腹自役[19]。于是怅然慷慨[20]，深愧平生之志。犹望一稔[21]，当敛裳宵逝[22]。寻程氏妹丧于武昌[23]，情在骏奔[24]，自免去职。仲秋至冬，在官八十余日。因事顺心[25]，命篇曰《归去来兮》[26]。乙巳岁十一月也[27]。

归去来兮，田园将芜胡不归[28]！既自以心为形役[29]，奚惆怅而独悲[30]！悟已往之不谏[31]，知来者之可追[32]。实迷途其未远[33]，觉今是而昨非。舟遥遥以轻飏[34]，风飘飘而吹衣。问征夫以前路[35]，恨晨光之熹微[36]。

乃瞻衡宇[37]，载欣载奔[38]。僮仆欢迎，稚子候门。三径就荒[39]，松菊犹存。携幼入室，有酒盈樽。引壶觞以自酌[40]，眄庭柯以怡颜[41]。倚南窗以寄傲[42]，审容膝之易安[43]。园日涉以成趣[44]，门虽设而常关。策扶老以流憩[45]，时矫首而遐观[46]。云无心以出岫，鸟倦飞而知还。景翳翳以将入[47]，抚孤松而盘桓[48]。

归去来兮，请息交以绝游[49]。世与我而相违，复驾言兮焉求[50]？悦亲戚之情话，乐琴书以消忧。农人告余以春及，将有事于西畴[51]。或命巾车[52]，或棹孤舟[53]。既窈窕以寻壑[54]，亦崎岖而经丘。木欣欣以向荣，泉涓涓而始流[55]。善万物之得时[56]，感吾生之行休[57]。

已矣乎[58]，寓形宇内复几时[59]，曷不委心任去留[60]？胡为乎遑遑欲何之[61]？富贵非吾愿，帝乡不可期[62]。怀良辰以孤往，或植杖而耘耔[63]。登东皋以舒啸[64]，临清流而赋诗。聊乘化以归尽[65]，乐夫天命复奚疑[66]！

注释

[1] 生生所资：经营、维持生计所需。前一“生”字是动词，后一“生”字是名词。

[2] 术：办法、本领。

[3] 亲故：亲戚朋友。长吏：县府中的丞、尉，是县吏中较高的职位。

[4] 脱然：舒适愉悦的样子。有怀：指有出仕的想法。

[5] 靡途：没有门路。

[6] 会有：恰逢。四方之事：指地方军阀势力的争权斗争。陶渊明四十一岁前后，正是

桓玄篡位失败、刘裕继起揽权的时期，军阀混战，东晋濒于灭亡。

[7] 诸侯：指各地军阀。以惠爱为德：以爱惜人才为美德，指争着用人。

[8] 家叔：指陶渊明的叔父陶夔，当时他任太常卿。

[9] 小邑：指彭泽县。

[10] 风波：指战事。

[11] 心惮远役：心里害怕赴远地就职。

[12] 彭泽：县名，在今江西九江地区。去：距离。

[13] 公田：供俸禄的田。利：收益。

[14] 眷然：怀念向往的样子。归欤之情：回去的想法。

[15] 非矫厉所得：不能勉强造作。

[16] 切：迫切。

[17] 违己：违背心愿。交病：产生痛苦。

[18] 人事：指仕宦生活中的人事交往。

[19] 口腹自役：为糊口和饱腹而驱使自己。

[20] 怅然慷慨：感到失望而情感激动。

[21] 一稔：谷物一年成熟一次，即指一年。

[22] 敛裳宵逝：收拾行装，连夜离去。

[23] 寻：不久。程氏妹：陶渊明妹，因嫁程氏，故以其夫姓称之。

[24] 情在骏奔：去吊丧的心情就像骏马奔驰一样急切。

[25] 因事：因上述的事情。顺心：随顺心意。

[26] 命篇：作文。

[27] 乙巳岁：指晋安帝义熙元年（405年）。

[28] 胡：为什么。

[29] 心为形役：心志为形体所役使，即序中所说“尝从人事，皆口腹自役”之意。

[30] 奚：为何。

[31] 谏：劝止、挽回。

[32] 追：补救。

[33] 迷途：迷失路途，指出仕。

[34] 遥遥：飘荡。轻飏：轻快地行驶。

[35] 征夫：行人。

[36] 熹微：光线微弱。

[37] 瞻：望见。衡宇：横木为门的房子，陋室。

[38] 载：且。

[39] 三径：汉代蒋诩隐居后，在住宅前面的竹林中开了三条小路，只与隐士求仲、羊仲二人游息，后即以三径指隐士居住之地方。就荒：将要荒芜。

[40] 引：拿。

[41] 眄：看，斜视。庭柯：庭院中的树。
[42] 寄傲：寄托傲世之情。
[43] 审：领会，明白。容膝：只能容下双膝，形容住处狭小。
[44] 日涉：每天在园中散步。
[45] 策：拄着。扶老：手杖。流憩：或周游，或休息。
[46] 矫首：抬头。
[47] 景：日光。翳翳：阴暗的样子。将入：日将西下。
[48] 盘桓：徘徊。
[49] 息交、绝游：停止世俗官场的交往。
[50] 驾言：驾车出外与世俗交游。言，语助词，无实义。
[51] 事：农事。畴：田地。
[52] 巾车：有车套的车。
[53] 棹：船桨。这里用作动词，划船。
[54] 窈窕：形容沟壑曲折幽深。寻：沿着。
[55] 涓涓：细水长流不绝的样子。
[56] 善：以……为善，羡慕。
[57] 行休：将要结束。
[58] 已矣乎：算了吧。
[59] 寓形宇内：寄身于世。
[60] 委心：随心。任：任意。
[61] 遑遑：心神不安。之：往。
[62] 帝乡：仙境。期：期望。
[63] 植杖：把手杖插在田边。耘：除草。耔：在苗根培土。
[64] 皋：水边地。舒啸：放声长啸。
[65] 聊：姑且。乘化：随顺自然的变化。归尽：指死。
[66] 乐夫天命：乐天知命，即安于命运。

导读

陶渊明（365 年—427 年），字元亮，后更名潜。浔阳柴桑（今江西九江）人。其曾祖陶侃出身贫寒，后以军功发迹，官至大司马。此后陶渊明的祖父、父亲都做过太守。但到陶渊明，由于幼年丧父，家道衰落。他自己曾做过江州祭酒，但不久归隐。后来又断断续续地在江州刺史桓玄、镇军将军刘裕等人门下做过参军，并最终出任彭泽县令。在任八十余日，宣称“不为五斗米折腰”，弃官归隐，时年四十二岁。自此以后直至老死，一直躬耕隐居，拒绝仕宦。

陶渊明的诗文存世数量不多，诗一百多首，文不过十余篇，但文学成就非常高，影响极为深远，乃至后世被推为“古今隐逸诗人之宗”。但他的思想和性情其实是很复杂的。儒家孔孟、道家老庄以及魏晋玄学思想都对他有着比较重要的影响，其性情有激烈愤世的一面，不过由于他善于自我宽慰排遣，又显得平和淡泊、乐天知命。这两方面实际上是互相冲突、矛盾的，陶渊明虽然愤慨而归隐，能够体会、享受着躬耕田园之乐，但最终并没有能很好地调和消解这种矛盾，焦虑、不安、孤独等情绪一直伴随着他，其中有对生命短促、壮志难酬的不甘心，有对艰难贫困的现实生活的窘迫和无奈，有对无人理解的强烈孤独与伤感，有对光阴瞬息流逝、死亡不可避免的无尽悲哀……陶渊明是率真的，这一切都如实地表现在他的诗文里。

朱熹曾经说：“晋宋人物，虽曰尚清高，然个个要官职。这边一面清谈，那边一面招权纳货。陶渊明真个能不要，此所以高于晋宋人物。”实际上，在我们的文化传统中都给予洁身自好、隐遁避世以极崇高的文化褒奖，把这种行为看作是个人修养的最高境界。既有这样的文化大勋章悬挂在那里作诱惑，便少不了有人要假惺惺地去做隐士，来领这枚勋章。而领到了这枚勋章，又如同获得了特别通行证，余下的关节便可一一打通。所以，隐逸，更多的是一种手段，以这种手段求名求利，甚至最后来了个逻辑上的自相矛盾：求官。——这就是所谓的“终南捷径”。这种文化怪胎的逻辑思路是这样的：因为他不愿为官而隐居，所以他德行高尚；因为他有了这样高尚的德行，所以他应该为官，甚至为大官。所以，在中国，历代都有隐士，同时，历代朝廷又都去山中征召隐士，隐士与朝廷共同上演这样一出文化喜剧与闹剧。

正是在这样的文化背景下，我们来认识陶渊明及其行为的意义。与众不同的是，在他那里，隐居不是一种手段，而是一种生活方式，他喜欢这种生活方式，隐居本身即是最后之目的。虽然后世人都把陶渊明看作隐士，但他自己却没有把自己当作隐士，他只是在按照自己喜欢的方式“生活”而已。你看他说的话：“结庐在人境”（《饮酒》其五），不是隐居，而是“结庐”；“昔欲居南村，非为卜其宅。闻多素心人，乐与数晨夕”（《移居》其一），不是故作姿态欲作名士，不是为了要彰示自己的道德化的生活，并以此与社会对立，而是“欲居”，要与那些“素心人”生活在一起，过一种平平淡淡的日常生活（“数晨夕”）。结庐也好，居家也罢，他是在寻找一安身之所，这一安身之所不在高山之上、崖穴之下，不是那种远离人世的高人姿态，而是在“人境”，在“南村”做一个普普通通、泯然众人的人，有“邻曲时时来”（《移居》其一），“而无车马喧”（《饮酒》其五）。他从官场上“归去来兮”，是归来了，回到自己的老家宅院，他不是在寻找一种姿态，而是在回归一种生活，回归自己喜欢的那种生活方式。

《归去来兮辞》全篇洋溢着欣喜之情。这是快乐的生活，是平常的生活，而不是什么有特别寓意的生活、有道德负载的生活。生活就是生活呵，每天就这么快快活活轻轻松松呵，心里哪有那么多的仇恨与决绝？哪有那么多的牵挂与纠缠？天地给我以“生”，我便轻松地“活”。万物得时，我亦得生，但时易逝生将休，寓形宇内有几时？为什么不好好享受当下？

当然，他讲到了“世与我违”，讲到了“息交绝游”，还讲到了“吾生行休”。但这显然不能仅仅看作是陶渊明对他那个时代及人物的失望与决绝。因为，什么样的时世才不与“我”相违？有多少“交游”真正知心？这是人生荒诞的一般事实，有这种荒凉感的，岂止晋末宋初的陶渊明？所以，把这些看成是陶渊明对自己的时代的反抗与失望，还不如这样来认识：陶渊明从自己的体验出发，从自己的时代出发，发现了人生荒谬的基本事实，从而超绝而去。不再沉沦于人生的悲剧本质，而是尽量享受人生的乐趣：天伦之乐，田园之趣，出游之快，对了，还有悟透人生之后，心灵的宁静。

我们看到，他不是生活在崇高的道德境界中，以自苦为极，他是生活在闲适的艺术境界中，以自乐为美。他确实不是一般意义上的隐士，我们真的误会他了，我们自以为拔高了他而其实是贬低了他，贬低了他的境界。我们想让他可敬却损害了他的可亲可爱。一般而言，隐士是使生活道德化，而陶渊明却努力使自己的生活艺术化。道德化的生活指向崇高，艺术化的生活指向美与和谐；道德化的生活指向无，是一种否定式的生活，而艺术化的生活指向有，是一种肯定式的生活，我们看陶渊明的生活：人有屋庐，鸟有树枝，人欢鸟欣，酒香蔬美。又，道德化的生活指向“敬”与“怒”，艺术化的生活指向“爱”与“乐”：陶渊明岂止爱这八九间的草庐，他爱他触目所见的一切，他岂止听到了鸟的啁啾，他甚至一边读书，一边听到了他耕种过的地方庄稼萌叶拔节的声音。

他是唯一能在生活之中而又能使生活回归人性，从而可以避开荒谬的大智者。他使生活即是人心、人心即是生活，从而使主体与客体，不仅在理论的层面上，而且真正从生活——尤其是平常的、日常生活的层面上，合二为一了。当他回归田园时，田园不仅是他的生活环境，作诗写文的“语境”，还是“委心任去留”的“心境”，田园、自然与他的心合一了，他生活在田园中，就是生活在自己的心灵中。生活而能得此大境界、大圆满，遍观中国古人，靖节先生一人而已！

嘉言撷英

1. 采菊东篱下，悠然见南山。
2. 及时当勉励，岁月不待人。
3. 久在樊笼里，复得返自然。
4. 奇文共欣赏，疑义相与析。
5. 此中有真意，欲辨已忘言。
6. 众鸟欣有托，吾亦爱吾庐。
7. 死去何所道，托体同山阿。
8. 羁鸟恋旧林，池鱼思故渊。
9. 结庐在人境，而无车马喧。问君何能尔？心远地自偏。
10. 好读书，不求甚解。每有会意，便欣然忘食。

第五节　魏晋风度：《世说新语》中的名士与英雄

惟大英雄能本色，是真名士自风流。

——洪应明《菜根谭》

选　篇

世说新语·陈太丘与友期行

南朝宋　刘义庆

陈太丘[1]与友期行[2]，期日中[3]。过中不至，太丘舍去[4]，去后乃至[5]。元方时年七岁[6]，门外戏[7]。客问元方："尊君在不[8]？"答曰："待君久不至，已去。"友人便怒曰："非人哉[9]！与人期行，相委而去[10]。"元方曰："君与家君[11]期日中。日中不至，则是无信；对子骂父，则是无礼。"友人惭[12]，下车引之[13]。元方入门不顾[14]。

注　释

[1] 陈太丘：陈寔，字仲弓，东汉时期颍川许县（今河南许昌）人。曾任太丘长，故称"陈太丘"。曾因党锢之祸受牵连，但清高有德，自请囚禁。

[2] 期行：约定同行。期，约定。

[3] 日中：中午。

[4] 舍去：不再等待而离开。舍，放弃。去，离开。

[5] 乃至：才到。

[6] 元方：陈纪，陈寔的长子。与其父陈寔、其弟陈谌以德行著称，时号"三君"。

[7] 戏：玩耍。

[8] 尊君在不（fǒu）：你父亲在吗？尊君，对他人父亲的尊称。

[9] 哉：语气词，表示感叹。

[10] 相委而去：丢下我离开了。相，指动作一方，偏指"我"。

[11] 家君：谦词，对他人称自己的父亲。

[12] 惭：惭愧。

[13] 引：拉，表示友好。

[14] 顾：回头看。

导读

刘义庆（403 年—444 年），字季伯，原籍彭城（今江苏徐州），世居京口（今江苏镇江），南朝宋时期的文学家。他是长沙景王刘道怜次子，临川王刘道规嗣子，宋武帝刘裕之侄，袭封临川王。刘义庆自幼才华出众，“性简素，寡嗜欲”（《宋书·刘道规传》附《刘义庆传》），曾任秘书监，掌管国家图书，博览皇家典籍，热爱文学，广招四方文学之士，聚于门下。刘义庆著有《世说新语》《幽明录》等，对中国古代小说的发展产生了深远影响。

《世说新语》又称《世说》或《世说新书》，主要记载东汉后期到晋宋间一些名士的言行与轶事，反映了当时清谈、放诞的社会风气。此书杂采史书、笔记及他人著述，大部分内容为历史实事，但部分人物的言语和故事则出于传闻。全书分为三卷三十六门，上卷 4 门：德行、言语、政事、文学；中卷 9 门：方正、雅量、识鉴、赏誉、品藻、规箴、捷悟、夙惠、豪爽；下卷 23 门：容止、自新、企羡、伤逝、栖逸、贤媛、术解、巧艺、宠礼、任诞、简傲、排调、轻诋、假谲、黜免、俭啬、汰侈、忿狷、谗险、尤悔、纰漏、惑溺、仇隙。

本篇记述了陈元方与来客就约会迟到一事的对话过程，告诫人们办事要言而有信，为人需方正守礼；同时也褒扬了陈元方的机智、勇敢，以及维护父亲的责任感。本篇语言简洁，细腻轻快，引人入胜；故事情节自然生动，表现出人物独立的人格及坦率的品格。

选篇

世说新语·南阳宗世林

南朝宋　刘义庆

南阳宗世林[1]，魏武同时[2]，而甚薄其为人[3]，不与之交。及魏武作司空[4]，总朝政，从容问宗曰：“可以交未[5]？”答曰：“松柏之志犹存[6]。”世林既以忤旨见疏[7]，位不配德[8]。文帝兄弟每造其门[9]，皆独拜床下[10]。其见礼[11]如此。

注释

[1] 宗世林：宗承，字世林，三国魏南阳安众（今河南获嘉北）人。少而修德雅正，品行高尚。
[2] 魏武：指魏武帝曹操。曹丕称帝之后追尊父曹操为魏武帝。
[3] 薄：轻视，瞧不起。
[4] 司空：官名，三公之一，其余两公指司徒、司马。此句指曹操拥立汉献帝，于建安

元年（196年）任司空。

[5] 交：互相交往。

[6] 松柏之志：比喻坚贞、纯洁的心灵。见《论语·子罕》："岁寒然后知松柏之后凋也。"犹：依旧。此句表示宗世林坚决不与曹操相交的志愿依然存在。

[7] 忤旨：违背意志。见疏：被疏远。

[8] 位不配德：官位和德行不相匹配，此处指曹操故意压低宗承的官职。

[9] 文帝兄弟：曹丕、曹植等兄弟。文帝，指曹丕。造：到，拜访。

[10] 独拜：单独礼拜，表示尊重。床：坐具。

[11] 见礼：被礼遇。

导读

本篇讲述的是：南阳的宗承（宗世林），与魏武帝是同时代的人，但他十分鄙薄曹操的为人，不愿与其交往。等到曹操官至司空，总揽朝政大权，宗承依旧拒绝与曹操相交的请求，称自己"松柏之志犹存"。他也因忤逆曹操的意愿而被疏远，一直到暮年也未能升官，其官职与德行不相匹配。但是，他的品性与才学远近闻名。之后魏文帝曹丕兄弟每次登门拜访，都要执弟子之礼，各自拜在他的坐榻下，以示尊敬。宗承高尚的品德广为流传，许多人闻德而来。文章赞扬了宗承刚正不阿的品质，不与世俗同流合污的志向，以及高尚、坚贞、不屈的个人气节。

选篇

世说新语·郭淮都关中

南朝宋　刘义庆

郭淮作关中都督[1]，甚得民情，亦屡有战庸[2]。淮妻，太尉王凌之妹[3]，坐凌事[4]，当并诛，使者征摄甚急[5]，淮使戒装[6]，克日当发[7]。州府文武及百姓劝淮举兵，淮不许。至期遣妻，百姓号泣追呼者数万人。行数十里，淮乃命左右追夫人还。于是文武奔驰，如徇身首之急[8]。既至，淮与宣帝书曰[9]："五子哀恋，思念其母。其母既亡，则无五子；五子若殒[10]，亦复无淮。"宣帝乃表特原淮妻[11]。

注释

[1] 郭淮：字伯济，三国魏阳曲（今山西太原）人，曹魏时期的大将军。曹丕即帝位，他官至刺史，封射阳亭侯，镇守关中三十余年，功绩卓著。关中：地区名。相当于今陕西省。其东有函谷关，南有武关，西有散关，北有萧关，故名关中。都督：官

名，地方军政长官，魏晋置，都督诸州军事，或领州刺史。

[2] 屡：多次。战庸：战功。庸，功劳。

[3] 太尉：官名。王凌：字彦云，三国魏太原祁（今属山西）人，时司马懿诛曹爽，以王凌为太尉，他以魏主齐王芳年幼力弱，受制于司马懿，与外甥令狐愚谋立楚王曹彪为帝，事情败露，自杀而亡。司马懿治其案件，灭三族。郭淮之妻因此也受到牵连。

[4] 坐：连坐，牵连入罪。

[5] 征摄：捉拿。

[6] 戒装：准备行装，整装。

[7] 克日：定期。

[8] 徇：营救。身首：自己的性命。

[9] 宣帝：指晋宣帝司马懿，字仲达，三国魏河内温县（今属河南）人。其孙司马炎代魏称帝后，追尊他为晋宣帝。

[10] 殒：死亡。

[11] 表：上表。指司马懿上表给魏帝。原：赦免。

导读

本篇讲的是：郭淮时任关中都督，甚得民心，也屡立战功，但他的妻子因王凌受到牵连，要一同被处死。郭淮让她准备行装，按限定日期出发。州府的文武百官都劝郭淮起兵反抗，但郭淮不同意。到了规定日期，他打发妻子启程。数万百姓大声号哭，追赶呼喊，直至走了几十里，郭淮才让左右侍从将妻子追回。于是文武百官奔驰而去，急得好像营救自己的性命一般。妻子回来之后，郭淮上书给司马懿说："我五个儿子悲痛眷恋，思念他们的母亲。他们的母亲如果死了，五个儿子也就完了；五个儿子如果死了，也就没有我郭淮了。"于是司马懿上表奏请魏帝，特赦郭淮妻子。郭淮救妻的聪明举动正好体现出其为人"方正"的特点，既没有忤逆旨意，也没有打破规则，又利用百姓之义、亲情之名挽救妻子的性命，同时也维护了帝王的尊严。郭淮救妻思路清晰，方法得当，以退为进，这也是刘义庆将其归入《方正》篇的用意所在。

选篇

世说新语·夏侯玄受刑

南朝宋　刘义庆

夏侯玄既被桎梏[1]，时钟毓为廷尉[2]，钟会先不与玄相知[3]，因便狎之[4]。玄曰："虽复刑余之人[5]，未敢闻命[6]。"考掠[7]，初无一言[8]，临刑东市[9]，颜色不异[10]。

注 释

[1] 夏侯玄：字太初，三国魏谯（今安徽亳州）人。被：遭受。桎（zhì）梏（gù）：脚镣和手铐。

[2] 钟毓（yù）：字稚叔，颍川长社（今河南长葛）人，三国时期魏国大臣，太傅钟繇长子。廷尉：官名，掌管刑狱。

[3] 钟会：字士季，三国时期魏国军事家、书法家，太傅钟繇幼子，钟毓之弟。

[4] 狎：亲近。

[5] 刑余之人：指犯罪的人，多犯罪者自称。

[6] 闻命：接受命令。

[7] 考掠：拷问。

[8] 初：全，都。

[9] 东市：长安城东市，多在此地处决犯人。这里代指刑场。

[10] 异：异样，异常。

导 读

本篇讲的是夏侯玄因李丰等人谋刺司马师事败，受到牵连而被拘捕，仍然坚守气节。当时钟毓担任廷尉并且主持审理案件，钟会原想与夏侯玄交好而遭拒，则借机套近乎。夏侯玄说："虽然我是犯罪之人，但我也不会听从你的命令。"因此，夏侯玄受尽严刑拷问，但仍无只言片语（表示屈服），直至上刑场，依然面不改色。文章赞扬了夏侯玄不畏强权、刚毅果敢的优秀品质。

选 篇

世说新语·王献之观博戏

南朝宋　刘义庆

王子敬数岁时[1]，尝看诸门生樗蒲[2]，见有胜负，因曰："南风不竞[3]。"门生辈轻其小儿，乃曰："此郎亦管中窥豹，时见一斑[4]。"子敬瞋目曰[5]："远惭荀奉倩[6]，近愧刘真长[7]。"遂拂衣而去。

注 释

[1] 王子敬：王献之，字子敬，东晋琅琊临沂（今属山东）人。东晋时期的书法家、诗人、画家。他是"书圣"王羲之幼子，自幼随父练习书法，以行书及草书闻名，在

楷书和隶书上亦有深厚功底。与其父王羲之并称为“二王”。

[2] 门生：门下供使役之人。樗（chū）蒲（pú）：六朝时期的一种棋类游戏，博戏中用于掷采的投子最初是用樗木制成，故称樗蒲。又因掷具五枚一组，又称“五木之戏”或“五木”。

[3] 南风不竞：比喻南边一方的力量弱小。

[4] 管中窥豹，时见一斑：比喻只见局部，未见全貌。

[5] 瞋目：瞪眼。

[6] 荀奉倩：荀粲，字奉倩，三国魏颍川颍阴（今河南许昌）人，荀彧少子，颇富才学。

[7] 刘真长：刘惔，字真长。荀、刘二人均为人清高，不与俗人交往。

导读

本篇记述的是：王献之（王子敬）幼时在家中看众多门生作樗蒲戏，说南面一方要输了，门生轻视他说他只看到游戏的局部，未看到全貌。王献之怒目回言，自己见识虽不比荀粲、刘惔，但也不比一般人差，说完便扬长而去。“管中窥豹”一词便出于此文，比喻只见到事物的一小部分，所见不全或略有所得。有时与“可见一斑”连用，比喻从观察到的部分，可以推测全貌。

以上五篇均选自《方正》，表彰为人正直端方，但同时又透出浓浓的人情。陈寔维护其父，曹氏兄弟师礼待宗承，郭淮真情救妻，都是在各自坚持原则的基础上，从基本的人情出发，真切可信。如夏侯玄与王献之的故事，从中能看到魏晋文人的骨鲠与傲气，自是一种文化世家与个人尊严的展现。

嘉言撷英

1. 澄之不清，扰之不浊，其器深广，难测量也。
2. 祖逖不能清中原而复济者，有如大江。
3. 名士不必须奇才。但使常得无事，痛饮酒，熟读《离骚》，便可称名士。
4. 天地四时，犹有消息，而况人乎？
5. 手挥五弦易，目送归鸿难。
6. 人患志之不立，亦何忧令名不彰邪！
7. 虚谈废务，浮文妨要。
8. 我与我周旋久，宁作我！
9. 何尝见明镜疲于屡照，清流惮于惠风。
10. 人生贵得适意尔，何能羁宦千里以要名爵！

第六节　山川之美：自然的发现与意义

君子之所以爱夫山水者，其旨安在？丘园养素，所常处也；泉石啸傲，所常乐也；渔樵隐逸，所常适也；猿鹤飞鸣，所常亲也。尘嚣缰锁，此人情所常厌也；烟霞仙圣，此人情所常愿而不得见也。

——郭熙《林泉高致》

选　篇

水经注·三峡

北魏　郦道元

自三峡七百里中[1]，两岸连山，略无阙处[2]；重岩叠嶂[3]，隐天蔽日。自非亭午夜分[4]，不见曦月[5]。至于夏水襄陵[6]，沿泝阻绝[7]。或王命急宣[8]，有时朝发白帝，暮到江陵，其间千二百里，虽乘奔御风[9]，不以疾也[10]。春冬之时，则素湍绿潭[11]，回清倒影[12]。绝巘多生怪柏[13]，悬泉瀑布，飞漱其间[14]。清荣峻茂，良多趣味[15]。每至晴初霜旦[16]，林寒涧肃，常有高猿长啸，属引凄异[17]，空谷传响，哀转久绝。故渔者歌曰："巴东三峡巫峡长[18]，猿鸣三声泪沾裳！"

注释

[1] 自：在。三峡：指长江上游的瞿塘峡、巫峡和西陵峡。

[2] 略：完全，丝毫。阙：通"缺"。

[3] 嶂（zhàng）：直立像屏障的山峰。

[4] 自：如果。亭午：正午。夜分：半夜。

[5] 曦（xī）：早晨的阳光。这里指太阳。

[6] 夏水襄陵：夏天水漫上山陵。襄，冲上。

[7] 沿：顺流而下。泝：即"溯"，逆流而上。

[8] 或：有时。王命：皇帝的命令。宣：宣布，传达。

[9] 奔：奔驰的快马。御风：驾着风。

[10] 不以：不如。疾：快。

[11] 素湍绿潭：白色的急流，绿色的深水。
[12] 回清倒影：回旋着清波，映出了（山石林木的）倒影。
[13] 绝巘（yǎn）：极高的山峰。
[14] 漱：倾泻，冲荡。
[15] 良：实在，的确。
[16] 晴初霜旦：秋雨初晴，降霜的早晨。
[17] 属（zhǔ）：连续。引：延长。凄异：凄凉怪异。
[18] 巴东：古郡名，辖境在今重庆市东部。

选篇

与宋元思书

南朝梁 吴均

风烟俱净，天山共色，从流漂荡[1]，任意东西。自富阳至桐庐，一百许里[2]，奇山异水，天下独绝。水皆缥碧[3]，千丈见底；游鱼细石，直视无碍；急湍甚箭，猛浪若奔。夹岸高山，皆生寒树，负势竞上[4]，互相轩邈[5]，争高直指，千百成峰。泉水激石，泠泠作响[6]；好鸟相鸣，嘤嘤成韵。蝉则千转不穷[7]，猿则百叫无绝。鸢飞戾天者[8]，望峰息心；经纶世务者[9]，窥谷忘反。横柯上蔽[10]，在昼犹昏；疏条交映，有时见日。

注释

[1] 从：随着，顺着。
[2] 许：表示约数，上下、光景。
[3] 缥（piǎo）碧：青苍色。
[4] 负：依恃，凭借。
[5] 轩：高。邈：远。
[6] 泠（líng）泠：流水清脆的声音。
[7] 转：同“啭”。原指鸟婉转地啼鸣，此指蝉鸣。
[8] 鸢（yuān）飞戾（lì）天：语出《诗经·大雅·旱麓》：“鸢飞戾天，鱼跃于渊”。鸢，鸱鹰。戾，至。此喻在仕途上飞黄腾达的人。
[9] 经纶：原指整理丝缕，引申为筹划、治理之意。
[10] 柯：树枝。

导读

进入魏晋南北朝，中国文人开始对自然山水进行细致观察并有大量创作，这正源于他们对“美”的认识。我们经常说六朝时期是追求“美”的时代。而六朝文人对“美”的认识，一方面来源于主观意识当中对人格美与内在美的深刻省思，另一方面他们将这种美的追求应用于生活当中，用一颗“美”的心去发现“美”，去创造“美”。受到魏晋玄学的影响，六朝文人以“自然”为美，这就促使他们去观察描绘天地山川的造化神秀，自然山水在魏晋南北朝时期变成了文学描写的重要内容。在描绘自然美的同时，六朝文人开始关注表达的美感，即语言美与形式美，形成了别具特色的六朝山水作品。中国古代文学当中山水游记作品正是在这一时期兴起的。本节所选的两篇文章《水经注·三峡》与《与宋元思书》正是其中的代表性作品。

郦道元（？—527 年），字善长，范阳涿州（今河北涿州）人，南北朝时期北魏官员、地理学家，以毕生心血，撰成地理名著《水经注》四十卷。《水经注》因注《水经》而得名，实则以《水经》为纲，详细记载了一千多条大小河流，是中国古代最全面、最系统的综合性地理著作。该书还“因水以证地，即地以存古”，旁及河流两岸的地理区划、历史制度、传说故事、名胜古迹、风土人情、自然景物、歌咏风谣等。其文笔隽永，描写生动，既是一部内容丰富多彩的地理著作，也是一部优美的山水散文汇集，成为中国游记文学的开创者，对后世游记散文的发展产生了极大影响。

郦道元在写作《水经注》时，除了自己亲身考察探访外，还大量查阅古籍资料和当时人的著作文章。郦道元为北朝官员，一生未到过南方。因此，《三峡》一节实非郦道元自己所创作，乃是摘录引用盛弘之《荆州记》中的相关描绘。今人文章或言此篇所写景色为郦道元亲眼所见，应是不符合实际的。

“三峡”在中国文学中占有极为重要的地位。其地险峻雄奇，秀美清幽，为水路要道，古人以之为题材，创作了大量优秀的作品。其中，这篇《水经注·三峡》算是早期的代表作，对后世相关题材创作产生了深远的影响。

文章虽然篇幅短小，但对三峡的主要特色和四季景色的变化都有精到的描绘。文章大致分为三个部分：第一部分描绘了三峡两岸“山”的特点。主要描写其连绵不断、遮天蔽日的景象，因此突出了三峡“幽”的特点。第二部分是文章的主体。按照时间顺序，通过对不同季节三峡的描写，从整体把握三峡山水的景色特点。先写夏季三峡水涨，江流奔涌东下，迅猛异常。地处水路要道的三峡，在古人的政治生活中起到极为重要的作用。这部分正是抓住了三峡地理形势与古人生活这个关联点，突出三峡水势的“疾”。接着写春冬之际，内容全面展开，水、山、草、木有机组合，繁而不乱，相互映带，自然生发，生机盎然，形成一幅“三峡清幽图”。这部分主要突出一个“趣”字。最后写秋天，这也是后世被文人继承最多的一点。在前面整体描写的大背景下，作者将笔触集中于“猿”这一个“点”上，进行集中描写。尤其突出猿猴凄异延长的叫声，给单纯的自然景色描写渲染上了情感的色彩，让读者不由得生发一种“哀”思。第三部分引用渔人歌谣，既承续了秋天对猿猴的描写，同时也为全文作结。文章结构清晰明了，各部分之间却又内在相关，使读者对三峡有一个整体的印象。

文章整体虽为散文，但多用四字句，显得整齐，读来朗朗上口。而这种规整语句的有意识应用，正是六朝文人对形式美的追求，而这与山水之美又正好相合。二美兼具，使得文章更具备一种深浸人心的魅力。

《水经注》中特别关注景物基本特点的把握，这既与其地理专著的性质相关，同时也是作者山水文学创作意识的一种体现。其写三峡清幽秀丽，可写黄河又是另一番气势：

> 孟门，即龙门之上口也。实为河之巨厄，兼孟门津之名矣。此石经始禹凿，河中漱广，夹岸崇深，倾崖返捍，巨石临危，若坠复倚。古之人有言：水非石凿，而能入石。信哉！其中水流交冲，素气云浮，往来遥观者，常若雾露沾人，窥深悸魄。其水尚崩浪万寻，悬流千丈，浑洪赑怒，鼓若山腾，浚波颓叠，迄于下口。

这是《水经注》中描写壶口至龙门当中孟门山的景象，把黄河在峡谷之中那种浑浩激荡、迅猛奔腾的状态描绘得激荡人心，正与三峡的描绘形成一鲜明对比。

而《水经注》的描写对后代文人影响颇为深远。当读到《三峡》中“有时朝发白帝，暮到江陵，其间千二百里”，“常有高猿长啸，属引凄异，空谷传响”这样的描写时，自然会想到我们都很熟悉的李白的《早发白帝城》：“朝辞白帝彩云间，千里江陵一日还。两岸猿声啼不住，轻舟已过万重山。”太白此诗整体化用《水经注》中的文辞，但情感格调迥异，由凄清哀伤变为轻快飘逸，但前后的继承关系确是显而易见的。

《与宋元思书》是南朝作家吴均的代表作。吴均（469年—520年），字叔庠，吴兴故鄣（今浙江安吉）人，南朝梁时的文学家、史学家。其文工于写景，诗文自成一家，常描写山水景物，称为“吴均体”。

《与宋元思书》叙述作者乘船自桐庐至富阳途中所见所感，描绘了这一段富春江的山光水色。如果说《三峡》从历时性作整体描绘的话，那么本文就是即时性的描绘，因此更像是后世的游记作品。《三峡》选取的文字主要是从地理著作的角度出发，介绍三峡的地理特征，虽然涉及情感，但主要是一种普泛意义上的公共表达。而本文则更多的是作者吴均自己的亲历感受，因此其文学性和个人性更为突出。

文章也分为三个部分。第一部分从整体上写出富春江景色的特点——“奇山异水，天下独绝”。作者开篇四句十六个字阔大飘逸，既写了景色——“风烟俱净，天山共色”，又点出了作者的状态——“从流漂荡，任意东西”。这个状态，表明了作者的行程，也暗含了作者的心境，为结尾处的抒情做好了铺垫。第二部分逐层分写景色。先写水，突出“清澈”的特点，同时表现了水的深、急、猛。而对“清”的描写——“水皆缥碧，千丈见底；游鱼细石，直视无碍”，澄澈明净，令人惊叹。在其中仿佛身心也被净化，心境如江水一般，澄明而无杂质。接着视线上移，再写山，突出了山的“高”。作者巧妙地使用了拟人化的描写方式，使得山势的起伏连绵变得奔放活泼，与水组合，一纵一横，气脉贯通。下一层着眼于山木之上的蝉与鸟，而作者化实为虚，描绘蝉鸣鸟叫之声，更为景色增添了生机与活力。以动衬静，凸显山谷之中的幽静。而自然的鸣叫又带给山川一种生命的温度，使人倍增亲切之情。第三部分作者由景而入情，自然景物具备了其象征的意味。“鸢飞戾天”——俗世的争竞奔走，“疏条交映”——自然的静谧自在，形成鲜明的对比。作者因之而生发了归隐之想。

《与宋元思书》也是短小的，与《水经注·三峡》的描写对象也多有相似之处，但更具备一种文学性描绘的创作意识——将作者的情感融入景色的描绘当中，使景物的情感特征与个人特征更为浓烈。后世的山水作品正是在这条道路上继承发展的。

嘉言撷英

1. 高峰入云，清流见底。两岸石壁，五色交辉。青林翠竹，四时俱备。
2. 暮春三月，江南草长，杂花生树，群莺乱飞。
3. 白杨早落，寒草前衰。稜稜霜气，蔌蔌风威。孤蓬自振，惊沙坐飞。
4. 池塘生春草，园柳变鸣禽。
5. 鱼戏新荷动，鸟散余花落。
6. 白云抱幽石，绿筱媚清涟。
7. 云日相辉映，空水共澄鲜。
8. 春晚绿野秀，岩高白云屯。
9. 明月照积雪，朔风劲且哀。
10. 大江流日夜，客心悲未央。

第七节　家训之祖：颜氏的家风与家教

篇篇药石，言言龟鉴，凡为人子弟者，当家置一册，奉为明训，不独颜氏。

——王钺

选　篇

颜氏家训·勉学（节选）

北齐　颜之推

自古明王圣帝犹须勤学，况凡庶乎[1]！此事遍于经史，吾亦不能郑重[2]，聊举近世切要[3]，以启寤汝耳[4]。士大夫子弟，数岁已上，莫不被教[5]，多者或至《礼》《传》[6]，少者不失《诗》《论》[7]。及至冠婚[8]，体性稍定，因此天机[9]，倍须训诱。有志尚者，遂能磨砺[10]，以就素业[11]；无履立者[12]，自兹堕慢[13]，便为凡人[14]。人生在世，会当有业[15]：农民则计量耕稼[16]，商贾则讨论货贿[17]，工巧则致精器用[18]，伎艺则沈思法术[19]，武夫则惯习弓马，文士则讲议经书。多见士大夫耻涉农商[20]，差务工伎，射则不能穿札[21]，笔则才记姓名[22]，饱食醉酒，忽忽无事，以此销日，以此终年。或因家世余绪[23]，得一阶半级，便自为足，全忘修学；及有吉凶大事，议论得失，蒙然张口[24]，如坐云雾；公私宴集，谈古赋诗，塞默低头，欠伸而已[25]。有识旁观，代其入地[26]。何惜数年勤学，长受一生愧辱哉！

…………

人生小幼，精神专利[27]，长成已后，思虑散逸，固须早教[28]，勿失机也。吾七岁时，诵《鲁灵光殿赋》[29]，至于今日，十年一理[30]，犹不遗忘；二十之外，所诵经书，一月废置，便至荒芜矣。然人有坎壈[31]，失于盛年[32]，犹当晚学，不可自弃。孔子云："五十以学《易》，可以无大过矣。"[33]魏武、袁遗[34]，老而弥笃[35]；此皆少学而至老不倦也。曾子七十乃学[36]，名闻天下；荀卿五十[37]，始来游学，犹为硕儒[38]；公孙弘四十余[39]，方读《春秋》，以此遂登丞相；朱云亦四十[40]，始学《易》《论语》；皇甫谧二十[41]，始受《孝经》《论语》。皆终成大儒，此并早迷而晚寤也。世人婚冠未学，便称迟暮[42]，因循面墙[43]，亦为愚耳。幼而学者，如日出之光；老而学者，如秉烛夜行，犹贤乎瞑目而无见者也[44]。

注释

[1] 凡庶：指一般平民百姓。

[2] 郑重：频繁、连续多次的意思，也作认真、慎重解。

[3] 切要：最中要领的。

[4] 寤：通"悟"，启悟，启发的意思。

[5] 被教：受教。

[6]《礼》：儒家经典《周礼》《仪礼》《礼记》，合称为《三礼》。《传》：阐述经义的文字。如《春秋》三传，即《左传》《公羊传》《穀梁传》。

[7]《诗》:《诗经》。《论》:《论语》。

[8] 冠（guàn）婚：泛指成年。古时男子成年（二十岁）加冠，举行冠礼。

[9] 因：随顺。天机：这里是天资的意思。

[10] 磨砺：磨刀使锐利，引申为磨炼。砺，原是磨刀石，这里也是磨的意思。

[11] 素业：本业，这里指儒业。

[12] 履立：指德行、学业方面的操守与建树。

[13] 堕：通“惰”。慢：懈怠，放纵。
[14] 凡人：庸人。
[15] 会当：该当。
[16] 计量耕稼：指经营农事。
[17] 商贾：古代商指行商，贾指坐商，后来商贾泛指商人。讨论：这里是讲究、追求的意思。货贿（huì）：财物。
[18] 工巧：有巧思的工匠。致精器用：精心制作器皿用具。
[19] 伎艺：指从事技术、才艺活动的人。伎，同“技”。沈思：深入地思考探索。沈，通“沉”。法术：方法技术。
[20] 耻涉农商：以参加农业商业活动为耻。涉，经历从事的意思。
[21] 札：铠甲（古代防护身体的特制军服）上的铁片。“不能穿札”，形容射箭技能不高。
[22] 才记姓名：只能书写姓名，形容文化程度不高。
[23] 余绪：原指抽丝后留在茧子上的残丝。这里指祖先余荫、遗业。
[24] 蒙然：昏昧无知的样子。
[25] 欠伸：打呵欠和伸懒腰。这里指因无聊而感到困倦的样子。
[26]“有识旁观”两句：这两句的意思是有见识的人在旁看了，代他感到羞愧，恨不得有个地缝钻进去。
[27] 专利：专一敏锐。
[28] 固须：本来就该。
[29]《鲁灵光殿赋》：东汉王延寿（王逸之子）作。鲁灵光殿，是汉景帝子鲁恭王刘余所建。王延寿因西汉末年未央殿、建章殿毁于战乱，而鲁地的汉代鲁灵光殿依然保存，就作赋而颂。
[30] 理：这里是温习的意思。
[31] 坎壈（lǎn）：困顿，不得志。
[32] 盛年：壮年。这两句是说，有人因为环境不好，年轻时没有条件学习。
[33]“五十以学《易》”两句：这两句见《论语·述而》，表述孔子打算在晚年学《周易》的愿望。
[34] 魏武：魏武帝曹操。袁遗：字伯业，袁绍从兄，为长安令。河间张超尝荐袁遗于太尉朱儁，称其有冠世之懿、干时之量。曹操称“长大而能勤学者，惟吾与袁伯业耳”。
[35] 弥笃（dǔ）：更加专注。
[36] 曾子：孔子的学生曾参。按《史记·仲尼弟子列传》，他少于孔子四十六岁，不应说“七十（岁）乃学”，这里疑是指曾参的父亲曾点，或“七十”为“十七”之误。
[37] 荀卿：荀况，战国时赵人，著名学者。
[38] 硕儒：大学者。儒，这里指读书人。

[39] 公孙弘：西汉武帝时人，官至丞相。据《汉书·公孙弘传》，公孙弘，甾川薛人，年四十余乃学《春秋》杂说。武帝元光五年（前 130 年），复征贤良文学，策诏诸儒，弘对为第一，拜为博士，待诏金马门。元朔中代薛泽为丞相，封平津侯。

[40] 朱云：西汉元帝时人，年轻时以勇力著名。据《汉书·朱云传》，朱云字游，鲁人，少时通轻侠，年四十乃从博士白子友学《易》，又事将军萧望之学《论语》，皆能传其业，当世高之。

[41] 皇甫谧（mì）：魏晋时人，年轻时不爱读书，喜游荡，后来成为著名学者，著《高士传》等书。

[42] 迟暮：一般比喻衰老、晚年，这里指已错过学习的年龄。

[43] 因循：守旧不改，引申为拖沓，得过且过的意思。面墙：《尚书·周官》："不学面墙。"意思是：不学的人如面对墙壁，一无所见。后即以面墙比喻不学习。

[44] 贤乎：贤于。瞑目：闭眼。"老而学者"三句：意思是年老再学，虽然比年轻时学习成效差了，但还是胜过不学习的人。这三句源自《说苑·建本》："少而好学，如日出之阳；壮而好学，如日中之光；老而好学，如炳烛之明。炳烛之明，孰与昧行乎？"

导读

《颜氏家训》二十篇，为北齐颜之推所撰的家训体著作。颜之推（约 531 年—约 590 年），字介，琅琊临沂（今山东临沂）人。先世随晋元帝南渡，寓居建康。侯景之乱以后，梁元帝即位于江陵，颜之推任散骑侍郎。梁承圣三年（554 年），江陵城破，颜之推为西魏军掳归，半途逃奔北齐，文宣帝见而悦之，引于内馆中，令侍从左右，后官至黄门侍郎。北周建德六年（577 年），北齐亡，颜之推入周。隋代周后，又仕于隋，约卒于隋开皇十年（590 年）前后。

该书内容丰富，体系宏大，立足儒家齐家修身之道，"述立身治家之法，辨正时俗之谬"，"于世故人情深明利害"；同时旁涉释家，又"兼论字画音训，并考正典故，品第文艺。曼衍旁涉，不专为一家之言"（《四库全书总目提要》）。

《颜氏家训》一书，向来题名作"北齐黄门侍郎颜之推撰"，前人于此不乏疑义。考察全书，如《书证篇》云："开皇二年五月，长安民掘得秦时铁称权"，《风操篇》云："今日天下大同"，《终制篇》云："今虽混一"，显然成书于隋文帝灭陈之后。既然如此，又为何以"北齐黄门侍郎"冠名呢？王利器先生在《颜氏家训集解·叙论》中以为：颜之推历官南北朝，宦海浮沉，当以黄门侍郎最为清显，以黄门侍郎题署，或许是在自炫"人门兼美"。而后代史学家、目录学家对颜之推的自署也都予以追认，未曾以其入隋以后的官称径改，于是才有如今的面貌。

南北朝时期，政权更迭频繁，战乱延绵，兵祸连结，士民百姓朝不保夕，水深火热。当此乱离之际，对于一般士大夫而言，面对如同家常便饭的鼎革巨变，如何保全自身、保全家族，是他们首要考虑的问题，"自取身荣，不图国计"（《陈书·后主纪》），是当时士大夫必循的基本法则。作为被迫历官南北、在不同政权间周旋沉浮的众多南朝士人之一，颜之推的想法也概莫能外。于是他撰著《颜氏家训》，向子弟传授在乱世中安身立命的人生经验："自春秋已来，家有奔亡，国有吞灭，君臣固无常分矣"（《文章篇》），"父兄不可常依，乡国不可常保，一旦流离，无人庇荫，当自求诸身耳"（《勉学篇》）。然而，之推想要教给子弟的乱世生存之道，毕竟不合儒家纲常，因而书中又褒扬"学以成忠"（《勉学篇》），"泯躯而济国，君子不咎也"（《养生篇》），体现了内心中深深的矛盾。同时，由于社会动乱，人民不论在精神上还是在物质上都承受着巨大的苦痛，佛教因其宣扬积善行德、因果报应的教义，受到乱世之人的热烈欢迎。时人的好佛之习，在《颜氏家训》中也有所反映："今人贫贱疾苦，莫不怨尤前世不修功业；以此而论，安可不为之作地乎？"（《归心篇》）纵然如此，作为我国现存第一部家训体著作，《颜氏家训》的主要目的，还是在于"务先王之道，绍家世之业"，这是旧时士大夫齐家的唯一主题，故该书在封建社会影响深远，陈振孙称："古今家训，以此为祖"。

此外，《颜氏家训》涉猎广泛，对南北朝时玄学的好尚、佛教的流行、俗文字的兴盛、鲜卑语的传播以及南北士族的行事情状，都有详实记录，是考察当时社会不可或缺的历史文献。如《勉学篇》所记："梁朝全盛之时，贵游子弟，多无学术，至于谚云：'上车不落则著作，体中何如则秘书。'"就反映了南朝士族高门垄断晋升之路的政治现实。

本篇是《颜氏家训》第八篇，着重说明学习的重要性，兼论学习的方法。文中竭力强调各个阶层、不同行业、不同年龄的人都要勤奋学习，才能有所成就，或资以自立，批评了当时贵族子弟的依仗门第、不学无术，也表彰了历史上许多克服困难勤学苦读的范例。作者所标举的学习内容自然主要是儒家经典，但并不以此为限，还注意到学与用的关系、专精与广博的关系，反对烦琐、自满和浮夸不实的学风，这些都是可以有所借鉴的。

嘉言撷英

1. 夜觉晓非，今悔昨失。
2. 文章当从三易：易见事，一也；易识字，二也；易读诵，三也。
3. 观天下书未遍，不得妄下雌黄。
4. 与善人居，如入芝兰之室，久而自芳也；与恶人居，如入鲍鱼之肆，久而自臭也。
5. 多为少善，不如执一；鼫鼠五能，不成伎术。
6. 习闲成懒，习懒成病。
7. 巧伪不如拙诚。
8. 用其言，弃其身，古人所耻。凡有一言一行取于人者，皆显称之，不可窃人之美以为己力；虽轻虽贱者，必归功焉。
9. 人之虚实真伪在乎心，无不见乎迹，但察之未熟耳。
10. 古之学者为己，以补不足也；今之学者为人，但能说之也。古之学者为人，行道以利世也；今之学者为己，修身以求进也。

第三章

大唐气象

第一节　诗中的诗：宇宙人生的遐思

《春江花月夜》用《西洲》格调，孤篇横绝，竟为大家。李贺、商隐，挹其鲜润；宋词、元诗，尽其支流。

——王闿运

选　篇

春江花月夜

唐　张若虚

春江潮水连海平[1]，海上明月共潮生。
滟滟随波千万里[2]，何处春江无月明。
江流宛转绕芳甸[3]，月照花林皆似霰[4]。
空里流霜不觉飞[5]，汀上白沙看不见[6]。
江天一色无纤尘[7]，皎皎空中孤月轮[8]。
江畔何人初见月？江月何年初照人？
人生代代无穷已[9]，江月年年只相似[10]。
不知江月待何人，但见长江送流水[11]。
白云一片去悠悠[12]，青枫浦上不胜愁[13]。
谁家今夜扁舟子[14]，何处相思明月楼[15]？
可怜楼上月裴回[16]，应照离人妆镜台[17]。
玉户帘中卷不去[18]，捣衣砧上拂还来[19]。
此时相望不相闻[20]，愿逐月华流照君[21]。
鸿雁长飞光不度[22]，鱼龙潜跃水成文[23]。
昨夜闲潭梦落花[24]，可怜春半不还家。
江水流春去欲尽，江潭落月复西斜。
斜月沉沉藏海雾，碣石潇湘无限路[25]。
不知乘月几人归[26]，落月摇情满江树[27]。

注释

[1] 平：形容涨潮，水面与两岸相平。
[2] 滟（yàn）滟：波光荡漾的样子。
[3] 芳甸（diàn）：芳草丰茂的原野。甸，郊外之地。
[4] 霰（xiàn）：天空中降落的白色不透明的小冰粒。形容月光下春花晶莹洁白。
[5] 流霜：即飞霜，古人以为霜和雪一样，是从空中落下来的，所以叫流霜。比喻月光皎洁，月色朦胧。
[6] 汀（tīng）：沙滩。
[7] 纤尘：微细的灰尘。
[8] 月轮：指月亮，因为月圆时像车轮，所以称为月轮。
[9] 穷已：穷尽。
[10] 只：又作“望”。
[11] 但见：只见，仅见。
[12] 悠悠：渺茫，深远。
[13] 青枫浦：泛指游子所在的地方。
[14] 扁舟子：飘荡江湖的游子。扁舟，小舟。
[15] 明月楼：月夜下的闺楼。这里指闺中思妇。
[16] 月裴徊：指月光偏照闺楼，徘徊不去，令人不胜其相思之苦。
[17] 离人：离别之人。
[18] 卷不去：帘幕卷不去恼人的月色。
[19] 捣衣砧（zhēn）：捣衣、捶布石。
[20] 相闻：互通音信。
[21] 逐：追随。月华：月光。
[22] 光不度：指鸿雁飞不出月的光影。
[23] 文：同“纹”。
[24] 落花：春天即将过去，时光匆匆，离人未归。
[25] 碣（jié）石、潇湘：一南一北，暗指路途遥远，相聚无望。
[26] 乘月：趁着月光。
[27] 摇情：情思激荡。

导读

张若虚（生卒年不详），扬州（今江苏扬州）人，初唐诗人，与贺知章、包融、张旭并称为“吴中四士”。张若虚的诗歌音律和谐，描写细腻，清丽开宕，富有情致，在初唐诗风的转变中占有重要地位。然而其诗作大部分皆已亡佚，《全唐诗》仅存《春江花月夜》《代答闺梦还》两首。其中《春江花月夜》乃千古绝唱，有“以孤篇压倒全唐”之誉，闻一多先生更是称之为“诗中的诗，顶峰中的顶峰”，张若虚也正是藉此“横绝孤篇”而“竟为大家”。

艺术作品内涵的丰富性和深刻性，往往连作家本人也不能把握，他的笔往往不自觉地反映了生活的本质或某些本质。正如曹雪芹无意中揭示了封建末世的没落命运一样，《春江花月夜》也在有意无意之中唱出了迎接封建盛世的赞歌。

这如江海大潮般涌来的诗句和神秘雄奇的宇宙，使我们大受震撼大饱眼福：潮涨海平，洪波浩荡，横无际涯。在这样一个浩渺神奇的境界之中，月亮“生”出来了！月亮从浩浩荡荡的大海里水淋淋地诞生了！我们顿时想起“日月之行，若出其中；星汉灿烂，若出其里”的宏伟，但同时又感到惶惶不安，躁躁欲动，感受到这境界的扑朔迷离的神秘。人们死水般平静的灵魂受到了惊扰，泛起波澜。历史好像又回到了神话的时代，又回到了那人神杂居相处的，热烈、奋发、好奇、好动的人之初年！诗人一开始就借用神的力量唤醒了人们沉睡的思考，把人们习以为常的惰性击得粉碎，让人们在历史的疲倦和慵懒中奋发起来，重新像初民一样对这些宇宙现象感到新奇和恐怖，觉着宇宙的神秘和高深，激发起探讨和思考的兴趣、欲望。人们麻木的神经被刺痛了，朦胧的眼神放出了惊异的光彩，于是，诗人抓住时机，椽笔一横，把人们刚惊醒的注意力从垂直的方向——深、高的方向，引向平行的方向——远、宽的方向。

诗人不让人们激发起来的兴趣和智慧在玄秘的高空中迷失，他要让人们的思想随着月下春江的滟滟之波，想象千里之外、万里之遥的月明之夜；想象着同在这千里万里的月光下的人们。如果说这里是写水把粼粼的月光漂向远方，倒不如说是诗人想借水把人们的思想和注意力漂向远方，漂向远方的共患共难的同类。

由前面的大笔挥扫，横空万里，而转入轻吟低唱，曼语缠绵。水绕芳甸，月照花林，空似流霜，汀如迷沙……多么温柔妩媚，情意绵绵啊！神性的宇宙和人性的现实像一对迷醉了的恋人，静谧而又热烈地偎依在一起了……多么惬意的疲倦和苟且啊。让我们也沉醉吧，让我们重新躺回由于糜烂而生发温热的历史上睡去吧——整个六朝不都在迷醉中吗？整个六朝不都依偎在妇人的怀里吗？……

然而，不能！低首之际，猛一仰天，我们不禁又大吃一惊：江天一色，因月明愈见其迷茫；孤月一轮，因江阔更显其伶仃。它们并没有因为对方而消释了自己，它们并不是融化在对方的怀里，渺然不可分了，而是在对立之中更确切、更实在、更理想、更完美地显示着自我，证实着自我的独立存在。这是多么阔大而凄清的意境，澄洁而惆怅的情绪啊。“皎皎空中孤月轮”，月亮被“孤”起来了！仅这一点就有多大的历史跨度！月亮，作为人化的自然现象，她何曾独照过？她何曾冷静过？诗人从六朝缠绵的梦里和昏醉的酒中醒来，跃上高空，大梦初醒般地冷峻而深刻地注视着人生的悲欢离合，悔恨检讨着历史，思考着人生的真谛。历史开始清醒了，开始疑惑和探问了！哲学家式的诗人并不停足于对宇宙作外观的审美，他还要从历史的角度去深入地探索宇宙的本质。他的思想是那样的广博和精刻；他的眼光是那样的深邃和远大。他从月之现在，忽然想到了月之初生，又想到了月之终结。

张若虚的问月则是从魏晋南北朝之乱到隋的短命覆亡之后，初唐人走向封建盛世的先声。他从孤月独照，过渡到江月照人。人出现了！人，这个渺小的生灵，在大宇宙笼盖的清辉下，影影绰绰而又实实在在地出现了！历史的焦距终于对准了人！这又是多么巨大的历史跨度！诗人不经意的轻松写来的“皎皎空中孤月轮”和“江月何年初照人”两句，却是历史经过了多少艰难才走完的历程！月之出，是为了照人；月之永恒，是为了待人，因人方才有月。这种解释在客观真理上是荒谬的，但它在肯定人生价值、追求人本身的世俗幸福这一点上，不同时又极有其深刻的合情合理的哲学含义吗？艺术有时可以违背具体的科学事实，但却不能违反哲学。人生是短暂的，月亮是永恒的，但是，作为人类而存在的人生，不也是“无穷已”的永恒吗？这种人生无穷已的认识，必然导致人生价值的发现。从月始月终过渡到人生思考，诗人的脑子是博大精深的。但博大精深的脑子往往比庸常的脑子忧苦得多。所挟持者远，其忧必远；所瞻望者殷，其苦必殷。最倔强者往往是最孤独者；最深刻的人往往是最寂寞的人。作者从广漠的宇宙中看到了人类的孤独；从自然的永恒中看到了人生的短暂。《春江花月夜》正深刻地表现了这种执着者的迷茫和深刻者的孤独：在人生无穷已的永恒的另一面，单个人的生命又是短暂的，是不可能穷尽宇宙的奥秘的。这种意识一旦闪现出来，便足以令诗人怅然起来。

诗人的胸怀是宽广的，又是细腻的；他的心灵是崇高的，又是亲切的。他是扬州人，有着南方人的温柔和细腻。他不仅高踞一切之上思考宇宙的规律，而且跻身于人众之中关切人的命运；他是哲学家，又是父兄。在他那里，天道和人道是和谐的；哲学和人学是一致的。他终于把对天道的探索转成对世俗人生的关注，把哲学的玄思引进伦理的责任——在他深刻而紧张地思索着宇宙的奥妙时，他并不曾忘却人生的苦难和呼求。一片悠悠而去的白云，竟引出他无限的联想，并由这种联想生出无限的同情。白云自去，何干诗人情思？浦上愁人，却缠绕诗人的心灵；在这明月高悬的夜晚，多少人扁舟天涯，又有多少人离恨高楼？旷夫怨女，都在他温暖的心胸中挂念着。

诗人惟其有了深厚的同情心和责任感，才能如此真切地想象着闺妇的离愁。白云已逝，游子不归；帘子易卷，月华难收，捣衣砧上，拂去还来。一边是固执的月亮，一边是无可奈何的愁人。如果说开首的“海上明月共潮生”的“月”还是神秘的神；“皎皎空中孤月轮”的“月”又过于冷峻和渺然的话，那么，这时，她正是亲切而又有点可恼的人！月亮也从高空走向世俗人间，和人们的思想感情完全融合了！

至此，月亮改换了三次位置，经历了两段巨大的历程：它从六朝宫廷醉生梦死的浓胭腻脂中跳上了冷峻而清醒的高空，经过了一连串的深刻的反省思考和探索，终于又摈弃了神性的诱惑，认识到人生最深刻的意义和责任，带着人性的亲切走向人间，去抚慰人间那些痛苦的灵魂，激发人间的向往。这里的“月”，已不是浸泡在陈后主、隋炀帝宫宴酒中的月了，而是一轮已经走向人间、与人间苦难的人们为友的月亮了。“孤月”是离开脂粉的必经之路，因为昏醉了几个世纪的月亮只有在孤寂的空中才可能对生活进行思考，但“孤”决不是目的，走向人间才是目的。这里的月是温柔的，但已不是六朝式的肉感的温柔，而是纯净的感情和澄洁的思想的表露。她的爱情是纯洁的，月华也是纯洁的，让纯洁的爱情随着纯洁的月光流照着对方吧！但这不过是少妇天真的幻想，她自己也知道这是幻想。鸿雁自去，而月光并未随之去；鱼龙潜跃，亦不过纹圆之波，波静则月华亦敛。逐月流照，已是失望，而现实却还真真地存在着。春已过半而情人不归，这怎能不日思夜梦呢？

到了这时，我们刚才还被宇宙神秘所困扰和恐惧的思想终于由于倾注到这位少妇身上而踏实、温暖起来。一个平凡的少妇所代表和象征的人世间的痛苦和向往，正是诗人对宇宙、历史、现实进行思考和探索的出发点和归宿！现在，诗人为他的智慧和勇气找到了这块未开垦的处女地，且安营扎寨，准备开拓吧！但是面对着荒芜的现实，他仍然不尽地迷茫。

江水流春欲尽，而一夜的好月也西斜了。终于在西天的海上，雾蒙蒙地不见了——从“海上明月共潮生”到“斜月沉沉藏海雾”，思考、思恋、幻想、痛苦，终于是“碣石潇湘无限路”。他站在茫茫荒原上，无限悠远的惆怅和战斗正未有穷期的斗士之情同时涌上心头。月生月毁宇宙规律的哲学思考；月升月落现实图景的审美关注；无始无终的历史探求，短短一宵的审美体验；交替描写，呈叠加结构，把宇宙和现实人生融为一体。但是对宇宙的探索最终还是为了世俗人间的幸福，于是，伟大的月亮退场了，而平凡的、一个为离愁所苦的女子却楚楚地出现在我们的面前，抓住了我们的思考，垄断了我们所有的同情和兴趣。

是的，我们的诗人是多情的，是人道的，他还不忍心就这么结束了，在碣石潇湘的无限路上给人以无限悠远的怅望。因而他接着写道：乘月有归人。诗人是矛盾的，这种矛盾正是那个时代的矛盾：历史虽然已经开到了拓荒的前缘，但面对的旷野却正是一片荒芜。他既想安慰自己又不想欺骗自己，正如他既想安慰别人又不想欺骗别人。诗人的思想是惆怅的，但却不是绝望的，颓废的。面对着充满矛盾而又洋溢着希望的现实，他隐瞒现实的缺陷正是因为他憎恶现实的缺陷，美化现实却又是基于想改变现实。诗人对现实的软弱正是因为他对现实的执着和热恋，对现实的惆怅正是由于他有了面对现实的勇气。

全诗由紧张而舒缓，由开阔雄伟而缠绵温柔。宇宙、历史、现实的紧张思考，到最后化成了一片温情（这是世俗之情和伦理责任感的结合呵），躁动不安的思想和感受得到了安抚和平静。一串串的矛盾在心理上得到了调和，一簇簇强烈的思维火花柔和了，终于，轻轻落下，落在诗人的诗笺上，成就了这样一篇绚丽多彩、永垂不朽的诗篇！

嘉言撷英

1. 得成比目何辞死，愿作鸳鸯不羡仙。
2. 年年岁岁花相似，岁岁年年人不同。
3. 闲云潭影日悠悠，物换星移几度秋。

4. 落霞与孤鹜齐飞，秋水共长天一色。
5. 海内存知己，天涯若比邻。
6. 宁为百夫长，胜作一书生。
7. 那堪玄鬓影，来对白头吟。
8. 此地别燕丹，壮士发冲冠。昔时人已没，今日水犹寒。
9. 云霞出海曙，梅柳渡江春。
10. 前不见古人，后不见来者。念天地之悠悠，独怆然而涕下！

第二节　大漠烽烟：奇峻激越的边塞

高岑之诗悲壮，读之使人感慨。

——严羽《沧浪诗话》

选　篇

走马川行奉送封大夫出师西征

唐　岑参

君不见走马川行雪海边[1]，平沙莽莽黄入天[2]。
轮台九月风夜吼[3]，一川碎石大如斗，随风满地石乱走。
匈奴草黄马正肥，金山西见烟尘飞，汉家大将西出师。
将军金甲夜不脱，半夜军行戈相拨，风头如刀面如割。
马毛带雪汗气蒸，五花连钱旋作冰，幕中草檄砚水凝[4]。
虏骑闻之应胆慑，料知短兵不敢接[5]，车师西门伫献捷[6]。

注　释

[1] 走马川：即车尔臣河，在今新疆境内。
[2] 莽莽：漫无边际的样子。
[3] 轮台：地名，封常清军府所在处。
[4] 草檄：起草征讨文书。

［5］短兵：短兵器。
［6］献捷：呈报战争胜利的情况。

选篇

轮台歌奉送封大夫出师西征

唐　岑参

轮台城头夜吹角[1]，轮台城北旄头落[2]。
羽书昨夜过渠黎[3]，单于已在金山西[4]。
戍楼西望烟尘黑，汉兵屯在轮台北。
上将拥旄西出征，平明吹笛大军行。
四边伐鼓雪海涌，三军大呼阴山动[5]。
虏塞兵气连云屯[6]，战场白骨缠草根。
剑河风急雪片阔，沙口石冻马蹄脱。
亚相勤王甘苦辛，誓将报主静边尘[7]。
古来青史谁不见，今见功名胜古人。

注释

［1］角：军中的号角。
［2］旄头落：象征胡人失败之兆。旄头，星名，古人认为它主宰胡人的兴衰。
［3］羽书：即羽檄，军中的紧急文书，上插羽毛，以示紧急。渠黎：汉代西域国名，在今新疆轮台东南。
［4］单于：匈奴首领。
［5］三军：指全军。
［6］虏塞：敌军要塞。
［7］静边尘：犹言平定边患。

导读

岑参，唐代边塞诗派的代表诗人，与高适齐名，并称“高岑”。边塞诗主要是反映唐代边塞战争生活的艰难和军营生活的种种体验以及塞外风景的奇绝，也涉及军人、思妇们的离愁别绪和思乡之情。诗人们多抒发保卫疆土、建功立业的豪情壮志和对黑暗现实的讽刺与不满。代表作家除了高、岑，还有王昌龄、李颀、王之涣、崔颢、王翰等众多盛唐诗人。边塞诗派继承了建安风骨明朗刚健、慷慨悲凉的风格，盛唐国力的高度繁荣也使诗人在作诗时更加豪放自如，有着想落天外的奇绝景象，气势上一泻千里，一气呵成，体现着盛唐诗歌气来、情来的率真与不拘一格的纵情长歌。边塞诗风格大多格调雄浑豪放，慷慨悲凉，意境广阔，雄奇壮美。而岑参的边塞诗作又以气势豪放，色彩鲜明，风格多样，造境之奇著称，颇多佳作。严羽说："高岑诗之悲壮，读之使人感慨"。（《沧浪诗话》）岑参擅长以七言歌行描绘壮丽多姿的边塞风光，抒发豪放奔腾的感情。

盛唐边塞诗人中，唯有岑参熟悉西部边塞，对边塞的描写都是从自己真切的体验出发，真实地记录着自己内心波动的感情。《走马川行奉送封大夫出师西征》（简称《走马川行》）这首诗以浓重的色彩、奇特的想象和夸张的手法描绘了边塞的壮丽奇景和大唐军队的赫赫威严。这首诗与岑参另一首力作《轮台歌奉送封大夫出师西征》（简称《轮台歌》）属于上下篇，它们为同一事件、同一人物即封常清出兵西征播仙（播仙镇为新疆且末旧名）而创作的送行诗。

《走马川行》主要是写奇异壮丽的边塞风光，借恶劣酷寒的边境气候来歌颂大唐将士们的英雄无畏、保家卫国的决心。而《轮台歌》这篇直接从正面为我们呈现了气势恢宏的西征战场，通过交战前两军对垒的紧张局势、双方交战的伤亡情况来凸显唐军的赫赫军威、气势浩大，和对这场战争胜利的信心。

这两篇虽同为边塞送别诗，可没有诗人其他的送别诗作般的缱绻惜别和思念家人的离愁别绪，而是用极度夸张的手法描写西征环境的恶劣，歌颂在这种环境中与敌军交战并取得胜利的唐军，也直接表达出了作者渴望建功立业的雄心壮志。

据史料记载，岑参曾两次出塞，第一次出塞虽未得意，再次出塞，诗人的报国热情有增无减，可见诗人本身就是一个爱国主义者，而作者的边塞诗名作大都写于此时。出塞的经历使诗人对边塞异域风情、军中苦旅生活有了切身的体验，诗作中描绘的奇绝瑰玮的景象常常营造了雄浑广阔的意境，能使读者目睹到那段已埋没于历史的西征岁月，这些无不让他的诗作充满了"奇"。岑参诗作文字的奇、意象的奇、意境的奇和满腔保疆卫国的热血让他的作品充满了想象和战斗精神，激励着一代又一代试图在异域边疆建功立业的仁人志士。

纵观《走马川行》全诗，句句押韵，三句一换韵，平仄更替，读来既抑扬顿挫，又高昂流畅，节奏酣畅淋漓，对全诗气势磅礴、雄伟奇丽的艺术境界的构成，起了重要的作用。这种形式得益于岑参在七言歌行的体式上的创造，他的创作在吸取北朝民歌的特色上打破了历来长诗中盛行的双句押韵、一韵到底或偶尔换韵的习惯，在用韵上多有变化，形成了自己独有的特色。

这首诗开始两韵六句，即逼真地再现了西部边塞秋冬之际的天地壮观。本诗首句从写景入手，对边塞恶劣环境进行浓墨重彩的描写，极力渲染环境的恶劣，走马川旁，雪海漫无边际。"平沙莽莽黄入天"，这浅易明了的七个字，直观地把大漠奇景展现在我们眼前。广袤无垠的沙漠被风肆虐着与天空交织在一起，一片混沌，已不能辨清天与地的界限，从视觉上给人一种强有力的冲击感，让人对这狂暴的黄沙有了一种畏惧。而一个"入"字更能让人目睹塞外狂风的力量，仿佛这风能卷起黄沙直冲九霄。白天已然如此，晚上边地的狂风更肆无忌惮显示出它的狂妄。时值九月，轮台彻夜怒吼的狂风竟然能把大如斗的碎石吹得遍地都是。这里作者用夸张的手法更进一步渲染了边塞环境的恶劣，让我们从听觉上感受到了这咆哮着的自然力量。这几句意在为下文蓄势，为唐军将士们的形象描绘创造条件与氛围。

"匈奴草黄马正肥，金山西见烟尘飞。"唐诗中常常借汉喻唐，这两句即是借用西汉故事，匈奴乘机侵扰边境，金山边上被马蹄扬起的滚滚烟尘预示着战争的到来，"汉家大将西出师"，封将军即将带领士兵征讨匈奴，此三句正面着墨不多，但"汉家大将西出师"一句让读者深切地感受到作者对大唐兵力的自信，也是从这三句开启了整首诗恢宏的气势。

后面六句则是诗人的悬想之词。由于行军的急切，将军夜不解甲带领士兵连夜西征，黑夜里回荡着将士们兵器互相撞击的声响，这不仅写出了唐军队伍的纪律严明，也能感受到大唐将士为保卫国土不畏艰险的壮志之气。特别是"风头如刀面如割"这句用比喻手法形象描写出了边塞狂风的凛冽刺骨，鲜明突出了将士们不畏严寒同仇敌忾的英勇气概。"马毛带雪汗气蒸，五花连钱旋作冰，幕中草檄砚水凝。"这三句对雪花、砚水的状态描写，更深一步勾勒出边塞的严寒肃杀之景。"虏骑闻之应胆慑，料知短兵不敢接，车师西门伫献捷。"诗的最后更直接抒发了诗人内心对大唐军队必胜的信念。诗人信心满满，他坚信以唐军英勇无畏的气概必会使"匈奴"闻风丧胆，取得西征的大胜。诗人想象在西门等候捷报的那种兴奋之情一下就喷涌而出。这首边塞诗既体现了盛唐风貌，又反映出那个时代诗人们的壮志豪情，是思想性与艺术性的完美结合。

整首诗豪气磅礴，慷慨激昂，给人一种势不可挡的英勇之感，预示着对西征胜利的踌躇满志。心中情感的激荡，时常碰撞出强烈的火花，诗人心中的昂扬之情得到释放，与其他借以抒发怀才不遇的边塞诗作相比多了一些热血慷慨的激情，没有沉郁寂寥之感，因此全诗基调通篇都是激情高昂、自信满满。

初唐与盛唐，是奋发向上的时代，热气腾腾而使人热血沸腾的时代，一个外向的时代，一个由宫廷走向江山塞漠、由内心体验走向外部世界的时代，一个小桥流水人家与铁马秋风塞北合为一体，六合一统、四海为家的时代；一个诗、酒、山水、金戈铁马交响的时代。

与高适齐名的岑参，若就边塞诗而言，其成就应在高适之上，他是属于"军幕文士之歌"中的最典型代表。就其自身情感特征及文体风格言，他与李白很相似，只是他尚有藩篱，尚有规矩，尚有分寸，不像李白那样充满无法无天的狂放。岑参自有自己的特色与贡献，他的天性中，最特殊的一点是"好奇"。杜甫《渼陂行》说"岑参兄弟皆好奇"，好奇的人往往也好炫耀，他就是这样的人，他把边塞的艰苦化为"奇"，再以炫耀的口吻向人道出。

上面的两首诗写风、写寒、写战争，都不是厌恶与悲伤，而是惊奇与惊喜，他的内心里，为自己设定的潜在读者，一定是内地之人，未有出塞经验之人，他在向他们炫耀：这边塞的种种奇观，种种怪异，种种神奇；边塞将士们的种种伟大，种种艰苦，种种卓绝，种种浪漫与豪情，种种侠骨与柔肠，他的潜台词是，这一切发生在边荒的人生风景，你们知道吗？他在向他们宣告：我来了，我看见了！岑参的诗，正是以他亲身经历为素材，也让我们“看见了”。

杜甫曾赞颂“岑生多新诗”(《九日寄岑参》)，“谢朓（喻指岑参））每篇堪讽诵，冯唐（自喻）已老听吹嘘”(《寄岑嘉州》)，可见唐代诗人对岑参诗作的推崇。像《走马川行》这样反映西部边塞风光和战争的瑰丽诗篇，取得了“前无古人”的成就，谓之“堪讽诵”的“新诗”，应该说是恰如其分的。

嘉言撷英

1. 忽如一夜春风来，千树万树梨花开。
2. 秦时明月汉时关，万里长征人未还。
3. 羌笛何须怨杨柳，春风不度玉门关。
4. 醉卧沙场君莫笑，古来征战几人回？
5. 黄沙百战穿金甲，不破楼兰终不还。
6. 撩乱边愁听不尽，高高秋月照长城。
7. 年年战骨埋荒外，空见蒲桃入汉家。
8. 莫愁前路无知己，天下谁人不识君。
9. 战士军前半死生，美人帐下犹歌舞。
10. 君不见沙场征战苦，至今犹忆李将军。

第三节　天生我才：谪仙的诗酒人生

李白一斗诗百篇，长安市上酒家眠。天子呼来不上船，自称臣是酒中仙。

——杜甫《饮中八仙歌》

选　篇

将进酒[1]

唐　李白

君不见[2]，黄河之水天上来，奔流到海不复回。
君不见，高堂明镜悲白发，朝如青丝暮成雪[3]。
人生得意须尽欢，莫使金樽空对月。

天生我材必有用，千金散尽还复来。
烹羊宰牛且为乐[4]，会须一饮三百杯[5]。
岑夫子，丹丘生[6]，将进酒，杯莫停。
与君歌一曲[7]，请君为我倾耳听。
钟鼓馔玉不足贵[8]，但愿长醉不愿醒。
古来圣贤皆寂寞，惟有饮者留其名。
陈王昔时宴平乐[9]，斗酒十千恣欢谑。
主人何为言少钱？径须沽取对君酌。
五花马[10]，千金裘，
呼儿将出换美酒，与尔同销万古愁。

注释

[1] 将进酒：汉乐府诗题，属于《鼓吹曲·铙歌》。将，请。郭茂倩《乐府诗集》："古词曰：'将进酒，乘大白'，大略以饮酒放歌为言。"

[2] 君不见：古诗中提唱的常用语。君，此处为泛指。

[3] 青丝：乌黑的头发。

[4] 烹羊宰牛：曹植《野田黄雀行》："中厨办丰膳，烹羊宰肥牛。"

[5] 会须：应该。

[6] 岑夫子、丹丘生：李白友人。岑夫子，岑勋，南阳人。丹丘生，即元丹丘，李白有很多给他的赠诗。

[7] 与君：为君，为你们。

[8] 钟鼓馔玉：指富贵生活。钟鼓，指权贵人家的音乐。馔玉，形容饮食精美。

[9] 陈王：三国魏曹植，是曹操第三子，曾被封为陈王。曹植《名都篇》："归来宴平乐，美酒斗十千。"

[10] 五花马：指名贵的马。唐代人喜欢将骏马鬃毛修剪为五瓣花形，故称五花马。

选篇

行路难[1]（其一）

唐　李白

金樽清酒斗十千[2]，玉盘珍羞直万钱[3]。
停杯投箸不能食[4]，拔剑四顾心茫然。
欲渡黄河冰塞川，将登太行雪满山。
闲来垂钓坐溪上[5]，忽复乘舟梦日边[6]。

行路难，行路难。多歧路[7]，今安在？
长风破浪会有时[8]，直挂云帆济沧海。

注 释

[1] 行路难：属古乐府《杂曲歌辞》。《乐府古题要解》：“《行路难》备言世路艰难及离别伤悲之意。”

[2] 清酒：即美酒，与浊酒相对。

[3] 羞：通“馐”，美味的菜肴。直：通“值”。

[4] 投箸：放下筷子。鲍照《拟行路难》：“对案不能食，拔剑击柱长叹息”，是这两句所本。

[5] 闲来垂钓坐溪上：用周初名臣吕尚的故事。吕尚年老穷困，曾在磻溪垂钓，后遇周文王，为之出谋划策，建功立业，成为周朝开国元勋。

[6] 忽复乘舟梦日边：用商初名臣伊尹的故事。伊尹为奴隶出身，在接受汤（商朝建立者）聘请之前曾梦见自己乘船从日月边经过，后成为汤的丞相。

[7] 歧路：岔路。骆宾王《从军中行路难二首》：“行路难，行路难，歧路几千端。”

[8] 长风破浪：比喻施展政治抱负。《宋书·宗悫传》：“叔父炳，高尚不仕。悫年少时，炳问其志，悫曰：‘愿乘长风破万里浪。’”

选 篇

宣州谢朓楼饯别校书叔云[1]

唐 李白

弃我去者昨日之日不可留，
乱我心者今日之日多烦忧。
长风万里送秋雁，对此可以酣高楼。
蓬莱文章建安骨[2]，中间小谢又清发[3]。
俱怀逸兴壮思飞，欲上青天览明月[4]。
抽刀断水水更流，举杯销愁愁更愁。
人生在世不称意，明朝散发弄扁舟[5]。

注 释

[1] 谢朓楼：一名北楼，又称谢公楼，南齐诗人谢朓任宣城太守时所建。校书：秘书省校书郎的省称。叔云：李白的族叔李云。

[2] 蓬莱文章：指汉代的文章。蓬莱是海山仙山，传说仙人典籍藏于此，汉代官家著述和藏书处为东观，学者也称为“道家蓬莱山”。建安骨：建安风骨，指建安时期曹操、曹丕、曹植父子及建安七子的诗歌风格，以刚健著称。

[3] 中间：指从建安到唐代之间。小谢：谢朓。世称谢灵运为大谢，谢朓为小谢。

[4] 览：通“揽”，摘取。

[5] 散发：不戴冠，有狂放不羁和隐逸不仕的意思。弄扁舟：指浪迹江湖，归隐名山大川。扁舟，小舟。

导读

李白，就其人生理想来说，是失败而不幸的，这从他那临终之作、悲怆绝望的《临路歌》中可以看出。但就其生命过程及每一个当下生存状态来说，则是生动活泼、生龙活虎、浓墨重彩、寻欢作乐的。也就是说，他的生命过程，实在是快快活活的随心适意，肆意为欢。用他自己的话说是“人生得意须尽欢，莫使金樽空对月”，其实呢，他是在“得意”时尽欢，在不“得意”时创造“得意”也要尽欢。“人生在世不称意”时，他不也一样“对此可以酣高楼”？这个“此”，不过就是谢朓楼上极目所见之景罢了。他是“平生不下泪”的，虽然偶然“于此泣无穷”，但只是一瞬间，他永远如同一个孩子，脸上还挂着泪珠，却已在那里兴高采烈了。李白的人生，是兴高采烈的，他的诗文，亦是兴高采烈的——他永远有“高”的兴致，所以他也就有了那么“烈”的文采。

在中国这样一个有着“忧患”传统的文学历史中，找到李白这样一个人实在不容易，他是一个另类，但这是多么伟大的一个另类啊！他从不作严肃状，不作忧心忡忡状，不作忠臣孝子态。对仁义礼智信，他不反感，却也不挂作招牌。他嘲鲁叟，笑孔丘，他视万乘若僚友，合则共事，不合则去，他不拘检而纵逸，不小心而大意。

李白古风、乐府最好——这是说，他在这种体裁中的好诗最多，而不是说他擅长或不擅长哪种诗体——事实上，李白哪种诗体都能玩得转，玩得绝。谁能说他的五、七言律、绝不行？我们只能说他更喜欢用哪种方式来抒发他那不羁之情——对了，因为他的情是“不羁”的，所以，他爱用古风，因为古风在形式上是最少约束的，除了一般性的押韵和节奏，其他都可模糊。李白的天性是“君子善假于物”，在他眼里，那么多诗体，简直是宇宙之间丰盛的大餐，他只取来饕餮，享用，他可不想去烹饪。

我们是觉得他可爱，他那么自信自大，把自己的政治热情与政治理想当成了政治才能，把自己个人发展的欲望当成自己的实际才干，天真也好，幼稚也罢，总之是坦荡磊落。像他这样毫无心机的人，人们怎么能不喜爱？他的人生是艺术的人生，正如杜甫的人生是政治的人生。李白把政治、军事都弄成了诗歌艺术了，又正如杜甫把诗歌写成了政治批评，如果我们不得不向杜甫表示尊敬，那我们更不能不打心眼里喜欢李白。

李白是一个彻头彻尾的享乐主义者，他把自己的生命一用作自我实现，二用作寻欢作乐。用作自我实现，须借助世俗权力，但他一挫于玄宗，二惑于永王，直至被肃宗流放——顺便调侃他一句：他流放的地方亦是以“自大”出名的夜郎——只能归之于失败。而用作寻欢作乐，则只需要自己有一颗为乐之心，一颗无拘无束无所凭依的自由心灵。理想的破灭，上进之路的被堵死，不但不使他心绪颓败，反倒给了他寻欢作乐以足够的道德支持。我们看他的《将进酒》，此时的李白哪里有什么“得意”？但他仍自以为得意，仍要“尽欢”，我用“寻欢作乐”来形容李白的生活态度，证据就在这首诗里。你看他说的：“烹羊宰牛且为乐”，注意“乐”是“为”出来的，而且要代价：不仅要羊、牛，且还要烹、宰，五花马，千金裘也要搭上。人生本苦，苦中作乐，诚为不易！

全诗由悲（悲白发）到欢（尽欢）到乐（为乐），渐入狂放，渐入愤激。欢而且谑，并且是恣意为之。人生悲苦的底色太浓，不如此肆意涂抹，如何盖得过？在一番狂欢放荡之后，突然的一句：与尔同销万古愁！猛然收束，令人惊愕，令人顿悟：原来这一切，都不过是为了消愁，且是万古之愁，何其深重，何其积重难返！此时我们才想起开头的那两个气势磅礴的长句，原来他早已把生命短暂的“惊心动魄”的真相，作为他人生的前提。

夫天地者，万物之逆旅；光阴者，百代之过客。而浮生若梦，为欢几何？古人秉烛夜游，良有以也。况阳春召我以烟景，大块假我以文章……开琼筵以坐花，飞羽觞而醉月，不有佳作，何伸雅怀？……

《春夜宴从弟桃花园序》

“天地不仁，以万物为刍狗”（《老子》），但，另一方面，又给我们以丰富的馈赠：阳春召我以烟景，大块假我以文章。况“造化钟神秀”（杜甫《望岳》），像李白这样的“神秀”杰出之士，生命历程定不寂寞，定不枯燥，定不索然寡味。是的，这人生固然如梦如烟，固然“为欢几何”，但我们仍可以活得开开心心，活得热热烈烈，活得浓墨重彩，活得有滋有味。我们可以在花丛中开琼筵，可以在朗月下飞羽觞——李白早告诉了我们：“清风明月不用一钱买，玉山自倒非人推”……好的，我们就来看看他的《襄阳歌》吧——

落日欲没岘山西，倒著接䍦花下迷，
襄阳小儿齐拍手，拦街争唱《白铜鞮》。
傍人借问笑何事，笑杀山翁醉似泥。
鸬鹚杓，鹦鹉杯。
百年三万六千日，一日须倾三百杯。
…………

这样的诗，真令我们心花怒放。这是一种彻底的享乐主义，享乐得如此心安理得，如此张扬而大放厥词，不仅自己沾沾自喜，洋洋自得，而且对别人津津乐道，眉飞色舞。“百年三万六千日，一日须倾三百杯”，直把人生的所有时光，人生的所有追求与价值，都与“酒”——这一享乐的代表——连在一起，而且还大有舍此岂有他哉的味道。古来圣贤，归于寂寞，功名富贵，归于烟灭。羊公善政美名，遗忘于人心，襄王云雨风流，淘尽于江流。没有永恒，没有明天，只有当下欢乐。千秋万岁名，不如即时一杯酒。若分析这首诗的构成元素，大约有三分癫狂，三分嘲弄，三分玩世，再加一分沾沾自喜，自我欣赏。他甚至说出“舒州杓，力士铛，李白与尔同死生”的话来，真让人跌足长叹！

读这样的诗，若不被感染得意气横生，不能被激发出对生命的热烈的爱，反而蹙眉作“道德”状，说他消极享乐，真是装腔作势！

杜甫曾疑惑李白“痛饮狂歌空度日，飞扬跋扈为谁雄”（《赠李白》），不为谁，就为了他自己这副可爱德性。他天生才雄，天生狂放，天生好酒量，好诗才，天生一副寻欢作乐的脾气与福气，他要“兴酣落笔摇五岳，诗成笑傲凌沧洲”（《江上吟》），我们有什么办法？

李白有直透人生悲剧本质的大本领，所以他的诗总是能由具体与个别而直达抽象与一般，以形象的语言表达抽象的人生感悟，他花天酒地，欢天喜地，一派繁华：可就在这一派似锦繁华之中，在洒脱无待，一丝不挂，一意孤行，一往无前之时，他又那么一往情深，他时时陷入悲凉之中而一往不复——

青天有月来几时？我今停杯一问之。
人攀明月不可得，月行却与人相随。
皎如飞镜临丹阙，绿烟灭尽清辉发。
但见宵从海上来，宁知晓向云间没。
白兔捣药秋复春，嫦娥孤栖与谁邻？
今人不见古时月，今月曾经照古人。
古人今人若流水，共看明月皆如此。
唯愿当歌对酒时，月光长照金樽里。

——《把酒问月》

苏东坡式的彻骨悲凉与自我安抚，已遥伏在李白的语言花丛之中。

大凡天才，内心中总有一种不可名状的悲凉。这悲凉大约来自天才智力上的穿透力：穿透了一切繁华表象，看到了生命那悲哀的核。

嘉言撷英

1. 我寄愁心与明月，随君直到夜郎西。
2. 花间一壶酒，独酌无相亲。举杯邀明月，对影成三人。
3. 明月出天山，苍茫云海间。长风几万里，吹度玉门关。
4. 云想衣裳花想容，春风拂槛露华浓。
5. 且乐生前一杯酒，何须身后千载名。
6. 今人不见古时月，今月曾经照古人。
7. 两岸青山相对出，孤帆一片日边来。
8. 仰天大笑出门去，我辈岂是蓬蒿人。
9. 停杯投箸不能食，拔剑四顾心茫然。
10. 安能摧眉折腰事权贵，使我不得开心颜。

第四节　沉郁顿挫：诗圣的家国情怀

学于杜者，须知其言高旨远，一也；奇警而出之自然，流吐不费力，二也；随意喷薄，不装点做势安排，三也；沉着往来，不拘一定而自然中律，四也。

——方东树

选　篇

羌村

唐　杜甫

其一

峥嵘赤云西[1]，日脚下平地[2]。
柴门鸟雀噪[3]，归客千里至[4]。
妻孥怪我在[5]，惊定还拭泪[6]。
世乱遭飘荡，生还偶然遂[7]！
邻人满墙头[8]，感叹亦歔欷[9]。
夜阑更秉烛[10]，相对如梦寐[11]。

其二

晚岁迫偷生[12]，还家少欢趣[13]。
娇儿不离膝，畏我复却去[14]。
忆昔好追凉[15]，故绕池边树。
萧萧北风劲[16]，抚事煎百虑[17]。
赖知禾黍收[18]，已觉糟床注[19]。
如今足斟酌，且用慰迟暮[20]。

其三

群鸡正乱叫，客至鸡斗争[21]。
驱鸡上树木，始闻叩柴荆[22]。
父老四五人，问我久远行[23]。

手中各有携，倾榼浊复清[24]。
莫辞酒味薄，黍地无人耕[25]。
兵革既未息[26]，儿童尽东征。
请为父老歌[27]，艰难愧深情[28]。
歌罢仰天叹，四座泪纵横[29]。

注释

[1] 峥嵘：山高峻貌。这里形容云峰重叠。赤云：被太阳映得通红的暮云。赤云之西，因为太阳在云的西边。

[2] 日脚下平地：形容阳光穿过云缝照耀下来，像是太阳的脚。这两句是写未到时的远望。

[3] 柴门：指诗人的家门。

[4] 千里至：杜甫是辗转徒步走回来的，“千里至”三字，包含着无尽的辛酸和喜悦。

[5] 妻孥（nú）：妻子和儿女。妻子对于丈夫的突然出现，惊喜、怀疑、奇怪之余，只是发愣，故说“怪我在”。

[6] 惊定还拭泪：与上句连读，妻子惊魂既定，心情复常，方信是真，一时悲喜交加，泪流满面，描写细致、深刻、生动，展现了一个生死无知、久别重逢的感人场面。

[7] 遂：如愿以偿。偶然：二字极富表现力，写出诗人对动荡人生的无限感慨。

[8] 满墙头：乡村里，农家屋舍四周的墙头很矮，人可以隔墙观望。

[9] 歔（xū）欷（xī）：叹息、哽咽、悲泣之声。

[10] 夜阑：深夜。更：又。秉：拿着。

[11] 相对如梦寐：这是因为九死一生，久别初逢，兴奋之时，不忍去睡，也不能入睡，故重新掌灯，面面相对，仍怀疑是在做梦一般。

[12] 晚岁：即老年。迫偷生：指奉诏回家。

[13] 少欢趣：杜甫以为当此万方多难之时自己却待在家里实在是一种可耻的偷生。

[14] 畏我复却去：这句当在“畏”字读断，是上一下四的句法。却，指“即”。却去，犹“即去”或“便去”。意思是指孩子们发觉爸爸“少欢趣”，担心父亲回家不几天又要走。

[15] 忆昔：指上一年六七月间。追凉：追逐凉爽的地方，即指下句。

[16] 萧萧北风劲：杜甫归家在当年的闰八月，此时，西北天气已寒，故有此景象。

[17] 煎百虑：受种种忧虑的煎熬。思虑家事则满目凄凉，思虑国事则胡骑猖獗，因而忧心如焚。

[18] 赖：有全亏它的意思。杜甫还家，心事重重，内心如焚，要是再没酒，简直就得愁死。

[19] 糟床：即酒醉。注：流，指酒。

[20] “如今”两句：此两句是自我安慰之语。酒还没酿出，“足斟酌”是预计有酒够喝。“且用慰迟暮”，姑且用它（酒）来安慰老年，麻醉自己一下吧。

[21] 斗争：争斗，搏斗。

[22] 柴荆：犹柴门，也有用荆柴、荆扉的，园子篱笆门。最初的叩门声为鸡声所掩，这时才听见，所以说“始闻”。

[23] 问：带着礼物去探望人。父老乡亲拎着酒来看杜甫，故说“问我”。

[24] 榼（kē）：酒器。

[25] 黍（shǔ）：黍子。

[26] 兵革：指战争。

[27] 请为父老歌：一表感谢，二表宽慰。

[28] 艰难愧深情：“艰难”二字紧对父老所说的苦况。来处不易，故曰艰难。惟艰难足见情深，令人感愧。由此可见乡民品质对诗人的感化作用。

[29]“歌罢”二句：杜甫一向“自比稷与契”“穷年忧黎元”，这时又正做着左拾遗，面对灾难深重的乡民，而且自己还喝着他们的酒，不能不仰天而叹以至泪流满面。

导读

杜甫（712年—770年），字子美，原籍湖北襄阳，后徙河南巩义市，自号少陵野老，世称杜少陵、杜拾遗、杜工部，唐代伟大的现实主义诗人，与李白并称“李杜”，后人尊之为“诗圣”，其诗被称为“诗史”。

唐玄宗天宝十四载（755年），“安史之乱”爆发。大唐王朝自此元气大伤，由盛而衰。不仅如此，内乱更给广大民众带来深重的苦难。756年，长安陷落。杜甫与普通民众一样，卷入战争狂澜，四处逃难，辗转流浪，多次身陷贼手，亲身体验了战乱的凶险与危害。

唐肃宗至德二载（757年）五月，杜甫任职左拾遗不久，因上书援救被罢相的房琯而触怒肃宗，差点掉了脑袋。八月，诗人奉命离开凤翔，回鄜州羌村探望家小。此前，杜甫与家人已有十多个月没通音信，兵荒马乱，生死不明，传说纷纭，杜甫当时的心情十分焦虑。诗人先陷于贼，后逐于朝，历尽艰险，迭遭磨难，终于平安与家小相聚，不禁感慨万千，于是写下了著名的五言组诗《羌村》三首。

《羌村》三首是组诗，又称“连章体”，三首诗内容各异，各自独立又蝉联而下、相互联系。第一首着重写诗人初抵家门、与家人乱世重逢的悲喜交集的情景；第二首写诗人还家后的矛盾忧苦、百虑煎心之感；第三首写父老携酒慰问，共谈时事，感叹战乱造成田园荒芜、生活艰难。诗歌从三个角度展现了杜甫回家省亲时的社会生活画面，客观真实地再现了战乱年代民众饥寒交迫、妻离子散、朝不保夕的悲苦境况，构成了一组还乡“三部曲”，一幅时代“乱离图”。全诗熔叙事、抒情、写景于一炉，结构严谨，语言质朴，情真意切，具有高度的艺术概括力和典型性，体现了杜甫沉郁顿挫的鲜明诗风，表现了诗人迭遭磨难的生活苦难和忧国忧民的醇厚情怀。

第一首写诗人辗转千里回归家门、合家欢聚悲喜交集的种种感人情景。诗人先写黄昏的景象，夕阳西下，云霞漫天，光影着地，柴门雀噪，归客还家，一片宁静、凄清。接着写初见家人、邻里时悲喜交集之状，连用三个画面——妻孥惊怪、邻里围观、秉烛夜对，简洁、形象、生动而富于表现力，真实刻画了战乱年代生还之人特有的心理情感，折射出“安史之乱”给社会大众所带来的深重灾难。

第二首写诗人还家以后的苦闷不安又无可奈何的矛盾心情。先写无聊寡欢的情状。诗人自感幸运，乱世生还，实属偶然。诗人心怀天下，感到一种沉重的责任，不愿苟且偷生，因而思前想后，百虑煎心，郁郁寡欢，连孩子也有所察觉，担心父亲又一次离去。末四句写秋收已毕，新酒将酿，料想糟床汩汩流淌的情景，聊以自慰解愁。凡此种种，表达出诗人身处乱世有心报国而不甘苟且偷生的心态。

第三首写父老乡邻来访，乡情感人，诗人感到愧对深情，表现乡村凋敝、乡民生活的艰难。先写群鸡乱斗惊叫，安排一个有趣的序曲，显出村野生活情趣。接着写父老四五人携酒慰问，民风淳厚，乡情感人。再写主客对话，时世艰难，存活不易，耐人寻思，催人泪下。最后写主人高歌以谢，仰天长叹，愧对深情，四座涕泪。语词沉痛，内涵丰富，意境幽深，情难自禁。

《羌村》三首就是这样通过北方乡村之一角，以诗人自己真切的生活经历和感受，描绘出安史之乱时期惨烈的社会现实，抒发了诗人心系天下、忧国忧民的情怀，极具概括力和典型意义。

其艺术特征鲜明：

第一，结构严谨，构思宏阔而独特，思绪零落又清晰，各章独立成篇，又相互联结，构成一个完整的统一体。第一首是组诗的总起，以兴法开篇，写初见家人，突出特定的生活氛围和时代背景。第二首叙还家后事，诸事熬煎，上承“妻孥”句而言及“偷生”，下启面对父老而言“艰难愧深情”。第三首写邻人的探望、交往，上承“邻人”句；写斟酒，承“如今足斟酌”意；最终归结到忧国忧民、伤时念乱，构成组诗的尾声，言虽尽而意无穷。诗人从还家情事中抽选三个有代表性的生活片段加以描绘，各章既笔墨集中，又能以点概面，并利用章与章的自然停顿，造成幕闭幕启的效果，给读者以想象与联想的空间。所以，组诗篇幅虽然不大，但内容丰赡、思想感情含蓄而深沉。

第二，思想性和艺术性高度统一，情感丰富而悲凉，表现平实又含蓄蕴藉。组诗相继写了诗人鄜州探亲与家人生死重逢的场景、归家后百虑煎心的情怀、父老乡亲的深情慰问，景实情真，内容务实，画面经典，笔致突出，反映出战乱给社会大众所造成的共同的伤害和灾难，展现的是国家命运和时代风云，抒发的是诗人忧国忧民的伟大情怀，达到了寓深于浅、以小见大、平中见奇的艺术效果。

第三，组诗熔叙事、抒情、写景于一炉，特别善于用白描手法，以典型细节刻画人物及其心里情感。诗歌所写，均取材于一时见闻和感受，平实普遍，但笔触细腻，能抓住典型的生活情景与人物心理活动，因而自然逼真，表现力超强，耐人寻味。写景如“柴门鸟雀噪”“邻人满墙头”“群鸡正乱叫”等，摹写村落田家，情事如见。写人如“妻孥怪我在，惊定还拭泪”“夜阑更秉烛，相对如梦寐”，穷极人物情态。又如“娇儿不离膝，畏我复却去”，写幼子倚人情状，栩栩如生。如此等等，充分体现了诗人白描之功力。诚如王慎中所言，“一字一句，镂出肺肠，才人莫知措手；而婉转周至，跃然目前，

又若寻常人所欲道者。”（仇兆鳌《杜诗详注》引）

另外，组诗语言自然朴实，以口语入诗，音韵谐调，诗意凝练，创造了浓郁的抒情气氛。

选篇

登高[1]

唐 杜甫

风急天高猿啸哀[2]，渚清沙白鸟飞回[3]。
无边落木萧萧下[4]，不尽长江滚滚来。
万里悲秋常作客[5]，百年多病独登台[6]。
艰难苦恨繁霜鬓[7]，潦倒新停浊酒杯[8]。

注释

[1] 登高：农历九月九日为重阳节，历来有登高的传统习俗。

[2] 猿啸哀：长江三峡中多猿猴，叫声凄厉。

[3] 渚（zhǔ）：水中的小洲。鸟飞回：鸟在急风中飞舞盘旋。

[4] 落木：指秋天飘落的树叶。萧萧：风吹落叶的声音。

[5] 万里：指远离故乡。常作客：长年漂泊四方、客居他乡。

[6] 百年：常言人生不过百,百年在此指代一生。作者此时已经年过半百，已到人生的晚年。

[7] 艰难：兼指时事、人生及自身命运。苦恨：极恨，极其遗憾。苦，极。恨，遗憾。繁霜鬓：增多了白发，如鬓边着霜雪。繁，这里作动词，增多。

[8] 潦倒：衰颓，困顿，失意。这里指衰老多病，志不得伸。新停：新近停止。杜甫晚年因肺病戒酒，所以说“新停”。

导读

《登高》一诗大约作于唐代宗大历二年（767 年）秋天，后归于《杜工部集》。其时，杜甫已五十六岁，客居夔州，极端困窘。“安史之乱”已结束了四年时间，但大乱止了，小乱未息，地方军阀乘势而起，争抢地盘，边疆外敌屡屡入侵，狼烟频起，唐王朝国势颓靡、江河日下。时势动乱，生存艰难。杜甫贫病交加，一路颠簸，日思夜想重返故乡，但他的归乡之旅并不顺畅，来回折返，投亲靠友，四处漂泊，最后才走到了夔州。这一年秋天，适逢重阳，杜甫独自登上夔州白帝城外的高台，登高远眺。望中所见，秋风萧瑟，大江波涌，落叶潇潇，前路茫茫，触景生情，想自己只身飘零，老病孤愁，不禁悲从中来，百感交集。于是，他写下了这首被誉为“七律之冠”的《登高》。

此诗前四句写景，后四句抒情。前四句叙述登高见闻，紧扣深秋季节，描绘了眼前江边秋野景致，空旷寂寥，气象森严；从局部近景，写到整体远景，视角上下远近自如迁移，形、声、色、态，一一绘来，色彩纷呈，井然有序，景中寓情，意蕴深沉。后四句抒发登高所感，围绕自我身世遭逢，从时间、空间两方面着笔，抒发了穷困潦倒、年老多病、漂泊他乡的悲哀之情。颈联自伤身世，揭出前四句景致所蕴含的比兴、象征、暗示之意；尾联仰天长叹，以哀愁病苦的诗人自我形象收束，“无限悲凉之意，溢于言外”（胡应麟《诗薮》），刻画了忧国、伤时、思乡、念家、喟叹人生的复杂心绪。

1. 融情入景，写法错综。

诗歌前半写景，后半抒情，融情于景，情景交融。写景，画面开阔，气象飞动，兼用比兴、象征、暗示，含蓄地表达了身世飘零、生命易逝、国势衰颓、自然无情的悲怆。抒情，将身世之感、家国之思、自然之悲，浸润在自我一生漂泊不定、孤苦无依的经历、遭遇之中，内蕴丰赡含蓄。

2. 用语精炼，格律精严。

这首诗八句几乎皆对。首联是句内对举，“风急”对“天高”，“渚清”对“沙白”，联间“猿啸”与“鸟飞”对仗，但整体又不对仗，因为“哀”与“来”都是平声，且已入韵。颔联和颈联都是标准的对仗，其中，颈联是宽对。尾联并不对仗，但“艰难”与“潦倒”相对，让句式看起来十分工整。诗中“哀”“回”“来”“台”“杯”，均属平声灰韵，押韵非常标准。整首诗语言精练，平仄合律，对仗工稳，用韵标准，句式工整中又富于变化，格律运用技巧圆通臻至化境。

3. 气象高浑博大，情感沉郁悲凉。

全诗气势飞动，境界阔大，色彩纷呈，层次逶迤，思绪纷飞，情感深沉，风格悲凉，震撼人心，高浑一气，独步古今。宋代罗大经的《鹤林玉露》说：“杜陵诗云：‘万里悲秋常作客，百年多病独登台。’万里，地之远也；悲秋，时之惨凄也；作客，羁旅也；常作客，久旅也；百年，暮齿也；多病，衰疾也；台，高迥处也；独登台，无亲朋也。十四字之间含有八意，而对偶又极精确。”

明代胡应麟在《诗薮》中评曰：“（此诗）如海底珊瑚，瘦劲难明，深沉莫测，而力量万钧。通首章法，句法，字法，前无昔人，后无来学……然此诗自当为古今七律第一，不必为唐人七言律第一也。”

嘉言撷英

1. 白日放歌须纵酒，青春作伴好还乡。
2. 丛菊两开他日泪，孤舟一系故园心。
3. 为人性僻耽佳句，语不惊人死不休。
4. 露从今夜白，月是故乡明。

5. 会当凌绝顶，一览众山小。
6. 星垂平野阔，月涌大江流。
7. 出师未捷身先死，长使英雄泪满襟。
8. 正是江南好风景，落花时节又逢君。
9. 尔曹身与名俱灭，不废江河万古流。
10. 安得广厦千万间，大庇天下寒士俱欢颜！

第五节 顺天致性：柳宗元的养人之术

天于生子厚，禀予独艰哉。超凌骤拔擢，过盛辄伤摧。苦其危虑心，常使鸣声哀。投以空旷地，纵横放天才。山穷与水险，上下极沿洄。故其于文章，出语多崔嵬。

——欧阳修

选篇

种树郭橐驼传

唐 柳宗元

郭橐驼[1]，不知始何名。病瘘[2]，隆然伏行[3]，有类橐驼者[4]，故乡人号之[5]“驼”。驼闻之，曰：“甚善。名我固当[6]。”因舍其名，亦自谓橐驼云。

其乡曰丰乐乡，在长安西。驼业种树，凡长安豪富人为观游及卖果者[7]，皆争迎取养[8]。视驼所种树，或移徙，无不活，且硕茂，早实以蕃[9]。他植者虽窥伺效慕[10]，莫能如也。

有问之[11]，对曰：“橐驼非能使木寿且孳也[12]，能顺木之天[13]，以致其性焉尔[14]。凡植木之性，其本欲舒[15]，其培欲平[16]，其土欲故，其筑欲密[17]。既然已，勿动勿虑[18]，去不复顾[19]。其莳也若子[20]，其置也若弃[21]，则其天者全而其性得矣[22]。故吾不害其长而已[23]，非有能硕茂之也[24]；不抑耗其实而已[25]，非有能早而蕃[26]之也。他植者则不然，根拳而土易[27]，其培之也，若不过焉则不及[28]。苟有能反是者，则又爱之太恩[29]，忧之太勤[30]，旦视而暮抚，已去而复顾，甚者爪其肤以验其生枯[31]，摇其本以观其疏密[32]，而木之性日以离矣[33]。虽曰爱之，其实害之；虽曰忧之，其实仇之，故不我若也[34]。吾又何能为哉！”

问者曰：“以子之道，移之官理[35]，可乎？”驼曰：“我知种树而已，官理，非吾业也。然吾居乡，见长人者好烦其令[36]，若甚怜焉[37]，而卒以祸[38]。旦暮吏来而呼曰：‘官命促尔耕[39]，勖尔植[40]，督尔获[41]，早缫而绪[42]，早织而缕[43]，字而幼孩[44]，遂而鸡豚[45]。’鸣鼓而聚之[46]，击木而召之[47]。吾小人辍飧饔以劳吏者[48]，且不得暇，又何以蕃吾生而安吾性耶[49]？故病且怠[50]。若是[51]，则与吾业者[52]其亦有类乎？”

问者曰：“嘻，不亦善夫[53]！吾问养树，得养人术[54]。”传其事以为官戒。

注释

[1] 橐（tuó）驼：骆驼。这里指驼背。
[2] 病瘘（lòu）：患了脊背弯曲的病。
[3] 伏行：脊背突起而弯腰行走。
[4] 有类：有些像。
[5] 号之：给他起个外号。号，起外号。
[6] 名我固当：这样称呼我确实恰当。
[7] 为观游：经营园林游览。
[8] 争迎取养：争着迎接雇用（郭橐驼）。
[9] 早实：早结果实。
[10] 窥伺效慕：暗中观察，羡慕效仿。
[11] 有问之：有人问他（种树的经验）。
[12] 寿且孳（zī）：活得长久而且繁殖茂盛。孳，繁殖。
[13] 天：指自然生长规律。
[14] 致其性：使它按照自己的本性成长。
[15] 本：树根。欲：要。舒：舒展。
[16] 培：培土。
[17] 筑：捣土。密：结实。
[18] 勿虑：不要再担心它。
[19] 去：离开。顾：回头看。
[20] 其：如果，连词。莳（shì）：栽种。若子：像对待子女一样精心。
[21] 置：放在一边。若弃：像丢弃了一样不管。
[22] 则其天者全而其性得矣：那么树木的生长规律可以保全而它的本性得到了。
[23] 不害其长：不妨碍它的生长。而已：罢了，句末语气词连用。
[24] 硕茂：使动用法，使高大茂盛。
[25] 不抑耗其实：不抑制、损耗它的果实（的成熟过程）。

[26] 早而蕃（fán）：使动用法，使……（结实）早而且多。
[27] 根拳：树根拳曲。土易：更换新土。
[28] 若不过焉则不及：如果不是过多就是不够。
[29] 爱之太恩：爱它太情深。
[30] 忧之太勤：担心它太过分。
[31] 甚者：更严重的。爪其肤：掐破树皮。验：检验，观察。生枯：活着还是枯死。
[32] 疏密：指土的松与紧。
[33] 日以离：一天天地失去。
[34] 不我若：不若我，比不上我。
[35] 理：治理百姓。
[36] 长（zhǎng）人者：为人之长者，指当官治民的地方官。烦其令：不断发号施令。烦，使繁多。
[37] 若甚怜：好像很爱（百姓）。
[38] 卒以祸：以祸卒，以祸（民）结束。
[39] 官命：官府的命令。促尔耕：催促你们耕田。
[40] 勖（xù）：勉励。植：栽种。
[41] 督：督促。获：收割。
[42] 早缫（sāo）而绪：早点缫好你们的丝。缫，煮茧抽丝。
[43] 早织而缕：早点纺好你们的线。缕，线。
[44] 字：养育。
[45] 遂而鸡豚（tún）：喂养好你们的鸡和猪。
[46] 聚之：召集百姓。聚：使聚集。
[47] 木：这里指木梆。
[48] 吾小人：我们小百姓。辍飧（sūn）饔（yōng）：不吃饭。辍，停止。飧，晚饭。饔，早饭。劳吏者：慰劳当差的。
[49] 蕃吾生：繁衍我们的生命，即使我们的人口兴旺。安吾性：安定我们的生活。性，生命。
[50] 病且怠：困苦又疲劳。病，困苦。怠，疲倦。
[51] 若是：像这样。
[52] 与吾业者：与我同行业的人，指“他植者”。
[53] 不亦善夫：不是很好吗？
[54] 养人：养民，唐人避唐太宗李世民名讳，改“民”为“人”。

导读

柳宗元（773年—819年），少精敏，于学问无不通达，贞元九年（793年）二十一岁登进士第，二十六岁又中博学鸿词科，曾任集贤殿书院正字、蓝田尉等职。永贞元年（805年），唐顺宗即位，王叔文执政，奇其才，擢柳为礼部员外郎，成为王叔文、王伾的所谓“外党”，积极参与改革。“二王”在历史上的名声不佳，但这实在是因为“历史是胜利者写的”的原因。实际上，即便在新、旧《唐书》和《资治通鉴》中，二王虽然轻躁专权而遭人嫉恨，却弄权而不作恶。他们当权时的作为，大都是对国事有益的而不是有害的。他们的这次革新是短命的。顺宗年初即位，至七月太子监国，仅六个月左右，且王叔文在六月已因母丧而去位，王伾失据，八月，宪宗即贬王伾为开州司马、贬王叔文为渝州司户，王伾不久病死贬所，第二年，王叔文被赐死，而柳宗元、刘禹锡等亦“一斥毁终身”。过错如此轻微而处分如此严厉，唯求死灰不燃，实为有唐以来罕见。柳宗元在《与萧俛书》中说：

仆当时年三十三，甚少。自御史里行得礼部员外郎，超取显美，欲免世之求进者怪怒媢嫉，其可得乎？

永贞元年（805年）九月，柳宗元被贬邵州刺史，在赴邵州途中，因为“朝议”自员外郎贬为刺史“贬之太轻”，再贬永州司马。在此前后被贬的共有八人：柳宗元、韩泰、程异、韩晔、刘禹锡、陈谏、凌准、韦执谊。这是被王安石称为“天下之奇才”（《读柳子厚传》）的人才集团。

本文则是一篇兼具寓言和政论色彩的传记文，也是一个讽喻性极强的寓言故事。

柳宗元善写寓言故事，为表达政治理念这样一个宏大话题，他用讲故事的形式娓娓道来。如果没有后来的政治风波，柳宗元应该可以成为一个温和睿智的改革派。可是人生没有如果，历史更没有如果。

开篇先介绍主人公郭橐驼及其称呼由来，描述的是一个其貌不扬的驼背老头儿，而且这个老头儿对别人给他的外号也安之若素。但第二段却描写了这个驼背老人的过人之处。用大家争相购买其所种之树来衬托其种树之卓异才能，用其他种树者纷纷效仿却相差甚大，强调突出其种树方法之妙。同时也极大调动了读者的阅读兴趣，设置了悬念，让人不禁好奇这个驼背老人有何奇特之处。

第三段是文章的核心，郭橐驼开口自授妙招，讲其种树方法。在讲述过程中，看似在讲种树，却字字如在讲述养人之道。橐驼的第一句话为总起句，其种树之道就在于“能顺木之天，以致其性焉尔”。这不和现代教育理论顺应人的天性是一样的道理吗？接下来用其自己种树之道和他人种树之法进行对比描写，突出其顺应树木天性的养树之道。关于他人的养树之方，作者又用了正反对比方法。一种是爱之不及，随便找来一捂土，根系蜷曲着就胡乱埋了下去。一种是爱之太过，早晚探视，时不时抓破树皮，时不时摇摇其根，最后干脆一句道出实质，“虽曰忧之，其实仇之”。看似是爱，其实是害。柳宗元实在是一个慧眼之人。

每位读者读罢此段，都不禁莞尔。若是为人父母，仿佛看到自己抚育孩子时候的情景，或是爱之不足，或是关心过度。若是为政之人，或是看到自己怠政的一面，或是自己扰民的一面。

接下来，作者由种树之理移到了为官之道。作者还是借橐驼之口，写出了他眼中观察到的官吏，看似是督促百姓耕种，其实则是增加百姓负担，挤占百姓农时，使百姓“不得暇”，没有空闲“蕃吾生而安吾性”。

结尾直抒胸臆，直接表明从郭橐驼的种树道理中得到了“养人术”。

作者借一个假托的人物，使用隐喻的手法，采用寓言体传记散文的形式，表达出养民之术关键在于顺天致性，讽喻中唐吏治扰民伤民的弊端。

清代储欣在《唐宋八大家类选》评道：“顺木之天，其义类甚广，为学养生，无不可通。然柳氏自为长人者而发。后世并促耕督获之呼，亦无暇及矣。叫嚣隳突，鸡犬不宁，如《捕蛇者说》所云，则无间日夜也。悲夫！”将本文之义与《捕蛇者说》相联系，正是抓住了柳宗元对时事政治与执政者弊病的看法。

这篇文章除了显示出柳宗元的温和睿智之外，还显示出其浓厚的现代平等意识。对于为官之理，作者提到的是“养民之术”，而中国古代官吏使用的则是“牧民之术”。《管子》中有《牧民》一卷，讲述的就是国君治理之道。苏轼在湖州上任时，上表谢主隆恩，末尾有一句话：“陛下知其愚不适时，难以追陪新进；察其老不生事，或能牧养小民。”当时的官吏就是借助这一句话诬陷苏轼而造成历史上著名的乌台诗案。这自然是官场上借文字而打压政敌的手段，但从这段文字中也不难看出，即使是在统治手段相对温和的宋代，朝臣官吏对于管理的认识也普遍是“牧民”，而非柳宗元所提到的“养民”。因此柳宗元提出的“养民”已经远超封建时代，具有现代民主的平等意识。

顺养本性，这也是老庄道家思想的一个重要方面。正如前面写到的，它与当今教育的理念正相合。怎样是好的教育？教育自然要有改变的过程，但不是死板的拘束，甚至是扭曲人的天性。应该是在本性的基础上，引导激发人的内在生命活力，使其更为自在地成长。这也是郭橐驼的秘诀吧。

当然，柳宗元的文学贡献还体现在山水文学的创作上。改革历来是不容易的，也是充满风险的，永贞革新直接触犯到了宦官集团的利益。宦官扶持的皇帝李纯上台之后，柳宗元先是被贬谪到湖南永州，接下来又被贬到更远的广西柳州。柳宗元调转方向，向永州而来。“俊杰廉悍”“踔厉风发”的柳宗元，为这六个月的得志，将付出一生的代价。当他在赴永州的途中蹉跎时，面对隆冬肃杀，他的内心，更是一片荒凉。

《始得西山宴游记》开篇写道：“自余为僇人，居是州，恒惴栗。”这是他当时的处境与心境。处境：僇人，贬谪之人、罪人。心境：恐惧、忧谗畏讥。他不知道那些朝中的人还会加给他什么样的罪名与打击。王伾已病死贬所，王叔文已经被赐死。凌准、韦执谊亦相继死在贬所。风声鹤唳，危机四伏；朝不虑夕，如履薄冰。同时，我们注意“是州”这个词：这个州。用“是”来称谓永州，见出他对此州的陌生感、排斥感、疏离感。此词在此段最后再次出现：“以为凡是州之山水有异态者。”可见一种外来客的心态。身心矛盾要统一，主（自己）客（永州）距离要拉近，唯山水可以弥合此矛盾，拉近此关系，而那真能慰藉心灵的山水在何处？

元和四年（809年），柳宗元一口气写下了四篇连贯的游记，两年多以后，元和七年

（812年），又写下了与之相连贯的四篇，是为“永州八记”。柳宗元在山水之中体会到了心灵的安宁，不再焦躁，换得一片宁静！宁静是心灵之大美，是心灵渴慕的最高境界！作者至此如释重负，得大解脱。

“永州八记”标志着中国古代山水游记的成熟——一种文体自由的、风格个性化的、抒情性很强的游记体，宣告诞生。

嘉言撷英

1. 若为化作身千亿，散向峰头望故乡。
2. 春风无限潇湘意，欲采蘋花不自由。
3. 烟销日出不见人，欸乃一声山水绿。
4. 清泠之状与目谋，瀯瀯之声与耳谋，悠然而虚者与神谋，渊然而静者与心谋。
5. 悠悠乎与颢气俱，而莫得其涯；洋洋乎与造物者游，而不知其所穷。
6. 业精于勤，荒于嬉。行成于思，毁于随。
7. 师者，所以传道、授业、解惑也。
8. 大凡物不得其平则鸣。
9. 蚍蜉撼大树，可笑不自量。
10. 焚膏油以继晷，恒兀兀以穷年。

第六节　盛世余晖：小李杜的风流蕴藉

一种风流吾最爱，南朝人物晚唐诗。

——大沼枕山

选　篇

赤壁[1]

唐　杜牧

折戟沉沙铁未销[2]，自将磨洗认前朝[3]。
东风不与周郎便[4]，铜雀春深锁二乔[5]。

注释

[1] 赤壁：山名，在今湖北蒲圻西北，长江南岸，耸峙江边，山石呈赭红色。汉末著名的赤壁之战即发生于此处。而本诗为作者任黄州刺史时所作，黄州（今湖北黄冈市）城外有赤鼻矶，与孙刘曹三国大战处无关，作者发现断戟的地方可能即是此赤鼻而非彼赤壁，仅以之抒慨罢了。

[2] 折戟：折断了的戟。戟，古代一种长兵器。

[3] 将：拿起。认前朝：辨认出是古代的遗物。

[4] 周郎：周瑜。

[5] 铜雀：台名，建安十五年（210 年）曹操为了晚年的享乐所建，因楼台顶端立有巨大铜雀而得名。故址在邺城（今河北临漳西）。二乔：东吴乔公的两个女儿，大乔嫁孙策，小乔嫁周瑜，均有美色。乔，一作“桥”。

选篇

泊秦淮[1]

唐　杜牧

烟笼寒水月笼沙[2]，夜泊秦淮近酒家。
商女不知亡国恨[3]，隔江犹唱后庭花[4]。

注释

[1] 秦淮：即秦淮河。

[2] “烟笼”句：朦胧的月色和轻烟淡雾笼罩着寒水和岸沙。“烟”“月”是互文见义。

[3] 商女：歌女。

[4] 江：这里指秦淮河。后庭花：即《玉树后庭花》，南朝陈后主（陈叔宝）所作，有“玉树后庭花，花开不长久”之句。后人称之为亡国之音。

导读

《赤壁》前两句平淡，后二句精深。

平淡一般不好，但用在开头，往往给后面留下更大的空间，如曹操《观沧海》“东临碣石，以观沧海”平铺直叙，但后面“日月之行，若出其中。星汉灿烂，若出其里”的境界却因此生出。

此诗前二句也只是平淡的叙述：作者捡到了一根锈迹斑斑的废铁，拿去磨一磨，洗一洗，认出是古代的戟的残体。这两句谁都能写得出。但下面两句就只有他能写得出了。

后二句精深在哪里？

一是以议论入诗，笔力豪健。

二是以二乔被掳寓东吴灭亡，以小见大，言近旨远，巧于立言。

三是含蓄地从蔑视周瑜下笔，写出自己怀才不遇之感。好像在说："我知军事，懂经济，有志向，万事俱备，我的东风在哪里？"

关于这第二点，补充一点史料。

宋许顗《彦周诗话》："杜牧之作《赤壁》诗，……意谓赤壁不能纵火，为曹公夺二乔置之铜雀台上也。孙氏霸业，系此一战。社稷存亡，生灵涂炭，都不问，只恐提了二乔，可见措大不识好恶。"冯集梧《樊川诗集注》反驳说："诗不当如此论，此直村学究见识，岂足与语诗人言近旨远之故乎！"

许顗贬杜牧为"措大"（乡巴佬），冯集梧又骂许顗为"村学究"，有趣。但杜牧之不为"措大"，明矣。而许顗的见识，至少在这首诗的理解上，确实如同"村学究"。

杜牧的诗歌仍是传统的。我们知道，中唐以后，有在诗坛上出人头地想法的人大都别有蹊径，如韩愈走险怪一途，元白入轻俗一流，郊寒岛瘦，李贺鬼气氤氲。他们都力图有所开拓，或在语言上，或在题材上，或在风格上，或在思维上。而杜牧则显然在诗艺上有天才而无追求，他似乎没有文学上的野心，他读书，留意兵甲、财赋，注《孙子》，上《罪言》，谈王霸，论藩镇（《原十六卫》《战论》《守论》等）。他对经世之用之学的兴趣远大于诗艺。即使论文，他也重立意而轻辞采，重气质而鄙章句（《答庄充书》），他喜欢的古代作家是杜甫和韩愈，"杜诗韩集愁来读，似倩麻姑痒处搔"（《读韩杜集》），盖杜甫诗与韩愈文，都政治、伦理色彩浓，功利目的明确，与他的心志与兴趣相近，他毕竟出身于"旧第开朱门，长安城中央"（《冬至日寄小侄阿宜诗》）的贵豪之家，祖父杜佑历相三帝，主政十年。他岂能没有绍承祖业之志？所以他连大家一致佩服的周瑜也不放在眼里，他只是在苦恼：我的东风在哪里？他的"东风"不来，他便只好去寻扬州的十里"春风"。他从大和二年（828 年）十月至开成三年（838 年），"十年为幕府吏"，由祖父的主政天下至自己的"每促束于簿书宴游间"（《上刑部崔尚书状》），岂无家族沦落之感与自身落魄之愧？"十年一觉扬州梦"是他的名言，其实他在扬州只待了两年，所以这句名诗应该理解为十年幕府生活，如同一梦，而此梦中最典型的，乃是"扬州梦"！这种征歌逐笑、倚红偎翠的生活适足以看出他在内心痛苦中醉生梦死之状。但他在扬州时脑子并不糊涂，他的政治名论《罪言》即写成于此时，他由这一句"十年一觉扬州梦"而成为所谓"风流文人"的代表，其实很冤枉。他不是那种没心没肝的好色，他有大志向在。这正如他的诗歌，我们今天读他的诗，总觉得风流蕴藉，俊爽畅达，一片春色，其实呢，那只说明他有文学的天才，而不能说明他有文学的爱好、追求与雄心。

杜牧生活在风雨飘摇的晚唐，忧国之心，常有表露，《泊秦淮》即是对"亡国"危机的深沉忧思的表现。前两句写景，清丽中微露哀伤，秦淮河上的轻烟淡月，无不透露出一种温软，从而对人的雄心壮志也就有着一种无形的消磨。沉醉在这温软的环境中，谁还会众人皆醉我独醒地以国运为忧呢？所以，“不知亡国恨”者，非商女也，“唱后庭花”而取乐者，亦讵一般看客，这里实在别有所指，其矛头是直指整个上层的。

选篇

无题[1]

唐　李商隐

相见时难别亦难，东风无力百花残[2]。
春蚕到死丝方尽[3]，蜡炬成灰泪始干[4]。
晓镜但愁云鬓改[5]，夜吟应觉月光寒。
蓬山此去无多路[6]，青鸟殷勤为探看[7]。

注释

[1] 无题：以“无题”为题是李商隐的首创。主要是因为其内容不便明言，或很难找到一个恰当的题目。

[2] 东风：春风。残：零落。此处“东风”“百花”可能都别有寓意。

[3] 丝：谐音“思”。

[4] 蜡炬：蜡烛。

[5] 镜：对镜梳妆；用作动词。但：只。云鬓改：青春的容颜逐渐消失。云鬓，年轻女子丰盛轻柔的鬓发。此二句当为揣想对方之辞。

[6] 蓬山：蓬莱山，海外三神山之一。神山多仙女，此处借指对方住处，也是取其美好之意。

[7] 青鸟：神话中为西王母传递信息的仙鸟，后即用以称传信的使者。看：此处读平声。

导读

这首诗感人至深处在于其刻骨铭心，至死不渝。“春蚕到死丝方尽，蜡炬成灰泪始干”，这一联传诵千古，除了其对偶工整，语言精警外，更主要的是这个比喻充分说出了两情挚爱时的深重缠绵以及里面所包含的悲剧意味。另外，五、六两句从对面着笔，设想对方心情，更是“心已驰神到彼，诗从对面飞来”，这种写法更委婉、更细腻、更感人。

前人评李商隐诗，多有说他学老杜者。若就七律言，就七律中辗转腾挪，翻奇出新，顿挫有致言，义山确与老杜有一番较量。但二者在诗境上的重大区别，可能被人熟视无睹了。杜甫是一个有政治理想的人，所谓“致君尧舜上，再使风俗淳”，他所写的乃经过道德审视的，他在用诗执行道德批判和政治批判，而义山虽说有政治抱负，想有所作为，想改变一下晚唐政治的现状，但他显然并没有一个道德上的目标，或者说他并没有一个理想政治的标准。他更多的时间是束手无策亦无目标。所以，他所写的，乃是对这个社会与人生的“感觉”，而不是“事件”，不是社会人生本身，他的诗歌中，不像杜甫那样有那么多的“事件”，他是无事的（这也是“郑笺”的方法在他的诗歌中无所措手足的原因）。他所写的，乃是经过心灵过滤的，一切具体的、事件的纤维、固态物尽皆滤去，只剩下那浸润的汤汁。他的心灵就浸泡在这毒性的汁液中。换句话说，杜甫乃批判社会，义山乃感慨人生，这是一种境界上的提升，还是现实中的退缩？这是认识世界的智识上的超越，还是改造社会的能力上的退化？

若说杜牧的七绝可以上比王昌龄、李白，那么李商隐的七律则唯老杜可压一头。而且——就我的观察，若就好诗的比例，则李商隐似更在老杜之上——我是说在李商隐集中几乎篇篇都好，而老杜则不能尽然——老杜确实有不少诗颇乏诗味，他有时太像历史的书记员，或道德法庭的审判员，而李商隐则永远是一个诗人——永远用诗的眼光来观察，写出来的就永远是诗。

选　篇

乐游原[1]

唐　李商隐

向晚意不适[2]，驱车登古原[3]，
夕阳无限好，只是近黄昏[4]。

注　释

[1] 乐游原：在长安（今陕西西安）城南，是唐代长安城内地势最高地。汉宣帝立乐游庙，又名乐游苑，登上它可望长安城。
[2] 向晚：傍晚。不适：不悦，不快。
[3] 古原：指乐游原。
[4] 近：快要。

导　读

晚唐的真光荣归于李商隐。李商隐与杜牧个性极不同，杜牧是一个热情洋溢而又掉首不顾，热烈殷勤却又了无牵挂的人，而李商隐才真是一个为情所困而难以自拔的诗人，他是真的完全沉没在自己的情绪之中了。

这首短诗中找不到具体的有涉社会政治、伦理判断的内容，纯是一片弥漫的无可奈何花落去的情绪。此时他心中，定没有什么头绪，没有什么分晓。所以也没有什么具体指涉，但又可以指涉一切，正如前人指出和我们感受到的，这正是大唐没落时的意境。

“诗家总爱西昆好，独恨无人作郑笺。”（元好问《论诗三十首·十二》）没错，李商隐难以索解，因为用“郑笺”的方法——传统的方法无法读懂李商隐。李商隐的诗是全新的，全新的方法，全新的意境，全新的审美类型。他本无具体的指涉，他只传达那一种无可名状的意绪和境界。那种以索隐为目的的“郑笺”方法，如何用得着？

天生的敏感之外，李商隐还有更多的精神创伤：科考的屡试不中；后经令狐楚的推荐得中进士，这份人情账后来也成了他的巨大精神负担，牛李党争中被双方不信任甚至被目为忘恩负义；与妻感情甚笃却在三十九岁盛年时痛失爱妻；“一生襟抱未曾开”，在政治上一直沉沦落魄……这些不幸，若落在别人身上，可能转为愤怒，转为激烈，转为尖刻，转为笔走偏锋，孤傲骂世，转为极端主义，但天性过敏而又内向内秀隐忍懦弱的李商隐，则把这些创伤记忆转变为对人生的狐疑，对生命的哀伤，对生活的恐惧，对时代的失望，还有对爱情的巴望与无望……是的，日薄西山的时代与坎坷多舛的个人命运一齐向他压迫，把他逼回内心，使他的内心超乎寻常的敏感而细腻，锐利而脆弱。如果我们把社会与时代的气息、环境、氛围、气象等情形比喻为一个物理的场，那么，李商隐的内心便如同最为敏感的仪器，能对这个场中最微妙的变化作出反应，或者说，这个时代的“场”中的总体气象与氛围以及微妙的变化，都能在他的内心引起强烈的波动，这种波动，便是他诗的由来。

嘉言撷英

1. 一骑红尘妃子笑，无人知是荔枝来。
2. 十年一觉扬州梦，赢得青楼薄幸名。
3. 江东子弟多才俊，卷土重来未可知。
4. 二十四桥明月夜，玉人何处教吹箫？
5. 蜡烛有心还惜别，替人垂泪到天明。
6. 何当共剪西窗烛，却话巴山夜雨时。
7. 此情可待成追忆，只是当时已惘然。
8. 身无彩凤双飞翼，心有灵犀一点通。
9. 秋阴不散霜飞晚，留得枯荷听雨声。
10. 嫦娥应悔偷灵药，碧海青天夜夜心。

第七节　千古词帝：李后主的亡国忧思①

词至李后主而眼界始大，感慨遂深，遂变伶工之词而为士大夫之词。

——王国维《人间词话》

选　篇

虞美人[1]

南唐　李煜

春花秋月何时了？往事知多少。小楼昨夜又东风，故国不堪回首月明中。
雕栏玉砌应犹在[2]，只是朱颜改[3]。问君能有几多愁？恰似一江春水向东流。

注　释

[1] 虞美人：唐教坊曲名。
[2] 雕栏玉砌：指当年宫殿中华美的建筑物。
[3] 朱颜：红颜。这里指青春容颜。

选　篇

浪淘沙[1]

南唐　李煜

帘外雨潺潺，春意阑珊[2]，罗衾不耐五更寒[3]。梦里不知身是客，一晌贪欢。
独自莫凭栏！无限江山，别时容易见时难。流水落花春去也，天上人间。

① 五代十国时期，李昪自称唐宪宗之后裔，建国号“唐”，史称“南唐”。李煜为南唐末代君主。

注释

[1] 浪淘沙：唐教坊曲名。
[2] 阑珊：衰落的意思。
[3] 罗衾：丝绸做的被子。

选篇

相见欢[1]

南唐　李煜

林花谢了春红[2]，太匆匆。无奈朝来寒雨晚来风。
胭脂泪[3]，留人醉，几时重。自是人生长恨水长东。

注释

[1] 相见欢：唐教坊曲名，又名《乌夜啼》《上西楼》。
[2] 谢：凋谢。春红：春天的花朵。
[3] 胭脂泪：比喻雨打红花的景象，从杜甫“林花着雨胭脂湿”化用而来。

导读

后蜀广政三年（940年），赵崇祚《花间集》编竣。中国文学史上第一个词派——花间派在经过多年的热闹创作后，以整体的面貌与大致相同的风格，集体包装面世。这是被称作“艳科”的词在集中描写“艳情”之后开出的第一朵艳花。这朵花在中国的大西南，那被称作芙蓉国的成都冉冉开放，艳惊天下。

> 镂玉雕琼，拟化工而迥巧；裁花剪叶，夺春艳以争鲜。……则有绮筵公子，绣幌佳人，递叶叶之花笺，文抽丽锦；举纤纤之玉指，拍按香檀。不无清绝之辞，用助娇娆之态。……

这是欧阳炯为《花间集》作的“叙”中的句子。这部收录十八家词作的《花间集》，除温庭筠、皇甫松、和凝、孙光宪外，都是西蜀的词人。而他们奉“善为侧艳之词”的温庭筠为鼻祖，可见他们的趣味也并不高，我们知道温是颇为轻佻而不为时人所重的。

翻开《花间集》，真是“杂花生树，群莺乱飞”，根据统计，《花间集》中“花”出现达155次，这还不包括如杏花（31次）、桃花（20次）、荷（15次）（参见高锋《花间词研究》，江苏古籍出版社，2001年），另外还有木棉花、柳花等。除了“花间一壶酒”，也就是花前月下的美人之约了。除了让我们眼花缭乱，乱花迷人眼，触目的就是蛾眉、娇眼、香腮、朱唇、酥胸、皓腕、玉指、纤手、金臂、雪肌、柳腰、红面……装饰她们的是芙蓉带、绣罗襦、石榴裙、碧玉冠、玉钗、金钗、凤钗、燕钗、金炉玉盘、锦屏绣帷，还有那颇有性寓意的鸳鸯被、鸳鸯枕……然后就是她们生活的背景：金扉玉楼、金井玉殿、画梁绣户、香闺绣阁、雕栏红墙、绮窗凤楼……

那些生活在秦岭以南前、后蜀的文人以及两个短命王朝的小皇帝们，一方面自恃天险而以为无虞，一方面独拥物产而以为享乐，所以，我们在他们的词里，是很少读到什么忧患的。他们花天酒地、酒绿灯红、红男绿女、女爱男欢。正如前蜀后主王衍所宣扬的，“月华如水浸宫殿，有酒不醉真痴人”（《宫词》）。主人如此提倡与鼓励，臣子、文人与清客何乐而不恣意逞欢？

而在南唐，却显示出不同的气度。南唐这边的词人主要有南唐二主李璟、李煜父子及李璟的宰相冯延巳。这三人从身份上看，便与花间诸人不同，花间诸人乃是不负责任的小文人，而南唐的这三位，却担着天大的干系，国家兴亡都在他们手里，虽然他们不算是积极有为，勤勉国事深谋远虑，但他们总要被这国事纠缠而不得不面对“山雨欲来风满楼”的境况，王国维称为“堂庑特大”的冯延巳，就正是因为他的词中有了一种不得不面对国事孤危时无力、无奈、无助的心态。是的，冯正中的词比起花间诸人，我们看得出，拟代体少了，男子作闺音少了，即便是写男女，也往往有了象征意义，他的词中，他自身的影子重了，我们可以从中看出他真实的内心了：

谁道闲情抛掷久？每到春来，惆怅还依旧。
日日花前常病酒，不辞镜里朱颜瘦。
河畔青芜堤上柳，为问新愁，何事年年有？
独立小桥风满袖，平林新月人归后。

——《鹊踏枝》

“独立小桥风满袖”，这俨然是一个忧患深深的宰相形象。“山雨欲来风满楼”，“黑云压城城欲摧”，他不可能无动于衷，哪怕是为了保住自己的享乐生活（他有“年少年少，行乐直须及早”（《三台令·春色》）之语，可见他有朝不虑夕之感），他也要为延续国祚而操心。寂寞无助之感，显然是他自身的形象，而与他的身份地位及所担负的责任有关。在他的词中显露出来的这种深沉的弥漫的无时不在的孤独感与忧患意识，是花间派词人所缺乏的。这是他的新东西，也是使他“大”起来的东西。是的，有承担，才有胸襟，有胸襟，才有境界，他那堂庑，大过花间诸彦，正为如此。

而中主的一首《浣溪沙》，更有“众芳芜秽，美人迟暮”之感，而为王国维所激赏：

菡萏香销翠叶残，西风愁起绿波间。
还与韶光共憔悴，不堪看。
细雨梦回鸡塞远，小楼吹彻玉笙寒。
多少泪珠何限恨，倚阑干。

先是冯正中赞其“小楼吹彻玉笙寒”（《南唐书》卷二十一），后是王安石叹其“细雨梦回鸡塞远，小楼吹彻玉笙寒”（《苕溪渔隐丛话》），再到王国维赏其“菡萏香消翠叶残，西风愁起绿波间”（《人间词话》），而叶嘉莹偏又对上下阕结尾之句慧眼独赏：“如就悲慨之沉郁及深挚而言，则自当推前后片两处结尾之句最为明白有力”（《灵溪词说》），一首词，所有的句子，都被人给以逐次拔高的评价。而我以为王国维从中看出“众芳芜秽，美人迟暮”，正是具有“史”的眼光。——我的意思是说，《花间词》中的花，是正在开放的，是生活之富贵、闲逸、享乐的象征，是女性的象征。而南唐的“花”，则是“落花”，是衰败、凋零的象征，后蜀主孟昶已有“屈指西风几时来”的隐忧，但这西风在南唐词人那里则是已然吹来，且摧残得“菡萏香消翠叶残”。这“西风愁起绿波间”，是否暗示着来自北方的强大政权的觊觎？

花之意象，在南唐词人那里，不但不是当下享乐的背景与象征，反而成了生命苦痛的象征，成了人生无常的象征。“日日花前常病酒，不辞镜里朱颜瘦”，“泪眼问花花不语”，这花正是无奈、无力、无聊的象征。“萧条风物正堪愁”（冯延巳《芳草渡》），花引起的，不是我们享乐的欲望生命激情，而是给我们“献愁供恨”的，它提醒我们一切美好事物都将凋零，从而在我们“对酒当歌”之时，突然给我们当头一棒，提醒我们“人生几何”？

李璟就是如此呆问：风里落花谁是主？（《山花子》）这是声泪俱下的一问，是惊心动魄的一问，是石破天惊的一问，是让我们胆战心惊、心如死灰的一问，是让我们“禅心顿作沾泥絮”的一问。接下来的，便是五代最杰出的艺术家、最纯洁的主观抒情诗人李煜。“花”在他眼里如何？

他也曾有花下之约，他的一首大约写他与小周后幽会的《菩萨蛮》，浪漫热烈、畅情纵欲。以他的艺术修养与敏感细腻温柔多情的内心，他也最有资格欣赏女人的种种风情，况他以一国之主的身份，他也可以领受众多美丽女性对他的爱的奉献。可是呵，他的这种美满的生活只能是昙花一现。这就是人生。不仅是他的人生，也是所有人的人生。李煜之杰出处，在于他能把自己的不幸上升为一般意义上人生的命运。他本来只能引起我们同情，却竟然引起了我们的共鸣。从这个意义上讲，他真是太成功了。即如《相见欢》而言，我们一般读者固然没有什么国主之位可以丢失，但我们不是也在我们的生命历程中不断地和一些美好的东西挥手告别，而且任我们如何挽留也属徒然？

我们告别了童年、少年、青年，走向壮年、老年，我们人生的每一看似上升的台阶，却都有青春的代价，我们就这样不知不觉中丢了青春，我们人生的历程就是不断丢失的过程：我们丢失了儿时的玩伴，丢失了故乡，丢失了一些朋友，丢失了曾经的恋人，丢失了曾经的理想，曾经的追求，曾经的青春激情与浪漫情怀……当我们回首来路，在暗夜里怀想着那些丢失的一切美好，我们是不是也会长叹一声：林花谢了春红，太匆匆？！我们是不是也会借酒浇愁，然后和泪长吟：自是人生长恨水长东！

甚至，不仅人与人生，即便是自然万物，岂不也是盛衰存亡，花开花落，春荣秋凋？叶嘉莹在《灵溪词说》里极准确地说此词是叙写由“林花红落而引发的一切有生之物的苦难无常之哀感”，读这样词，而不起浩叹，不生慈悲心，寂灭心，不生万念俱灰心，也难！

由对春花秋月的迷恋到对之厌倦，希望其早日了结。而小楼夜来东风，这本来应该让人心旷神怡的事竟也让他不胜厌倦。为什么？因为它们勾起了“往事知多少”！因为这东南方吹来的风，是从那早被攻灭的故国吹来的风！“往事只堪哀，对景难排！”

王国维说：“词至李后主而眼界始大，感慨遂深，遂变伶工之词而为士大夫之词”（《人间词话》），眼界大者，盖李煜本性绝纯绝善，而由一己之不幸顿悟人生之无常，自然之生杀；感慨深者，亦因他天生具有慈悲心，而不能面对一切寂灭无动于衷。不仅李煜，南唐三词人冯延巳、李璟、李煜的词作，其变伶工之词为士大夫之词的贡献在于，使词有了一个较好的声誉，可以引来众多高手的参与，从而使词登上高雅之堂并提升其文化品格，艺术品位，为主流文化所认可［词为主流文化所认可，确实有一个过程，这从北宋初年众多“士大夫”官僚如晏殊包括皇帝（如宋仁宗）对柳永的轻蔑可以看出］，从而为词的繁荣奠定了道德上的根基。

对照西蜀花间派词人及其词作，南唐三词人的词还有另一层意义——他们词作中对人生的悲剧意识，在很大程度上偿赎了“花间派”的轻佻与委琐，并且向我们昭示：个人生命的享乐虽然可以不理会道德的陈词滥调，或者说，道德上的理由不足以否定人可以尽情享受生命的命题，但是，自然的法则却能无情地终止我们的享乐：因为，一切都在流逝，没有什么可以长驻。

流水落花春去也，天上人间！

嘉言撷英

1. 秦楼月，年年柳色，灞陵伤别。
2. 何处是归程？长亭更短亭。
3. 思悠悠，恨悠悠，恨到归时方始休。月明人倚楼。
4. 照花前后镜，花面交相映。
5. 玲珑骰子安红豆，入骨相思知不知。
6. 梧桐树，三更雨，不道离情正苦。一叶叶，一声声，空阶滴到明。
7. 山月不知心里事，水风空落眼前花。
8. 剪不断，理还乱，是离愁，别是一般滋味在心头。
9. 离恨恰如春草，更行更远还生
10. 浪花有意千里雪，桃花无言一队春。

第四章

宋元情韵

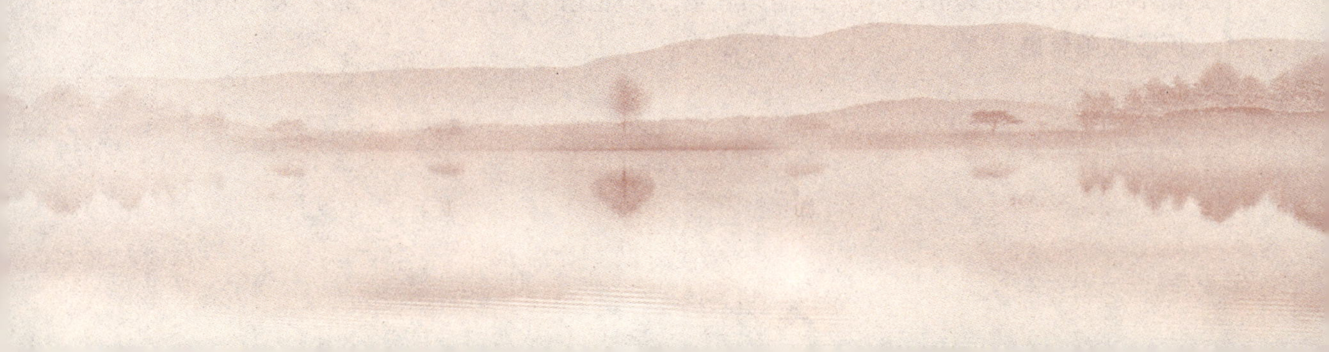

第一节　醉翁之意：欧阳修的与民同乐

执事之文，纡余委备，往复百折，而条达疏畅，无所间断；气尽语极，急言竭论，而容与闲易，无艰难劳苦之态。

——苏洵

选　篇

醉翁亭记

北宋　欧阳修

环滁皆山也[1]。其西南诸峰[2]，林壑尤美[3]，望之蔚然而深秀者，琅琊也[4]。山行六七里[5]，渐闻水声潺潺而泻出于两峰之间者[6]，酿泉也[7]。峰回路转[8]，有亭翼然临于泉上者[9]，醉翁亭也。作亭者谁[10]？山之僧曰智仙也。名之者谁[11]？太守自谓也[12]。太守与客来饮于此，饮少辄醉[13]，而年又最高[14]，故自号曰醉翁也[15]。醉翁之意不在酒[16]，在乎山水之间也[17]。山水之乐，得之心而寓之酒也[18]。

若夫日出而林霏开[19]，云归而岩穴暝[20]，晦明变化者[21]，山间之朝暮也。野芳发而幽香[22]，佳木秀而繁阴[23]，风霜高洁[24]，水落而石出者，山间之四时也。朝而往，暮而归，四时之景不同，而乐亦无穷也。

至于负者歌于途[25]，行者休于树[26]，前者呼，后者应，伛偻提携[27]，往来而不绝者，滁人游也。临溪而渔[28]，溪深而鱼肥。酿泉为酒[29]，泉香而酒洌[30]；山肴野蔌[31]，杂然而前陈者[32]，太守宴也。宴酣之乐[33]，非丝非竹[34]，射者中[35]，弈者胜[36]，觥筹交错[37]，起坐而喧哗者，众宾欢也。苍颜白发[38]，颓然乎其间者[39]，太守醉也。

已而夕阳在山[40]，人影散乱，太守归而宾客从也[41]。树林阴翳[42]，鸣声上下[43]，游人去而禽鸟乐也。然而禽鸟知山林之乐，而不知人之乐；人知从太守游而乐，而不知太守之乐其乐也[44]。醉能同其乐，醒能述以文者[45]，太守也。太守谓谁[46]？庐陵欧阳修也[47]。

注释

[1] 环：环绕。滁：滁州，今安徽省滁州市琅琊区。皆：副词，都。
[2] 其：代词，它，指滁州城。
[3] 壑：山谷。尤：格外，特别。
[4] 蔚然而深秀者，琅琊也：树木茂盛，幽深秀丽的，是琅琊山。
[5] 山：名词作状语，沿着山路。
[6] 潺潺：流水声。而：表承接。
[7] 酿泉：泉的名字。因水清可以酿酒，故名。
[8] 峰回路转：山势回环，路也跟着拐弯。比喻事情经历挫折失败后，出现新的转机。
[9] 翼然：像鸟张开翅膀一样。临：靠近。于：在。
[10] 作：建造。
[11] 名：命名。
[12] 自谓：自称，用自己的别号来命名。
[13] 辄：就。
[14] 年又最高：年纪又是最大的。
[15] 号：取别号。曰：叫做。
[16] 意：这里指情趣。“醉翁之意不在酒”，后来用以比喻本意不在此而另有目的。
[17] 乎：相当于“于”。
[18] 得：领会。寓：寄托。
[19] 林霏：树林中的雾气。霏，原指雨、雾纷飞，此处指雾气。开：消散，散开。
[20] 归：聚拢。暝：昏暗。
[21] 晦明：指天气阴晴明暗。晦，阴暗。
[22] 芳：香花。发：开放。
[23] 佳木秀而繁阴：好的树木枝繁叶茂，形成一片浓密的绿荫。秀，茂盛，繁茂。繁阴，一片浓密的树荫。
[24] 风霜高洁：即风高霜洁。天高气爽，霜色洁白。
[25] 至于：连词，于句首，表示两段的过渡，提起另事。负者：背着东西的人。
[26] 休于树：在树下休息。
[27] 伛偻：腰弯背曲的样子，这里指老年人。提携：指搀扶着走的小孩子。
[28] 临：靠近，这里是“……旁”的意思。渔：捕鱼。
[29] 酿泉为酒：以酿之水为酒。
[30] 洌：水（酒）清。
[31] 山肴：野味。野蔌：野菜。蔌，菜蔬。
[32] 杂然：众多而杂乱的样子。陈：摆放，摆设。
[33] 酣：尽情地喝酒。

[34] 非丝非竹：不在于琴弦管箫。丝：琴、瑟之类的弦乐器。竹：箫、笛之类的管乐器。

[35] 射：这里指投壶，宴饮时的一种游戏，把箭向壶里投，投中多的为胜，负者照规定的杯数喝酒。

[36] 弈：下棋。

[37] 觥筹交错：酒杯和酒筹相错杂，形容喝酒尽欢的样子。

[38] 苍颜：脸色苍老。

[39] 颓然乎其间：醉醺醺地坐在众人中间。颓然，原意是精神不振的样子，这里形容醉态。

[40] 已而：不久。

[41] 归：回家。

[42] 阴翳：形容枝叶茂密成阴。翳，遮蔽。

[43] 鸣声上下：意思是鸟到处叫。上下，指高处和低处的树林。

[44] 乐其乐：以游人的快乐为快乐。

[45] 醉能同其乐，醒能述以文者：醉了能够同大家一起欢乐，醒了能够用文章记述这乐事的人。

[46] 谓：为，是。

[47] 庐陵：庐陵郡，就是吉洲，今江西省吉安市。欧阳修先世为庐陵大族。

导读

宋仁宗是北宋的第四位皇帝，其执政时期，社会矛盾凸显，贫富差距拉大。与欧阳修交往颇深的范仲淹等人在皇帝支持下实施庆历新政，但是遭到权贵阶层守旧派阻挠，最终新政宣告失败，参与变法的大臣都纷纷被贬谪。庆历五年（1045年）春，欧阳修由于上书支持范仲淹等主张的变法新政，再遭贬斥，被贬于滁州任知州。庆历新政虽然短暂，但是为后来的王安石推行变法还是积累了一定的基础。

本文就写于他任滁州知州的第二年。

欧阳修祖籍江西，因其父亲当时担任绵州军事推官，故而他出生于四川绵阳。欧阳修三岁时父亲去世，母子两人就去投奔了欧阳修的叔叔。虽然没有父亲的关爱，但欧阳修的母亲受过良好的教育，因此用芦苇秆在地上写字，教授欧阳修学习。后来他的叔叔也十分重视教育。当然，欧阳修所接受的肯定是儒家学说的传统教育，因此儒家学说的核心“温柔敦厚”“忠君爱国”深入到他的骨髓。被贬到滁州，他或许会有一丝丝失望，一点点愤怒，但很快他就调整好了心态。这篇作于他被贬第二年的名作，就是明证。

开篇就是美丽的景致。自然美景通常都是怡人的。但掺杂了观察者的心境的景物，会随着观察者心境的变化而变化。唐代柳宗元在被贬湖南永州时期，写下了著名的散文名篇《小石潭记》，尽管那里“隔篁竹，闻水声，如鸣佩环”，景色如画，“心甚乐之”，但由于作者的心境是悲苦的，因此很容易就把悲苦移情到周围景色中，于是很快就“坐潭上，四面竹树环合，寂寥无人，凄神寒骨，悄怆幽邃。以其境过清，不可久居，乃记之而去”。同样是游览风景来缓解被贬愁苦和抑郁不得志的心境，柳宗元就难以走出阴霾，但欧阳修就基本能够做到。

这其中固然有一定的个体差异和外在客观条件，但欧阳修母亲的以荻画地，肯定是对形成孩子温柔敦厚的品性有很大作用的。欧阳修不仅以文学创作著称于世，也因为其乐于提携后进而受到了当时的普遍赞扬。

环绕着滁州的都是山。那树木茂盛的地方就是琅琊山。沿着这座山峰爬行六七里，就听到了潺潺的溪水声，那就是酿泉了。酿泉这个名字本身就美得出奇，想来这泉水如酒酿般甘甜清洌。继续爬行，一番峰回路转以后，就看到一座小亭，像一只大鸟一样覆盖在泉上，这就是作者今天要介绍的醉翁亭了。

这么多美景，作者为什么要独独描写醉翁亭呢？因为醉翁亭这里不仅有怡人的自然风光，朝暮之景不同，四时之灵不同，百看不厌，更重要的是这里还有一起享受闲暇时光的老百姓们。既有白发苍苍的老者，又有精力旺盛的青年，还有活泼可爱的儿童。可以想见在醉翁亭的聚会是多么酣畅淋漓。这两条理由还不够，还有最根本的一条，即作者欧阳修十分享受在醉翁亭度过的时光，所有被贬谪的烦恼在此都一扫而空。

是的，那时那刻的醉翁亭就是欧阳修的天堂，它让欧阳修能赏尽美景，它让欧阳修能一醉方休，它让欧阳修能恣意书写，它让欧阳修能酣畅抒怀。是的，这就是欧阳修写《醉翁亭记》的原因。或许欧阳修也会有庄子的恍惚，庄周亦蝴蝶乎，蝴蝶亦庄周乎？分辨不清楚了。是欧阳修这个醉翁享受了醉翁亭的美丽风光，还是醉翁亭享受了醉翁欧阳修的禅心智慧？

或许，双方都有所裨益吧。当时欧阳修年龄并不算大，也绝不是一个老头子。四十岁上下，应该是一个人的黄金时期。但为什么作者此时此刻要特别描写醉翁亭，并以“醉翁”两字来自况呢？这就是欧阳修的高明之处了，他在这个时候已经明白“难得糊涂”这四个字的含义了。是啊，他并不是第一次被贬了，已经悟到了官场上的生存原则，凡事不可较真；同时他也悟到了“与民同乐”的妙处。

中国有些地方与文学的缘分特别深厚，如柳州（柳宗元）、杭州（白居易、苏轼）、黄州（苏轼），滁州也算一个。欧阳修被当时人称为当代韩愈，他也以此自许。但他实比韩愈有趣味、懂生活，不像韩愈那样自高自大、师心自用，他比较有性情，他并不放弃他的自我生活的趣味，甚至沾沾自喜于这种生活及趣味，并向我们炫耀。在滁州，他直接间接地造了两个亭：一为丰乐亭，二为醉翁亭（醉翁亭虽非他自建，却是智仙为他所筑，也是因缘于他）。

欧阳修比韩愈有艺术趣味，而且还不吝惜才华去追求这种趣味。《醉翁亭记》的意义就在于，他大张旗鼓地宣传了自己的个人的“乐”，虽然他的乐也有来自他人之乐（乐其乐），以及在自己的政绩中、在“滁人”的乐中找到自己的乐的味道，有传统的“与民同乐”的影子，毕竟他敢于把追求个人的“乐”公开宣布，这与《岳阳楼记》褒忧而贬乐，有绝大的区别。范为前辈，欧为后辈，两代之间，分野已殊。

欧公自到此州，恍若大彻大悟，常常到此亭中开宴会，以醉求乐。此前的壮年雄心好像一夜消歇，而代之以聊作旷达，自得其乐的游戏人生态度。才四十岁，便自号“翁”，而且还是一个糊涂颟顸的“醉翁”，连他自己到了老年真正到来时，回首往事，都觉得当初太游戏人生了。《赠沈遵》：“我时四十犹强力，自号醉翁聊戏客。”不是“戏客”，是在戏自己。《赠沈博士歌》：“我昔被谪居滁山，名虽为翁实少年。”少年而自称为“翁”，很有一种即此卸下重担，只图快活轻松的不负责任心态。有了这种心态，当然就写下了轻松而带明显游戏色彩的《醉翁亭记》。了解了欧阳修的这种心态，我们也就能读懂读透他这篇被人称颂备至的名文。

把他这篇写于1046年的《醉翁亭记》与范仲淹写于同一年的《岳阳楼记》作一比较，我们能看出，同样在谈忧乐，范仲淹侧重于谈“忧”，并推崇这种忧国忧民之“忧”；而欧阳修此文虽然不乏“与民同乐”的人格精神，却已侧重在谈“乐”，并沉湎于这种世俗生活的轻松快乐，以此为生活甚至精神生活的最高境界。

嘉言撷英

1. 我亦且如常日醉，莫教弦管作离声。
2. 今年花胜去年红。可惜明年花更好，知与谁同?
3. 春风疑不到天涯，二月山城未见花。
4. 人生自是有情痴，此恨不关风与月。
5. 平芜尽处是春山，行人更在春山外。
6. 泪眼问花花不语，乱红飞过秋千去。
7. 立身以立学为先，立学以读书为本。
8. 祸患常积于忽微，而智勇多困于所溺。
9. 君子与君子以同道为朋；小人与小人以同利为朋。
10. 星月皎洁，明河在天，四无人声，声在树间。

第二节 雪泥鸿爪：苏东坡的失意与自适

自古以来语文章之妙，广备众体，出奇无穷者，唯东坡一人。

——吕本中

选篇

前赤壁赋[1]

北宋 苏轼

壬戌之秋[2]，七月既望[3]，苏子与客泛舟游于赤壁之下。清风徐来[4]，水波不兴[5]。举酒属客[6]，诵明月之诗[7]，歌窈窕之章[8]。少焉[9]，月出于东山之上，徘徊于斗牛之间[10]。白露横江[11]，水光接天。纵一苇之所如，凌万顷之茫然[12]。浩浩乎如冯虚御风[13]，而不知其所止；飘飘乎如遗世独立[14]，羽化而登仙[15]。

于是饮酒乐甚，扣舷而歌之[16]。歌曰："桂棹兮兰桨[17]，击空明兮溯流光[18]。渺渺兮予怀[19]，望美人兮天一方[20]。"客有吹洞箫者，倚歌而和之[21]。其声呜呜然，如怨如慕[22]，如泣如诉；余音袅袅[23]，不绝如缕[24]。舞幽壑之潜蛟[25]，泣孤舟之嫠妇[26]。

苏子愀然[27]，正襟危坐[28]，而问客曰："何为其然也[29]？"客曰："'月明星稀，乌鹊南飞[30]。'此非曹孟德之诗乎？西望夏口[31]，东望武昌[32]，山川相缪[33]，郁乎苍苍[34]，此非孟德之困于周郎者乎[35]？方其破荆州，下江陵，顺流而东也[36]，舳舻千里[37]，旌旗蔽空，酾酒临江[38]，横槊赋诗[39]，固一世之雄也[40]，而今安在哉？况吾与子渔樵于江渚之上[41]，侣鱼虾而友麋鹿[42]。驾一叶之扁舟[43]，举匏樽以相属[44]。寄蜉蝣于天地[45]，渺沧海之一粟[46]。哀吾生之须臾[47]，羡长江之无穷。挟飞仙以遨游[48]，抱明月而长终[49]。知不可乎骤得[50]，托遗响于悲风[51]。"

苏子曰："客亦知夫水与月乎？逝者如斯[52]，而未尝往也；盈虚者如彼[53]，而卒莫消长也[54]。盖将自其变者而观之，则天地曾不能以一瞬[55]；自其不变者而观之，则物与我皆无尽也，而又何羡乎？且夫天地之间，物各有主，苟非吾之所有，虽一毫而莫取。惟江上之清风，与山间之明月，耳得之而为声，目遇之而成色，取之无禁，用之不竭。是造物者之无尽藏也[56]，而吾与子之所共适[57]。"

客喜而笑，洗盏更酌[58]。肴核既尽[59]，杯盘狼籍[60]。相与枕藉乎舟中[61]，不知东方之既白。

注释

[1] 本文是宋神宗元丰五年（1082 年）苏轼被贬黄州（今湖北黄冈）时所作。因苏轼当年七月十六日和十月十五日先后两次泛舟赤壁，写下两篇同题赋，后人故称第一篇为《前赤壁赋》，即本篇选文，十月十五日写的那篇为《后赤壁赋》。赤壁：实指黄州赤鼻矶，并非三国时期赤壁之战的旧址，苏轼明知其误，将错就错，借情景、旧事以抒发自己的怀抱。

［2］壬戌：宋神宗元丰五年，岁次壬戌。

［3］望：农历十五为“望日”；“既望”是“望日”的后一日，即农历十六。

［4］徐：舒缓地。

［5］兴：起，作。

［6］属（zhǔ）：通“嘱”，敬酒、劝酒。

［7］明月之诗：指《诗经·陈风·月出》。

［8］窈窕之章：《诗经·陈风·月出》诗首章，原文为：“月出皎兮，佼人僚兮，舒窈纠兮，劳心悄兮。”“窈纠”同“窈窕”。

［9］少焉：不多一会儿。

［10］斗牛：星座名，即斗宿（南斗）、牛宿二星座。

［11］白露：月下江中白茫茫的水气。横江：笼罩江面。

［12］纵一苇之所如，凌万顷之茫然：任凭小船在宽广的江面上飘荡。纵，任，任凭。一苇，比喻极小的船，即谓船小得像一片苇叶一样。《诗经·卫风·河广》：“谁谓河广，一苇杭（航）之。”如，往。凌，越过。万顷，极言江面宽阔。

［13］冯虚御风：乘风腾空而遨游。冯，通“凭”，依托，靠。虚，太虚，指天空。凭虚，即凭空，凌空。御，驾御。御风，即乘风，驾风。

［14］遗世独立：出离尘世，超然独立。

［15］羽化而登仙：道教把人成仙叫作“羽化”，认为成仙后能够飞升，像长了翅膀一样。登仙，登上仙境。

［16］扣舷：敲打船边，意指打节拍。

［17］桂棹（zhào）：用桂木、兰木做成的划船用具，前推的叫桨，后推的叫棹。言船的精美、不同凡俗。

［18］空明：月亮倒映水中、水月交映的澄明之色。溯：逆流而上。流光：在水面上随波闪动的月光。

［19］渺渺：悠远的样子。怀：情思，思绪。

［20］美人：指心中所思慕的人，比喻贤人或理想。

［21］倚歌：按照歌曲的声调、节拍。和（hè）：指吹奏者按照歌曲的声调、节拍而吹奏。

［22］怨：哀怨。慕：眷恋。

［23］余音：尾声。袅袅：形容声音细弱悠长。

［24］缕：丝缕，形容声音细弱如丝缕。

［25］舞：使动词，使……舞动。幽壑：深谷，这里指深渊。此句意谓：使潜藏在深渊里的蛟龙为之起舞。

［26］泣：使动词，使……哭泣。嫠（lí）妇：寡妇。

［27］愀（qiǎo）然：神色严肃忧愁。

［28］正襟危坐：整理衣襟，严肃端坐。

[29] 何为其然也：箫声为什么会这么悲凉呢？何为，为何，为什么。
[30] “月明”二句：所引是曹操《短歌行》中的诗句。
[31] 夏口：故城在今湖北武昌。
[32] 武昌：今湖北鄂州市（非今之武昌）。
[33] 缪：通“缭”(liáo)，环绕。
[34] 郁：茂盛的样子。苍苍：深青色。
[35] 孟德之困于周郎：指汉献帝建安十三年（208 年），吴将周瑜在赤壁之战中击溃曹操号称八十万大军。周郎：周瑜二十四岁为中郎将，吴中皆呼为周郎。
[36] “方其破荆州”三句：指建安十三年刘琮率众向曹操投降，曹军不战而占领荆州、江陵。方：当。荆州：辖南阳、江夏、长沙等八郡，今湖南、湖北一带。江陵：当时的荆州首府，今湖北县名。
[37] 舳（zhú）舻（lú）千里：战船前后相接，绵延千里，夸张形容战船、军队之多之气盛。舳舻：大船。
[38] 酾（shī）酒：斟酒。
[39] 横槊（shuò)：横执长矛。槊，长矛。
[40] 固：原本，确实。
[41] 渔、樵：动词，指打鱼、砍柴。
[42] 侣：以……为伴侣，这里为意动用法。友：以……为朋友。麋（mí)：鹿的一种。
[43] 扁（piān）舟：小舟。
[44] 匏（páo）樽：用葫芦做成的酒器。
[45] 寄：寓托。蜉蝣：一种朝生暮死的昆虫。此句比喻人生之短暂。
[46] 渺：小。沧海：大海。此句比喻人类在天地之间极为渺小。
[47] 须臾：片刻，时间极短。
[48] 挟：偕带，伴，抱。
[49] 长终：长存。
[50] 骤得：突然获得，迅速得到。
[51] 遗响：余音，指箫声。悲风：秋风。
[52] 逝者如斯：语出《论语·子罕》：“子在川上曰：‘逝者如斯夫，不舍昼夜。’”逝，往。斯，此，指水。
[53] 盈虚者如彼：指月亮的圆缺。盈，满，指月圆。虚，空，指月缺。
[54] 卒：最终。消长：增减。
[55] 曾：语气副词。一瞬：一眨眼的工夫。
[56] 是：这。造物者：天地自然。无尽藏（zàng)：无穷无尽的宝藏。
[57] 适：享用。
[58] 更酌：再次饮酒。
[59] 肴核：荤菜和果品。既：已经。

［60］狼籍：凌乱。籍，通“藉”。

［61］枕藉：相互枕着睡觉。

导 读

苏轼（1037年—1101年），字子瞻，号东坡居士，世称苏东坡、苏仙，四川眉山人，北宋著名文学家、书画家，“唐宋八大家”之一。与其父苏洵、弟苏辙合称“三苏”。

宋神宗元丰二年（1079年），苏轼因写《湖州谢上表》，被扣上作诗“谤讪朝廷”的罪名，遭御史弹劾，被捕入狱，史称“乌台诗案”。苏轼“几经重辟”，惨遭折磨，后经多方营救，于当年十二月被释放，贬为黄州团练副使，但“不得签署公事，不得擅去安置所”，成了被监视居住的“半个犯人”。在黄州期间，苏轼度过了一生中最为困难的时期之一。他在黄州有诗云，“我谪黄冈四五年，孤舟出没烟波里。故人不复通问讯，疾病饥寒疑死矣”，痛苦地抒写了此时忧郁、苦闷的心情。

1082年，是苏轼谪居黄州的第三年。初秋十分，诗人与朋友驾一叶小舟，来到黄冈赤壁下的长江，赏月游乐。风平浪静，凉爽的清风徐徐吹拂，湛蓝的夜空，明月朗照，月光如水，江面白露茫茫，水光山色与中天夜月交相辉映，主客惬意对酌于舟中，酒酣耳热，对月吟诗，品箫奏乐，扣舷而歌，触景生情，怀古忧今，感时伤世，引发无尽的关于人生、生命的感慨，激起心绪起起伏伏的悲喜变化……于是，苏轼不朽的散文名篇《前赤壁赋》就诞生了。

文章记游秋夜泛舟赤壁，描写江山水月良辰美景，记录歌诗唱和、主客对话，议论水月变化、历史沧桑，抒发人生短暂、生命无常的感喟，揭示丰富、复杂、矛盾的情感变化与心灵历程，表现了作者积极、超脱的人生态度和豪迈、达观的情怀。

全文共分五段。第一段写泛舟赤壁之下的飘然出世之乐。先交代时间、地点、人物、事件，然后写清风明月水光，交织成如诗如幻的月夜江上美景，再写泛舟江上、对月吟诵、诗酒唱和的乐趣。第二段写饮酒唱和的欢乐，客人箫声的悲凉，引出下文的主客对答，自然地由乐过渡到悲，由叙事、写景过渡到议论。第三段写客人的慨叹，由苏子的询问引出客人的阐发。客人悲从中来源自于三个方面的对比。一是曹操与“吾与子”的对比：曹操一世之雄，而今安在？何况“吾与子”这样的普通人呢？二是人生与宇宙之对比：人生须臾，长江无限，蜉蝣短暂，天地长存。三是人与神仙的对比：神仙可以飞越、遨游，人却不能骤然成仙。这正是客人箫声悲凉呜咽的原因，也是苏轼借助客人之言道出自己政治失意、功业无成、仕途坎坷的人生苦闷，体现了苏轼面对无奈现实的消极情绪。第四段写苏子答复客人、开导客人。先以水、月为题，阐述“变”与“不变”的哲理，充分肯定人生；然后劝慰客人面对现实，寄情山水，怡情风月，抛却忧患；体现了苏轼面对无奈现实的自我消解、乐观放达的一面。第五段写客人闻言悟道，由悲转喜，收束全文。

整篇文章循着情感的线索，通过主客问答以及人物情绪悲喜转折的变化，写出了苏轼内心世界两个真实自我的矛盾斗争。最后，积极的苏轼战胜了消极的苏轼，获得了新生。由此，文章形象地展现了人的心灵世界的丰富、复杂、多变，及其思想发展的艰难历程，深化了全文的思想意义和价值启示。

《前赤壁赋》是历代传诵的散文名篇，具有极高的艺术成就，充分体现了苏轼散文创作的特点。

结构上，构思巧妙，布局缜密，脉络清晰，跌宕多姿。文章以泛游赤壁为明线，以人物心情变化为暗线，展示了作者思想情感的三个起伏：先是超然之乐，次是失意之悲，再是旷达之乐。这样，文章一波三折，跌宕起伏，首尾呼应，变幻多姿，体现出苏轼散文“行云流水”、自然无痕、似海如潮的风格特点。

表现手法上，叙事、写景、抒情、议论熔于一炉，诗情、画意、哲理、意境兼而有之，含蓄蕴藉又天然无痕。

体裁上，《前赤壁赋》别具一格，诗文结合，骈散相间，创造了文赋的典型范本，使赋的散文化获得了成功。作为一篇文赋，它具备了赋的基本特点，如用韵（从头至尾换了十二次韵）、主客问答形式、使用排比与对偶，等等；又有着散文笔法的灵动自由，句式长短整散，参差错落；从而体现了苏轼散文行云流水、自然天成的风格特点。作为一篇游记散文，它也是苏轼散文创作革新鼎故、自由创造思想和浪漫主义精神的形象再现。

嘉言撷英

1. 大江东去，浪淘尽，千古风流人物。
2. 人有悲欢离合，月有阴晴圆缺，此事古难全。但愿人长久，千里共婵娟。
3. 竹杖芒鞋轻胜马，谁怕？一蓑烟雨任平生。
4. 十年生死两茫茫，不思量，自难忘。
5. 休对故人思故国，且将新火试新茶。诗酒趁年华。
6. 试问岭南应不好，却道：此心安处是吾乡。
7. 人似秋鸿来有信，事如春梦了无痕。
8. 人生到处知何似，应似飞鸿踏雪泥。泥上偶然留指爪，鸿飞那复计东西。
9. 江流有声，断岸千尺；山高月小，水落石出。曾日月之几何，而江山不可复识矣。
10. 古之成大事者，不惟有超世之才，亦有坚忍不拔之志。

第三节　才学为诗：黄庭坚的点铁成金

> 鲁直以平等观作欹侧字，以真实相出游戏法，以磊落人书细碎事，可谓“三反”。
>
> ——苏轼

选　篇

登快阁

北宋　黄庭坚

痴儿了却公家事[1]，快阁东西倚晚晴[2]。
落木千山天远大，澄江一道月分明[3]。
朱弦已为佳人绝[4]，青眼聊因美酒横[5]。
万里归船弄长笛，此心吾与白鸥盟[6]。

注　释

[1] 痴儿：痴人，这里是作者自称。

[2] 东西：或东或西。倚：靠。

[3] 澄江：既是快阁所临的江名，又极言江的澄澈，一语双关。

[4] 朱弦已为佳人绝：用俞伯牙和钟子期的典故，表明作者失去了知音，不再弹琴。

[5] 青眼：指黑色的眼珠在眼眶正中，表示对人的喜爱或尊重。与“白眼”相对。横：顾盼。

[6] 此心吾与白鸥盟：用《列子》中的典故，一子每日与白鸥为伴，白鸥都愿意与之玩耍。一天，其父告之捉一只白鸥。从此，白鸥不再与之玩耍。作者借用这个典故，表示自己毫无机心。

导　读

黄庭坚（1045 年—1105 年），字鲁直，号山谷道人、涪翁，洪州分宁（今江西修水）

人，北宋著名文学家、书法家，江西诗派开山之祖。

快阁位于江西省泰和县，今属江西省吉安市。自从黄庭坚在这里赋诗一首，快阁就立刻成为著名景点，并经久不衰。很多文人登临之后也赋诗其上，但名气都不及黄庭坚的这首《登快阁》。黄庭坚是江西修水人，修水人以此为傲，二十世纪八十年代还修建了黄庭坚纪念馆，里面就有一处景点，名为澄快阁。正因为黄庭坚对快阁的喜爱，后人在修建纪念馆的时候，才专门修建了一处景色“澄澈”快阁，以资纪念。

这首诗写于元丰五年（1082 年），他在江西泰和这个地方任县令已经三年。虽然已经三年，但他这一县令并不觉得“政通人和”，百姓生活依然困苦，官吏作风仍是人浮于事，作者忙完公事，需要有一点时间留给自己，有一点空间属于自己。登临快阁，感受那里的美景，就成为必需。

黄庭坚与秦观、张耒、晁补之得以游学于苏轼门下，被称为“苏门四学士”，与大文豪苏轼同时，并切磋诗文，亦可算是一生之幸事。但凡事总有两面性，因为是“苏门四学士”之一，故而在宋哲宗登基初，太皇太后执政时，有机会参与编修《神宗实录》。但也正是因为“苏门四学士”之一，在宋哲宗亲政之后，也就是绍圣元年（1094 年），遭受贬谪。其罪名是“修《神宗实录》失实”。宋代在中国历史上算是文字狱较少的朝代了，但是因言获罪之事仍然时时上演。苏轼是在元丰二年（1079 年）亲身经历了历史上有名的“乌台诗案”，弹劾苏轼的理由就是他给皇帝奏折中的文字有藐视皇帝之嫌。对于黄庭坚，弹劾他的理由，就是他在编修《神宗实录》中的文字，不够真实，有诬英勇的先皇宋神宗，于是在绍圣年间，他不断遭贬。那个时候，应该是他人生中最艰难的时候。不过毕竟那个时候的黄庭坚已经年过半百，不再是少不更事的毛头小子，所以在他不断遭贬的过程中，内心并没有遭受到很大的打击，甚至“不以为意”。因被贬的地方皆是荒凉闭塞之地，所以他经常提携后生，帮助他人修改文章，润色文字。

而写《登快阁》时的黄庭坚还未经历之后的那些风云变幻，但也已经感受到了政治危机四伏。快阁以“江山广远，景物清华”而得名。诗歌描写了登临快阁时所见的清秋江山的壮美，以及由此而引起的归隐湖山的雅志。这首七律在艺术上成就突出，代表了黄诗的风格。

清代刘熙载《艺概》评：“黄山谷词，用意深至，自非小才所能辨。”从此诗来看，用词确实是情感颇深。开篇“痴儿”两字便是用典，表明自己为官能力不强，也表明自己机智不足，因此才说自己做完了公家的活儿，才登临快阁，自在玩耍，沐浴着夕阳，十分惬意。再抬头远望，看到辽阔的天空上一弯新月初挂，远处重峦叠嶂，树木丛生。这一句话虽是意境阔大，但总觉有些眼熟，这也是宋诗的难处，因为唐诗已经把能写的东西差不多都写完了。这一句话似乎是有些杜甫名句“无边落木萧萧下，不尽长江滚滚来”的大气，仿佛还有李白“孤帆远影碧空尽，唯见长江天际流”的辽远，依稀还有些柳宗元“千山鸟飞绝，万径人踪灭”的孤寂。宋代人写诗真是不容易啊。因此不落窠臼、推陈出新是宋代诗人的毕生追求。

黄庭坚在对偶、炼词上就颇见功夫，“置字有力”、工稳新警。颈联连用两个典故，表明自己的志向，当年钟子期与伯牙这对知音的故事，黄庭坚拿来用一用，来表明自己不再有弹琴这个雅兴。但只听说黄庭坚擅长书法绘画、写诗填词，没听说他还是个音乐家。想来是他用这个典故来表明自己缺少知音。宋神宗元丰年间，已经全面推行变法，要增加国库收入，要打压豪强势力，还要讨伐北面的骁勇善战的少数民族维护大宋天下的长治久安，需要征集粮草和军饷。但理想与现实总是有差距的。这些增加国库收入的美好愿景，很多还是压在了底层老百姓的身上。当时朝廷颁布了一道命令，要给盐增加赋税。许多官员积极响应上级政策，但黄庭坚所领导的江西泰和县，就没那么积极。这显然会妨碍一些官员的政绩，但黄庭坚考虑的却是底层百姓的疾苦。因此，他公务之余发发牢骚，表达自己没有知音的苦闷。单单用伯牙子期的典故，黄庭坚仍觉不够尽兴，于是又用阮籍当年白眼对他人而青眼对嵇康的典故，来表明自己现在只对美酒感兴趣。其实，他在乎的不是美酒，而是有人理解的那份畅快恣肆。同时颈联在形式上对偶工整，在词语选择上可谓是工稳新警，掷地有声。

颈联连用典故表明自己的志向，尾联使用《列子》中的典故作为结束。一个孩子与一群白鸥是好朋友，白鸥们整日跟着这个孩子玩耍。一天，这个孩子的父亲说，你和白鸥那么熟，捉一只来，让我也玩玩吧。第二天，白鸥就不再和这个满腹心事的小孩子玩耍了。黄庭坚用这个典故，表明自己纯洁无瑕，没有机心。这又正好与开头的自称“痴儿”相照应。这里的“纯洁无瑕”自然不是真成“痴儿”，而是看尽世事之后的一种冷静与退避，是一种自我隐退与保护，也是独立人格与清明心境的展现。

本诗颔联“落木千山天远大，澄江一道月分明”为名句，境界扩大，颇具宋人风神。不同于唐人的苍凉悲慨，更多的是一种清明纯净。

选　篇

清平乐

北宋　黄庭坚

春归何处？寂寞无行路。若有人知春去处，唤取归来同住。

春无踪迹谁知？除非问取黄鹂[1]。百啭无人能解，因风飞过蔷薇[2]。

注　释

[1] 问取：询问，请教。

[2] 因风：趁着风。

导读

本词是黄庭坚于1105年在被贬谪地广西宜州寓所完成的，同年九月，他便溘然长逝，享年六十岁。

历史上对黄庭坚词作的评价并不高，因为他用词过于新奇，过于艰涩，这在诗歌创作上或许还可以，但在以婉约为正宗的填词上，就十分不合适了。

这首词可谓是深情款款，柔心似水，作于不断贬谪迁徙的晚年。作者显然不似政治家曹操那样“烈士暮年，壮心不已”，和杜甫的“万里悲秋常作客，百年多病独登台”也不一样，作者在被贬谪这件事上，常常不以为意，只是对那美好的事物有所怀念，有所眷恋。

从字面意思来看，这是一首对春天无限怀念的词，既有趣味，又兼深情。作者运用拟人化的手法，把春天比拟成人，真可谓是“众里寻他千百度”，却仍是“长恨春归无觅处”。整首词委婉曲折，先是直抒胸臆，表达春归之后的寂寞孤独。接下来直言其意，若是有人知道春天的消息，请帮忙唤它回来，继续一起住吧。但无人回答，作者只好自己想办法解决，于是想到了和春天一起到来的黄鹂鸟。生活似乎又有了希望，满怀着期望，来到了婉转啼鸣的黄鹂鸟面前，但听了很久，却仍听不懂鸟语，难以知晓春归去处。一阵清风吹来，黄鹂鸟趁着风儿，就飞过了那满墙的蔷薇花。这首词可谓是一波未平，一波又起，时时吸引着读者的心，颇有章回体小说“预知后事如何，请听下回分解”的玄妙，可在结尾也没明确给出故事的结局，可任由读者去驰骋想象。

词曲唱罢，仍觉韵味无穷，正是中国古典文学作品的美感之一：言有尽而意无穷。黄庭坚不是死于突然而来难以预测的变故，想来作者应该对自己的身体状况是有感觉的吧。或许当时他正卧在床榻之上，看着窗外的暮春之景，一个多病而深情的人，在千呼万唤着美丽的春天再次来陪伴他一会儿。显然作者当时的意识非常清醒，否则不可能写出这样的千古佳作。那为何又会这般“幼稚”？因为他自称为“痴儿”，因为他有一颗可以与白鸥自在玩耍的心灵。

作者的家乡在江西修水，死于被贬谪地广西宜州，临终前的几个月会回忆到一生中最美好的时光吧，会怀念那些与之生命中有交集契合的人事吧。这些具体的人和事，作者一并归之为自然轮回的美丽的春天。似乎想唤回那烟雨迷蒙美景无限的春天，思量了好久，找到了黄鹂这位春天的好朋友。黄鹂的叫声虽然听不懂，但是它飞过了那丛开满墙的蔷薇花。黄庭坚或许就跟着这只黄鹂鸟去寻找那“春去处”，去“唤回春同住”。想来黄庭坚死前是没有遗憾的，因为他真正喜欢的东西已经找到了吧。

嘉言撷英

1. 桃李春风一杯酒，江湖夜雨十年灯。
2. 清风明月无人管，并作南山一味凉。

3. 世上岂无千里马，人中难得九方皋。
4. 未到江南先一笑，岳阳楼上对君山。
5. 世上滔滔声利间，独凭棋局老青山。
6. 毕竟几人真得鹿，不知终日梦为鱼。
7. 海川风雨独凭栏，绾结湘娥十二鬟。
8. 骑牛远远过前村，吹笛横吹隔陇闻。多少长安名利客，机关用尽不如君。
9. 读书欲精不欲博，用心欲专不欲杂。
10. 胸中洒落如光风霁月。

第四节　满地黄花：李清照的不幸与凄情

男中李后主，女中李易安，极是当行本色。

——沈谦

选篇

如梦令[1]

南宋　李清照

昨夜雨疏风骤[2]，浓睡不消残酒[3]。试问卷帘人[4]，却道海棠依旧。知否，知否？应是绿肥红瘦[5]。

注释

[1] 如梦令：词牌名。
[2] 疏：稀疏。骤：猛烈。
[3] 浓睡：酣睡。残酒：未完全散开的醉意。
[4] 卷帘人：正卷帘的侍女。
[5] 绿肥红瘦：枝繁叶茂，花瓣凋零。

导读

李清照（1084 年—约 1151 年），号易安居士，齐州章丘（今山东章丘）人。宋代女词人，婉约词派代表。

据陈祖美《李清照简明年表》，此词作于哲宗元符三年（1100 年）前后，李清照大约 16 岁，还是一个无忧无虑的闺中少女。

此词写宿醉酒醒后询问海棠花事，委婉含蓄地表达伤春惜花之情，清丽隽永。最初表面写宿醉酒醒，但其实昨夜真正喝醉的原因是惜花，词人已经预见到在“雨疏风骤”之下今日海棠会满地残红。三四句写对海棠状态的确认，“试”与宋之问《渡汉江》的“近乡情更怯，不敢问来人”异曲同工，都写出了那种“想听盼听又怕听”的矛盾与纠结，但得来的结果是“却道海棠依旧”的不解任何“花情”的毫不在意。

“知否？知否？应是绿肥红瘦”，既像诘问又像自言自语，“绿肥红瘦”是全词的精绝之笔，历来为后人称道。“绿”指代叶，“红”指代花，写出了色彩和状态的两种对比。“肥”是受到了春雨润泽之后的茂盛，“瘦”则写出了海棠花被摧残之后的衰败之态。这四个字和“春江花月夜”一样，单独看每个字并不能够带来美感，甚至会有点俗，但组合在一起就是能够体现汉字的魔力与魅力。且打开无比巨大想象空间，“红瘦”“绿肥”的转变正是季节的变换。也正因此种种，这首词成了经典。

选篇

醉花阴[1]

南宋　李清照

薄雾浓云愁永昼[2]，瑞脑销金兽[3]。佳节又重阳，玉枕纱厨[4]，半夜凉初透。

东篱把酒黄昏后[5]，有暗香盈袖[6]。莫道不销魂[7]，帘卷西风[8]，人比黄花瘦。

注释

[1] 醉花阴：词牌名。

[2] 云：一作“雰”。永昼：漫长的白天。

[3] 瑞脑：龙脑，即冰片。金兽：兽形的铜香炉。

[4] 纱厨：即纱帐。

[5] 东篱：采菊之地。

[6] 暗香：菊花的幽香。盈袖：满袖。

[7] 销魂：极度悲伤。

[8] 帘卷西风：西风吹动卷帘。

导读

此词作于宋徽宗崇宁二年（1103年），恰逢重阳，作者就倍加思念到远方宦游的丈夫赵明诚，于是便写下了这首词寄给丈夫以寄托相思之意。李清照是官宦之家出身，父亲李格非是苏轼的学生，母亲是御史大夫王拱辰的曾孙女，王拱辰19岁就中了状元，所以她自幼受家庭熏陶，有着极高的文学修养与才华。据元伊世珍《琅嬛记》卷中引《外传》载，李清照将《醉花阴》寄给赵明诚后，赵明诚很受触动，但他也很不服气，于是将自己关起来三天三夜，写出来50首词，将李清照作品夹杂其中，寄给友人评选，但朋友选出的最佳之作是李清照的“莫道不销魂，帘卷西风，人比黄花瘦”。这个故事更加强化了《醉花阴》最后三句的经典色彩，使其在后世广为传诵。

前面的词句也有着自己的特色。“薄雾浓云愁永昼”，从早到晚的天空都是阴沉沉，这种氛围让佳节不能团圆的词人更加难捱，心情更为愁苦。百无聊赖之间只能看着室内的袅袅青烟，“瑞脑销金兽”。但初秋的天气使词人夜半突觉寒气侵体，这使她更为思念远方的丈夫。上片时间从早到晚，空间从外到内，作者的孤独与愁苦始终无法排遣。

重阳节要赏菊饮酒，但自己的知己在远方，只能自己“独享”这凄清冷寂。“暗香”本指梅花，宋代林逋写《山园小梅》、王安石写《梅花》皆用此意，但李清照用其来指菊花，更加深了这份寂寥。“人比黄花瘦”，以花比人，更能写出重阳的寂寥秋风中佳人独立的背影。

选篇

夏日绝句

南宋　李清照

生当作人杰[1]，死亦为鬼雄。
至今思项羽，不肯过江东[2]。

注释

[1] 人杰：人中豪杰。汉高祖刘邦称赞张良、萧何、韩信为“人杰”。
[2] 江东：项羽最早随叔父项梁起兵之处。

导读

“靖康之变”后，赵明诚出任建康知府。某夜城中发生叛乱，属下向赵明诚报告，赵明诚连夜逃走。李清照深感耻辱，路过乌江之时，有感于项羽不肯过江东的气节，作此诗歌颂项羽，暗讽当权者和赵明诚。

全诗贯穿着凝重与气势，实非一般女子所能造就。开篇以千钧雷霆之势和高度凝练的语言歌颂了项羽，在这种境界与气势之下，项羽过往的任何负面因素都被忽略，令人无比崇敬。而项羽至死不屈的气节如铮铮铁骨，它穿越千年时空给南宋软弱的君臣和她自己临阵脱逃的丈夫赵明诚以辛辣的讽刺。而赵明诚确实深感羞愧，后来染病不久就弃世而去，留下李清照一人孤独地在江南漂泊。

选篇

声声慢

南宋　李清照

寻寻觅觅[1]，冷冷清清，凄凄惨惨戚戚。乍暖还寒时候[2]，最难将息[3]。三杯两盏淡酒，怎敌他、晚来风急？雁过也，正伤心，却是旧时相识。

满地黄花堆积，憔悴损，如今有谁堪摘？守着窗儿，独自怎生得黑[4]？梧桐更兼细雨，到黄昏、点点滴滴。这次第[5]，怎一个愁字了得！

注释

[1] 寻寻觅觅：指想把失去的都找回来，表现内心极其空虚。

[2] 乍暖还（huán）寒：指秋日天气寒冷交替。

[3] 将息：旧时方言，保养调理。

[4] 怎生：怎么。黑：天黑。

[5] 这次第：这光景，这情形。

导读

此词作于李清照生命中晚期，赵明诚逝后。金兵步步紧逼，李清照无依无靠，只能带着当年跟赵明诚苦苦收罗的书册器物飘零江南。虽然赵明诚弃城脱逃的行为令李清照感到羞耻，但是他却是无子的李清照一生的依靠。后来他因病去世，李清照只能随着皇帝的脚步在江南仓皇奔命。有人曾经在地图上标出很多古人的足迹，李清照的足迹主要在山东和江南，尤其在江南辗转很多个地方。

中晚年的李清照国破家亡，无依无靠，此等孤苦在这首《声声慢》中体现得淋漓尽致。

这首词的起句历来为人称道，连用七组叠词，且几乎都是开口度比较小的音，无论是用古音还是用现代汉语读都是一样的效果。仔细体会像一个被孤独和困苦折磨得简直有点精神失常的女子在喃喃自语，这种喃喃自语蕴含着前半生的优渥从容与后半生的蹉跎流离。

乍暖还寒的深秋早晨，她想通过入眠来从痛苦中逃遁，但越要入眠却越无法成眠，往日的幸福与伤痛就又涌上心头，那就只能通过酒来温暖自己快凉透的身和心。断雁西风更加增添这份哀愁，大雁忠贞，空中的孤雁大约跟自己境况一样，且看起来是以前帮自己和丈夫传递书信的那只。但人已是阴阳相隔，永世不能相见，怎能不令人黯然神伤？

下片“黄花满地”，菊花一般枯死枝头，但如今凋零满地，可想见雨疏风骤。这风雨不是当年《如梦令》惜花闲愁的风雨，“黄花”也不是当年《醉花阴》的“暗香盈袖”“人比黄花瘦”的诗意的黄花了，它是真真正正人生和人心的双重风雨。当年丈夫在时把玩古董、唱和诗词，《金石录后序》记录了二人极其生动鲜活的相处，现在只能独自用瘦弱的身躯和千疮百孔的心去抵御无边无际的黑夜和孤寂。梧桐树上细雨淅淅沥沥，雨声如愁，百斩不断，怎奈何？就像同为李清照所作的《一剪梅》所写，“此情无计可消除，才下眉头却上心头”。

李清照的词有个特点，某几句特别出彩，简直夺了整首词的光彩，导致人们往往只记得那著名的几句而已。但这首词只看前三句肯定是不够的，读完后面所有才能看到李清照用尽所有的方式来努力排遣自己的愁绪，但是又怎能排遣得掉？如此，才能让我们真切地看到晚年的李清照。一代女词人最后的命运如此令人唏嘘。

选　篇

渔家傲[1]

南宋　李清照

天接云涛连晓雾，星河欲转千帆舞[2]。仿佛梦魂归帝所[3]。闻天语[4]，殷勤问我归何处。

我报路长嗟日暮[5]，学诗谩有惊人句[6]。九万里风鹏正举[7]。风休住，蓬舟吹取三山去[8]！

注　释

[1] 渔家傲：词牌名。

[2] 星河：银河。

[3] 帝所：天宫。

[4] 天语：天帝的话语。

[5] 路长、日暮：喻指前无出路。

[6] 谩有：空有。

[7] 九万里：《庄子·逍遥游》说大鹏乘风飞上九万里高空。鹏：神话中的大鸟。

[8] 蓬舟：蓬草一样的轻舟。三山：传说中的仙山。

导 读

李清照是婉约词派的代表人物，一般将其与南唐后主李煜相提并论，但是这首《渔家傲》有种爽朗健举的气概，颇为独特。此词作于建炎四年（1130年），李清照晚年作品《金石录后序》曾经提及，辗转于江南逃命途中曾经取道海上，遇风涛之险，故作有此词。

词甫一开头便是一幅极其开阔的海天图，天宇、云海、银河等意象与“接”“连”“转”等动词之间结合得很是巧妙，颇为不俗。词人接下来写梦境，她梦到了关心万民的天帝，天帝的温和真诚与人间只知自己逃命苟安的皇帝形成强烈对比。下片则是用屈原《离骚》和庄子《逍遥游》以及神话传说来写出自己在苦难中的幻想，作者营造极开阔意境的同时期待能够开一条将自己拯救出来的道路。但是这种极阔大的气概却像之前的苏轼和后来的辛弃疾与陆游一样，只能反过来更加证明自己现实中的前路无比暗淡。这种反衬更似苏辛词豪放外表下那婉约的内涵。而一代才女最终也只能通过《声声慢》《渔家傲》所展示的形式来排遣抑郁，终将如一片枯叶掉落天涯。

在中国历代的女作家中，李清照算是最杰出的一位。无论是个人才华，还是实际成就，她都是无与伦比的，无与伦比的还有她那自由洒脱的个性：她不大委屈自己，为人不隐忍，为文不隐晦，写作就是表现自我，表现自我的情怀。她的写作，开始得很早，十三四岁即开始了，从少女的情窦初开到少妇的闺中思怨再到寡妇的哀婉凄切，她都坦荡荡地写出来，这样的女性，在中国这样的文化传统中，也难得一见。

嘉言撷英

1. 花自飘零水自流。一种相思，两处闲愁。
2. 物是人非事事休，欲语泪先流。
3. 何须浅碧深红色，自是花中第一流。
4. 旧时天气旧时衣。只有情怀不似、旧家时。
5. 只恐双溪舴艋舟，载不动许多愁。
6. 和羞走，倚门回首，却把青梅嗅。
7. 今年海角天涯，萧萧两鬓生华。
8. 醉里插花花莫笑，可怜春似人将老。
9. 难言处，良宵淡月，疏影尚风流。
10. 此情无计可消除，才下眉头，又上心头。

第五节　关河梦断：陆游的希望与失望

诗界千年靡靡风，兵魂销尽国魂空。集中什九从军乐，亘古男儿一放翁。

——梁启超

选　篇

钗头凤[1]

南宋　陆游

红酥手[2]，黄縢酒[3]，满城春色宫墙柳[4]。东风恶[5]，欢情薄。一怀愁绪，几年离索[6]。错、错、错。

春如旧，人空瘦，泪痕红浥鲛绡透[7]。桃花落，闲池阁。山盟虽在[8]，锦书难托[9]。莫、莫、莫[10]！

注　释

[1] 钗头凤：词牌名，原名“撷芳词”，后陆游因有“可怜孤似钗头凤”句，改此名。

[2] 红酥（sū）手：红润白嫩的手。

[3] 黄縢（téng）酒：即黄封酒，宋代的官酒，以黄纸为封，故名。

[4] 宫墙柳：暗喻唐氏如宫墙柳可望不可即。

[5] 东风：喻指陆游的母亲。

[6] 离索：离散。

[7] 浥（yì）：湿润。鲛（jiāo）绡（xiāo）：神话传说中鲛人所织的丝绢，后为手帕别称。

[8] 山盟：对山立盟。

[9] 锦书：书信。唐婉另嫁，按礼教无法再通书信。

[10] 莫、莫、莫：无可奈何、只好作罢。

导　读

陆游（1125年—1210年），字务观，号放翁，越州山阴（今浙江绍兴）人，南宋文学家。

陆游现存九千多首诗词中情诗不多，主要有从早年的词《钗头凤》到75岁的《沈园二首》以及84岁的《春游》等，几乎都是对前妻唐琬的思恋，其中《钗头凤》广为人知。以封建家长的眼光看，唐琬牵绊陆游前程，无所出且身体柔弱，故被陆游母亲做主休掉了，后改嫁赵士程，此事成为陆游永远的遗憾。大约也因此，当绍兴二十年（1151年）陆游在沈园偶遇唐琬，就有了《钗头凤》。

词分两片，上片回忆泄愤，下片哀伤遗憾。上片截取了极美好的一个画面，恩爱的两人共赏春色，这春色又像两人情感的和谐多彩，手臂红润，官酒封黄，柳色碧绿。此恰与后句暗喻母亲不近人情的东风形成极强烈的对比。于是"错、错、错"，三个错字所带来的无奈遗憾哀伤就顺理成章，水到渠成。

下片先写重逢的哀伤，再写于事无补的遗憾。唐琬现在憔悴消瘦，泪如雨下，可以想见其内心受到的折磨。但陆游并无抵御"东风"的能力与胆量，只能一面表达自己的深情，一面表达自己的遗憾，以"莫、莫、莫"来收束自己的情感。

这首词回忆与现实交织，多用对比来表达对"东风"的憎恨和情感被迫中断的哀伤遗憾。尤其是"错、错、错"和"莫、莫、莫"的两次感叹，简直像能听到陆游遗憾终生的叹息，也正因有这叹息，这情感才分外无法释怀。

选篇

诉衷情[1]

南宋　陆游

当年万里觅封侯[2]，匹马戍梁州[3]。关河梦断何处[4]？尘暗旧貂裘[5]。胡未灭[6]，鬓先秋[7]，泪空流。此生谁料，心在天山[8]，身老沧洲[9]。

注释

[1] 诉衷情：词牌名。
[2] 觅封侯：寻找建功立业以博取封侯的机会。
[3] 戍（shù）：守边。梁州：治所在今陕西汉中。陆游48岁在汉中川陕宣抚使署任职。
[4] 关河：关塞、河防。梦断：梦醒。
[5] 尘暗旧貂裘：貂裘陈旧变色，表示长期闲散而无作为。
[6] 胡：古泛称西北各族为胡，南宋词中多指金人。此处指金入侵者。
[7] 鬓先秋：鬓发早白。
[8] 天山：汉唐时的边疆，今新疆境内。这里代指前线。
[9] 沧洲：水边，古时隐士住所。

导读

这首词写于陆游晚年，具体年份不详。作为主战派，陆游一生最值得回味的就是应四川宣抚使王炎之邀往西北前线重镇南郑军中任职的八个多月。隐居山阴故土之后，陆游经常怀念这段戎马生涯，写了很多著名的诗词。南宋文人最著名的主战派当属陆游和辛弃疾，辛弃疾有很多壮志难酬的词作，而陆游最出名的诗作当属这首。

词牌名和词的内容完美切合，词的悲怆和词人的悲愤充满于字里行间，仿佛能看到一个两鬓苍苍、热泪空流、壮心不已的老将，愤怒于失地不能收复，悲哀于壮志无法实现，面对回忆与现实，困兽一样地怒吼。而恰在这种广阔的空间与时间之下，梦想与现实的强烈对比才能具有无比的张力。

上片开篇即是气势雄浑的梦想，"匹马""万里觅封侯"，广阔的空间背景下，一个英雄为了家国功业视死如归。等待他的可能是黄沙百战，也可能是白骨露野，但纵然无法实现梦想，真正努力过了也无遗憾。最残酷的莫过于无路请缨、报国无门。前面的"觅"有多奋不顾身，后面"暗"就有多失意寥落。他如当年苏秦一样，寻求梦想失败，落魄而归"黑貂之裘弊，黄金百斤尽"(《战国策》)。

下片以悲愤开始，时事不赋予机会，那只能空恨英雄迟暮，两泪涟涟。"鬓先秋"极其类似辛弃疾《破阵子》的结尾"可怜白发生"，令人动容。词的最后，"天山"与"沧洲"形成了强烈的对比，暮年的陆游写出了风骨凛然的悲愤之音。

全词幽咽不失铿锵，宛如苍鹰折翼，但又不仅写个人苦闷，有历史的苍凉与对祖国的炽热情感，远超其他同类写个人失意苦闷的作品，具有恒远的动人肺腑的力量。故陆游词作虽少，却常被提及。

选篇

游山西村

南宋　陆游

莫笑农家腊酒浑[1]，丰年留客足鸡豚[2]。
山重水复疑无路[3]，柳暗花明又一村[4]。
箫鼓追随春社近[5]，衣冠简朴古风存[6]。
从今若许闲乘月[7]，拄杖无时夜叩门[8]。

注释

[1] 腊酒：头年腊月里酿造的酒。

[2] 足鸡豚（tún）：意思是准备了丰盛的菜肴。足，足够，丰盛。豚，小猪，诗中代指猪肉。

[3] 山重水复：山水重重叠叠。
[4] 柳暗花明：柳色深绿故曰“暗”，花色红艳故曰“明”。
[5] 箫鼓：吹箫打鼓。春社：古以立春后第五个戊日为春社日，祭社公（土地神），祈求丰收。
[6] 古风存：保留淳朴的古代风俗。
[7] 若许：如果这样。闲乘月：趁着明月之时闲游。
[8] 无时：随时。叩（kòu）门：敲门。

导读

此诗写于宋孝宗乾道三年（1167年）初春，陆游42岁，正因被主和派排挤罢官而闲居在家。这件事情本来对陆游来说是抑郁的，但全诗全无消极颓丧之气。

首联就营造了古代乡村所能拥有的最美好氛围，物阜年丰，这派景象又发生在最富于希望的春天，这就奠定了全诗明快昂扬的基调。所以颔联的“山重水复”“柳暗花明”就是一幅充满意趣的春景山水图，青翠的山峦，汩汩的小溪，茂盛的草木，令人心旷神怡的大好春光。正在山水间流连之际，柳树掩映、繁花簇拥的农舍出现在眼前，豁然开朗。这正像曲折的人生，总是会遇到类似困境，找不到前路，有时暂时走不出去，不经意之间目的地就在眼前了。也正因此，此联在写景精巧之外又富于哲理，成为陆游最有名的诗句之一，而这也正是宋人的理趣。同为理趣，跟苏东坡《题西林壁》相比，此联更为可爱，更富于诗情画意。接下来颈联、尾联就顺理成章由景到人，由外在到己身。虽然暂时不得志，但他深信自己总是能否极泰来，这种乐观旷达几乎伴随了陆游大半生。

选篇

剑门道中遇微雨[1]

南宋　陆游

衣上征尘杂酒痕[2]，远游无处不销魂[3]。
此身合是诗人未[4]？细雨骑驴入剑门。

注释

[1] 剑门：今四川省剑阁县北。
[2] 征尘：旅途中沾染的尘土。
[3] 销魂：极度愁苦悲伤。
[4] 合：应该。未：即“否”。

导读

此诗作于南宋孝宗乾道八年（1172 年）冬。陆游本在南郑（今陕西汉中）抗金前线，此时调回南宋第二繁华城市成都（今属四川）。由前线到后方，看似安逸，但对志在收复失地的陆游无疑是一个巨大的打击。

诗歌是细雨蒙蒙的氛围，此时最易产生诗意，故而最后一句极具诗意，用了“骑驴”这样极富诗人雅兴的意象。唐代李贺极喜骑驴，晚唐贯休骑驴自行入蜀，写下了著名的“千水千山得得来”的诗句，“得得”自然是驴子赶路的蹄声。但对于政治梦想而言，诗当然只能是点缀。在诗人看来，仅凭文才名扬天下事实上彰显的是诗人的失败，故杜甫晚年漂泊长江之上，在著名的《旅夜书怀》中写下了“名岂文章著，官应老病休”的诗句。梦想复土强国，但现实却永远令自己无奈，这怎能不令诗人黯然“销魂”？

选篇

书愤[1]

南宋　陆游

早岁那知世事艰[2]，中原北望气如山[3]。
楼船夜雪瓜洲渡[4]，铁马秋风大散关[5]。
塞上长城空自许[6]，镜中衰鬓已先斑[7]。
出师一表真名世[8]，千载谁堪伯仲间[9]！

注释

[1] 书：写。

[2] 那：即“哪”。世事艰：指抗金梦想屡遭破坏。

[3]“中原”句：北望中原，收复失地的雄心壮志涌出如山。气，气概。

[4]“楼船”句：写宋兵在东南与西北两地抗金事，并概括自己游踪。宋高宗绍兴三十一年（1161 年），金主完颜亮与宋刘锜、虞允文等在瓜州一带发生战争，后完颜亮为部下所杀，金兵溃败。楼船，即高大有楼的战舰。瓜洲：在长江南岸，为江防要地。

[5]“铁马”句：写陆游在南郑参加王炎军幕之事。铁马：披着铁甲的战马。大散关：在今陕西宝鸡西南，宋金西部交界处。

[6]“塞上”句：作者徒然自许“塞上长城”。塞上长城，比喻威震边疆的将领。

[7] 衰鬓：年老花白的鬓发。斑，黑发中夹杂了白发。

[8] 出师一表：诸葛亮出兵北伐前曾有著名的《出师表》。名世：名传后世。

[9] 堪：能够。伯仲：原指兄弟排行，此指衡量人物优劣。

导读

此诗作于陆游61岁。时不我待的人生暮年，失地并未收复，但他已被罢官六年，只能在故乡蛰居。不同于《游山西村》的豁达，《书愤》就像题目一样从头到尾都是悲愤。

首联中写年少轻狂时收复北方失地的壮志豪情。颔联回忆当年的抗金生涯，37岁时在镇江府任通判和48岁在南郑任王炎幕僚。前两联北望中原，浩气如山，但这只是辉煌的过去。下两联的“空”“衰鬓”，深切写出理想为空的悲愤。相比诸葛亮，这悲愤更加无奈。前半部分的壮志豪情与后半部分的“空悲切”形成强烈对比，更显悲愤，且字字句句都是悲愤。

选篇

临安春雨初霁[1]

南宋　陆游

世味年来薄似纱[2]，谁令骑马客京华？
小楼一夜听春雨，深巷明朝卖杏花。
矮纸斜行闲作草[3]，晴窗细乳戏分茶[4]。
素衣莫起风尘叹[5]，犹及清明可到家。

注释

[1] 霁（jì）：雨后转晴。
[2] 世味：人情。
[3] 矮纸：短纸。斜行：倾斜的行列。草：指草体。
[4] 细乳：沏茶时水面泛起的白色小泡沫。分茶：品茶。
[5] 素衣：代指诗人自己。风尘叹：因风尘而叹息。

导读

《临安春雨初霁》作于《书愤》之后，时陆游62岁。这年奉诏入京，受严州知州，赴任前到临安觐见皇帝。在等候召见的无聊间隙，他写下了这首诗。

《临安春雨初霁》《书愤》《游山西村》都有写景，但情感各有侧重。《游山西村》是豁达，《书愤》是悲愤，《临安春雨初霁》则是彻头彻尾的失望和无奈。开头就是对官场黑暗的厌恶，“世味薄似纱”是一个极其有新意的比喻。颔联写美丽的江南春景，以乐景写哀情，传说这两句诗后来传入宫中，深为孝宗称赏。“小楼一夜听春雨”也深深写出了陆游的国事家愁，一夜未眠。这惆怅在天亮以后变成了无聊，于是颈联暗用了张芝“匆匆不暇草书”的典故。陆游反其道而行之，表面闲静，实际百无聊赖。顺前诗之意，尾联反用陆机“素衣化为缁”诗意自我解嘲，更显无奈。

选篇

示儿

南宋　陆游

死去元知万事空[1]，但悲不见九州同[2]。
王师北定中原日，家祭无忘告乃翁[3]。

注释

[1] 元：通“原”，本来。
[2] 但：只是。
[3] 乃翁：你的父亲。

导读

《示儿》诗为陆游绝笔，作于陆游85岁临终前。这几乎是所有中国人从小就知道的一首诗，字面也很简单，却最能体现陆游至死不休的爱国之情。陆游的其他诗也一直表达收复失地的爱国之情，如《十一月四日风雨大作·其二》：“僵卧孤村不自哀，尚思为国戍轮台。夜阑卧听风吹雨，铁马冰河入梦来。”但《示儿》是他临死前表达的收复失地的爱国愿望，这种情感多么热烈真挚。

从艺术上讲，首句“元”“空”的对比更反衬诗人的死不瞑目，第二句“但”强化诗人终生无法实现梦想的悲怆，第三句由悲痛转向激昂，相信宋军必能光复失地，最后一句深切嘱咐。陆游的爱国精神光照千秋。

嘉言撷英

1. 文章本天成，妙手偶得之。
2. 纸上得来终觉浅，绝知此事要躬行。
3. 遗民泪尽胡尘里，南望王师又一年。
4. 位卑未敢忘忧国，事定犹须待阖棺。
5. 夜阑卧听风吹雨，铁马冰河入梦来。

6. 身如巢燕年年客，心羡游僧处处家。
7. 看尽人间兴废事，不曾富贵不曾穷。
8. 世态十年看烂熟，家山万里梦依稀。
9. 楚虽三户能抗秦，岂有堂堂中国空无人。
10. 此身恰似弄潮儿，曾过了、千重浪。

第六节　英雄壮词：辛弃疾的慷慨悲愤

自辛稼轩前，用一语如此者，必且掩口。及稼轩，横竖烂熳，乃如禅宗棒喝，头头皆是：又如悲笳万鼓，平生不平事并卮酒，但觉宾主酣畅，谈不暇顾。词至此亦足矣。

——刘辰翁

选　篇

水龙吟·登建康赏心亭[1]

南宋　辛弃疾

楚天千里清秋，水随天去秋无际。遥岑远目[2]，献愁供恨，玉簪螺髻[3]。落日楼头，断鸿声里[4]，江南游子。把吴钩看了[5]，栏杆拍遍，无人会、登临意。

休说鲈鱼堪脍，尽西风，季鹰归未[6]？求田问舍，怕应羞见，刘郎才气[7]。可惜流年[8]，忧愁风雨[9]，树犹如此[10]！倩何人[11]，唤取红巾翠袖[12]，揾英雄泪[13]！

注　释

[1] 建康：今江苏南京。赏心亭：《景定建康志》："赏心亭在（城西）下水门城上，下临秦淮，尽观赏之胜。"
[2] 遥岑（cén）：远处的山峰。
[3] 玉簪（zān）螺髻（jì）：远处的群山像美人头上的碧玉簪和青螺髻（螺形的发髻）。

[4] 断鸿：失群的孤雁。

[5] 吴钩：一种弯形的刀。唐李贺《南园》："男儿何不带吴钩，收取关山五十州。"

[6]"鲈鱼堪脍"三句：《世说新语·识鉴》载："张季鹰辟齐王东曹掾，在洛，见秋风起，因思吴中莼菜羹、鲈鱼脍，曰：'人生贵得适意尔，何能羁宦数千里以要名爵？'遂命驾便归。俄而齐王败，时人皆谓见机。"后将思念故土称为莼鲈之思。脍(kuài)，切细的肉、鱼。

[7]"求田问舍"三句：刘郎，刘备。《三国志·魏书·陈登传》："后许汜与刘备共在荆州牧刘表坐，表与备共论天下人，……汜曰：'昔遭乱过下邳，见元龙。元龙无客主之意，久不相与语，自上大床卧，使客卧下床。'备曰：'君有国士之名，今天下大乱，帝主失所，望君忧国忘家，有救世之意，而君求田问舍，言无可采，是元龙所讳也，何缘当与君语？如小人，欲卧百尺楼上，卧君于地，何但上下床之间邪？'"

[8] 流年：流逝的年华。

[9] 风雨：喻飘摇的国势。

[10] 树犹如此：典出《世说新语·言语》："桓公北征经金城，见前为琅邪时种柳，皆已十围，慨然曰：'木犹如此，人何以堪！'攀枝执条，泫然流泪。"

[11] 倩（qìng）：请托。

[12] 红巾翠袖：歌女。

[13] 揾（wèn）：擦拭。

导 读

辛弃疾（1140年—1207年），字幼安，号稼轩居士，山东历城（今济南市历城区）人。南宋官员、将领，豪放派词人，与苏轼并称"苏辛"。

辛弃疾生长于金统治之下，心向南宋。他为人勇猛，曾率50多人直闯万人的金兵大营，将叛徒张安国擒获，金人称其为"青兕"；23岁归南宋，但始终不受重视；26岁上著名的《美芹十论》议抗金之策亦未被采纳，后一直抑郁不得志。

词上下两片重心很清晰，上片借景抒情，下片直抒胸臆。上片写景，但一切景语皆情语。这景的时间是古人的典型哀愁时刻——秋日傍晚，地点是曾经淘尽无数英雄的滚滚长江，在这样的时空之下，映着惨淡的夕阳，无边的秋色，失群的孤雁，词人见到此情此景怎能不引发家国之恨与乡关之思？再加上无边楚天和滚滚长江的映衬，词人凭栏登高远望，志向不能实现的悲伤就油然而生。

因此下片抒情顺理成章，辛弃疾用了最为喜爱和擅长的典故来表现自己的失意。先用张翰莼羹鲈脍以及许汜求田问舍的典故，来说明自己虽然登高远望而生乡关之思，但他坚决不学思念故土还乡的张翰，也不学许汜求田问舍贪图安逸，他要收复北方失地回到故乡。怎奈"可惜流年，忧愁风雨，树犹如此"？流年即时光流逝，风雨指国家在风雨中飘摇，“树犹如此”是东晋枭雄桓温的典故，意在表达时光易逝。辛弃疾也是一代英雄，这世上最怕时光的大约就是英雄与美人。于是以“倩何人唤取，红巾翠袖，揾英雄泪”自然收束，“红巾翠袖”就是少女，最恐迟暮的两种人在夕阳下有了交集，反过来这也是辛弃疾无知己的孤独的表现。

全词写景用典联想合二为一，写出了抱负愿望无法实现的纠结和感慨，结尾的泪恰是辛弃疾最无力的表达。辛弃疾壮志难酬类词作表面豪迈，最后却往往以泪结尾，颇似豪放词另一代表苏东坡的《念奴娇·赤壁怀古》以豪迈起，以虚无终。大约所谓豪迈，总是聚集了很多英雄泪。

选篇

丑奴儿[1]·书博山道中壁[2]

南宋 辛弃疾

少年不识愁滋味，爱上层楼。爱上层楼，为赋新词强说愁。
而今识尽愁滋味，欲说还休[3]。欲说还休，却道天凉好个秋。

注释

[1] 丑奴儿：词牌名。
[2] 博山：辛弃疾隐居上饶，常登博山。此山似庐山香炉峰。
[3] 欲说还休：心有顾虑不敢表达。

导读

此词大约写于宋孝宗淳熙八年（1181 年）至淳熙十四年（1187 年）间，此时辛弃疾在带湖隐居。博山风景本来极好，但想到失地未复，自己理想得不到实现，辛弃疾忧心忡忡，于是写了这首词。

辛弃疾用少年与老年的对比表现自己壮志难酬的哀心愁绪，年少轻狂的时候却要故意装深沉，年纪大了真正深沉到可以“赋新词”的程度却无法诉说，具有人生哲理意义。

少年人总是要模仿深沉，扮演成熟来显示自己的成长高度。“爱上层楼”形象地写出了少年人挥斥方遒、指点江山的姿态，俨然可以改变整个世界。然而令人悲伤的是，这帮故意装作深沉的年轻人从没想到，真正理解见识了人世间的无奈悲伤黑暗污浊之后，自己却将一切苦默默咽下。夏承焘《唐宋词欣赏》说，“欲说还休”的两次重复写出了辛弃疾那种吞咽式表情。知道多说无益，于事无补，那就“却道天凉好个秋”。天凉了，秋来了，一切无言。

选 篇

破阵子[1]·为陈同甫赋壮词以寄之[2]

南宋 辛弃疾

醉里挑灯看剑[3]，梦回吹角连营[4]。八百里分麾下炙[5]，五十弦翻塞外声[6]。沙场秋点兵[7]。

马作的卢飞快[8]，弓如霹雳弦惊[9]。了却君王天下事，赢得生前身后名[10]。可怜白发生！

注 释

[1] 破阵子：词牌名。
[2] 陈同甫：即陈亮，字同甫，与辛弃疾为挚友。
[3] 挑灯：挑亮灯芯。看剑：抽出宝剑细看。
[4] 吹角连营：各营里不断响起号角声。
[5] 八百里：即牛。分麾（huī）下炙（zhì）：把烤牛肉分赏给部下。炙，切碎的熟肉。
[6] 五十弦：泛指各种乐器。翻：演奏。塞外声：粗犷悲凉的军歌。
[7] 秋：古代点兵用武，多在秋天。点兵：检阅军队。
[8] 作：像。的卢：良马名，一种性烈的快马。
[9] 霹雳：弓弦声猛烈。
[10] 身后：死后。

导 读

宋孝宗淳熙十五年（1188 年）冬，第二次“鹅湖之会”，辛弃疾与陈亮在铅山瓢泉会见。陈亮自称可以“推倒一世之智勇，开拓万古之心胸”，气性豪迈，也是一个异常坚决的主战派，因此他与辛弃疾一样遭遇到主和派的打击。此次到铅山拜访辛弃疾，两人多有唱和。

这首词起笔暗淡，“醉里”“挑灯”，却是要“看剑”。虽然什么都没交代，但却带来了无尽的想象。这人一定是一个失意的英雄，才会在万籁俱寂之时挑灯看剑，无言胜千言。好不容易睡着的英雄，在梦中回到了自己最魂牵梦绕的地方——军营。接下来的景象极其雄浑阔大，而且辛弃疾用了对仗很工整的句子和最擅长的用典。最勇猛的将士，最精良的武器，最适合征战的季节，下片顺理成章地写了战场上的奋不顾身艺高胆大的将军，他将立下赫赫战功，他将实现作为武将的最高理想，为君王分忧，名垂青史。这简直满足了辛弃疾所有的理想，但一切都戛然而止，美梦惊醒。这一切是梦，也只能是梦。现实当中，辛弃疾蹉跎半生，两鬓斑白，却壮志难酬。

整首词的雄壮气势很好地照应了题目中的“壮词”，这份雄壮甚至消解了前两句的暗淡，使整首词的眼光都在后之雄浑。但这也使得最后一句更加令人唏嘘。一个渴望沙场建功的老将只能像被囚起来的苍鹰，这份悲哀虽未见泪却似见血。

选 篇

永遇乐[1]·京口北固亭怀古[2]

南宋 辛弃疾

千古江山，英雄无觅孙仲谋处[3]。舞榭歌台[4]，风流总被雨打风吹去。斜阳草树，寻常巷陌[5]，人道寄奴曾住[6]。想当年，金戈铁马，气吞万里如虎[7]。

元嘉草草[8]，封狼居胥[9]，赢得仓皇北顾[10]。四十三年[11]，望中犹记，烽火扬州路[12]。可堪回首[13]，佛狸祠下，一片神鸦社鼓[14]。凭谁问：廉颇老矣，尚能饭否[15]？

注 释

[1] 永遇乐：词牌名。

[2] 京口：今江苏镇江。北固亭：在镇江东北北固山上，北临长江。

[3] 孙仲谋：孙权，字仲谋。

[4] 舞榭（xiè）歌台：代指孙权宫殿。榭，建在高台上的房子。

[5] 寻常巷陌：普通的街道。

[6] 寄奴：南朝宋武帝刘裕小名。

[7] “想当年”三句：刘裕两次北伐，收复洛阳、长安等地。金戈铁马，指兵强马壮。

[8] 元嘉草草：刘裕之子宋文帝刘义隆仓促北伐，反让北魏太武帝拓跋焘抓住战机南下，兵抵长江北岸。元嘉，刘义隆年号。草草，轻率。

[9] 封狼居胥：狼居胥山，在内蒙古自治区西北部。霍去病曾经“封狼居胥山，禅于姑衍”。祭天曰封，祭地曰禅。

[10] 赢得：剩得，落得。

[11] 四十三年：自辛弃疾南归到担任镇江知府登北固亭写这首词，共四十三年。

[12] 路：宋朝时的行政区划，扬州属淮南东路。

[13] 可堪：即“哪堪”，怎能忍受。

[14] “佛（bì）狸祠”二句：拓跋焘小名佛狸。神鸦：指在庙里吃祭品的乌鸦。社鼓：祭

祀时的击鼓声。意为到了南宋时期，当地老百姓只把佛狸祠当作供奉神祇之处，却不知过去曾是异族皇帝的行宫。

[15]“廉颇”二句：《史记·廉颇蔺相如列传》记载，廉颇被免职后，赵王想再用他，派人去看他的身体情况。廉颇的仇人郭开贿赂使者，使者拜见廉颇，廉颇食米饭一斗，肉十斤，被甲上马，以示尚可用。使者回来报告赵王说：“廉颇将军虽老，尚善饭，然与臣坐，顷之三遗矢矣。”赵王以为廉颇已老，遂不用。

导 读

《永遇乐·京口北固亭怀古》写于宋宁宗开禧元年（1194年）辛弃疾66岁，韩侂胄执政之时。韩侂胄是主战派，闲居已久的辛弃疾一年前被起用为浙东安抚使。同年初春，授镇江知府。他表面被起用，其实只是韩侂胄捞取政治资本的棋子。辛弃疾深知其中险恶，到任后仍然充分做好准备工作。韩侂胄战术冒进，辛弃疾忧心忡忡，但没有人理会辛弃疾的正确建议。因此他来到京口北固亭，写下了这首佳作。很多人认为这是辛词中最好的一首，可见成就之高。

与《水龙吟·登建康赏心亭》类似，这首《永遇乐》也是上片写景，下片抒情。京口一度成为东吴的都城，也是南朝宋武帝刘裕生长的地方，所以词上片就在写这两段历史，可是无论是三国鼎立时的孙权还是改朝换代的刘裕都已经无处寻觅杳无踪迹了，只剩下“斜阳草树，寻常巷陌”。这是怀古咏史的经典场景，如刘禹锡的《乌衣巷》，又如李白的《忆秦娥》。这就奠定了辛弃疾一贯的悲伤基调。

下片用典抒情。“元嘉草草”三句借古警今，宋文帝刘义隆三次北伐，皆无所获。尤其第三次北伐，冒进贪功之下反而使北魏拓跋焘大举南侵。辛弃疾用这历史上活生生的教训，来提醒当权者不可冒进，否则必会遭到反噬。“四十三年”三句转入伤今伤己。自己入南宋之后完全没有用武之地，而沦陷区的人民好像已经习惯了金人的统治，南宋当权者再不做出实际行动，民心与土地都将会彻底失去。故而词人最后巧妙用廉颇典故自荐，表示自己愿效犬马之劳，但同时也用此事来表达自己的消极揣测，应该会有廉颇那样的结局，果真，最后还是一语成谶。

这首词的特点是用典极多，但却并不生硬，反而助全词铿锵有力、豪壮悲凉，透着令人唏嘘的爱国情怀，如幽燕老将老骥伏枥，也正因此，辛弃疾特别值得敬佩。

嘉言撷英

1. 我见青山多妩媚，料青山，见我应如是。
2. 众里寻他千百度。蓦然回首，那人却在，灯火阑珊处。
3. 君如无我，问君怀抱向谁开。
4. 道“男儿到死心如铁”，看试手、补天裂！

5. 江头未是风波恶，别有人间行路难。
6. 千古兴亡多少事？悠悠。不尽长江滚滚流。
7. 剩水残山无态度，被疏梅料理成风月。
8. 书咄咄，且休休，一丘一壑也风流。
9. 若教眼底无离恨，不信人间有白头。
10. 天下英雄谁敌手？曹刘。生子当如孙仲谋。

第七节　尖歌倩意：元曲的欢脱奔畅

元曲之佳处何在？一言以蔽之，曰：自然而已矣。古今之大文学，无不以自然胜，而莫著于元曲。盖元剧之作者，其人均非有名位学问也；其剧作也，非有藏之名山，传之其人之意也。彼以意兴之所至为之，以自娱娱人。关目之拙劣，所不问也；思想之鄙陋，所不讳也；人物之矛盾，所不顾也；彼但摹写其胸中之感想与时代之情状，而真挚之理与秀杰之气，时流露于其间。故谓元曲为中国最自然之文学，无不可也。

——王国维

选　篇

天净沙·秋思

元　马致远

枯藤老树昏鸦[1]，小桥流水人家，古道西风瘦马[2]。夕阳西下，断肠人在天涯[3]。

注　释

[1] 昏鸦：黄昏时的乌鸦。
[2] 西风：秋风。
[3] 断肠人：指满怀思乡之痛的旅人。

导读

此篇被后人誉为“秋思之祖”（周德清《中原音韵·小令定格》），它的最大特色是前十八字九个名词叠置一起，没有动词，也没有虚词，却极和谐地组成一幅幅秋风晚照图，并由这些景映衬出羁旅行役思乡盼归的游子心肠。

元曲包括元杂剧与散曲，而散曲又分小令与套数。曲之小令与词之小令是相类的，或者说，词之小令就是曲之小令的祖先。这种小令是单一而简短的抒情、议论类的歌曲，一般只有一个曲牌（除带过曲——北曲中常用、集曲——南曲里常见、重头——若干小令合咏一事外），而套数者，顾名思义，是两个以上的曲牌组合成的一套曲子。如此说来，元散曲中，小令与词在形制上没甚大区别，而有自己特色的，就是套数。

虽然元散曲中的小令在形制上与词没有大区别，风格上却很不相同，当然这是指原汁原味的散曲，后来散曲越来越向诗词靠拢，自当别论。是的，词有一个逐渐向诗靠拢的过程，曲又有逐渐向词靠拢的过程。词靠向诗，由于其形制上的区别，它终究是词；而曲靠向词，则往往真的是泯灭了自己。这是后话。

从艺术上讲，元曲只有保持自己的特色，才有自己的地位，后期元曲在风格上一再向诗词靠拢，像张可久的作品在后来影响甚大，也就是因为他是驱使元曲向雅化道路发展的关键人物，我们现在在一般文学选本上经常看到的，像马致远的《天净沙·秋思》，像张养浩的《山坡羊·潼关怀古》，都是在风格上完全诗词化的。

选篇

山坡羊·潼关怀古

元　张养浩

峰峦如聚，波涛如怒，山河表里潼关路[1]。望西都[2]，意踟蹰[3]。伤心秦汉经行处[4]，宫阙万间都做了土。兴，百姓苦；亡，百姓苦。

注释

[1] 山河表里：潼关在今陕西潼关县北，形势险要，内有华山外有黄河，故说“山河表里”。

[2] 西都：指古都长安。东汉建都洛阳，称东都，以长安为西都。

[3] 意踟蹰：心潮起伏难平，陷入深深思索之中。

[4] 经行处：经营的地方。秦汉都曾在这里建都。

导读

这首短曲虽寥寥数语，却高度概括，精警深刻。这是元散曲最具思想深度的作品，最具有社会、历史思考价值的作品，而且，在元曲一派诙谐、调侃、嘲弄、嬉笑中，它也是难得的严肃作品。“兴，百姓苦；亡，百姓苦。”把统治阶级的利益与广大百姓的利益摆在尖锐对立的位置，其深刻性、尖锐性足抵一篇史论。我们可以把它和晚唐皮日休的《读司马法》、清初黄宗羲的《原君》相参看。

选篇

南吕一枝花·不伏老（节选）

元　关汉卿

【尾】我是个蒸不烂、煮不熟、捶不匾、炒不爆、响当当一粒铜豌豆[1]，恁子弟每谁教你钻入他锄不断、斫不下、解不开、顿不脱、慢腾腾千层锦套头[2]。我玩的是梁园月[3]，饮的是东京酒[4]，赏的是洛阳花[5]，攀的是章台柳[6]。我也会围棋、会蹴踘、会打围、会插科、会歌舞、会吹弹、会咽作、会吟诗、会双陆[7]。你便是落了我牙、歪了我嘴、瘸了我腿、折了我手，天赐与我这几般儿歹症候[8]，尚兀自不肯休[9]。……

注释

[1] 匾：同“扁”。铜豌豆：妓院中对老狎客的称呼。

[2] 恁（nèn）：通“那”，如此，这样。又有“恁每”一词，即“你们”的意思，所以“恁子弟每”就是“您子弟们”的意思。斫（zhuó）：用刀、斧头砍。锦套头：锦绳结成的套头，比喻圈套、陷阱。

[3] 梁园：又名“梁苑”。汉代梁孝王刘武所建的园子，司马相如等延居园中，故址在河南商丘东南，园内有池馆林木，梁王每日与宾客游乐于此，后来以之泛指名胜游玩之所。

[4] 东京：汉代以洛阳为东京，五代至北宋以汴州（今河南开封）为东京，辽时改南京（今辽宁辽阳）为东京。此处不必实指，元曲往往混用历史地名故实。这几句的意思是说自己行走的都是名胜之地。

[5] 洛阳花：指牡丹。古时洛阳以产牡丹花著名。

[6] 章台柳：代指妓女。章台：汉长安街名，娼妓所居。《太平广记·柳氏传》载，唐韩翃与妓女柳氏有婚约，安史之乱时两人分离，韩赋诗以表思念：“章台柳，章台柳，昔日青青今在否？纵使长条似旧垂，也应攀折他人手。”

[7] 蹴（cù）踘（jū）：中国古代的一种足球运动，《汉书》中已有记载。唐宋时盛行

(《水浒传》中的高俅即以此技得宠于皇帝)，至清代渐衰。这种球外面是皮革，里面实以物，所以又写成“蹴鞠”。打围：许多打猎的人从四面八方围捕野兽。插科：戏曲演员在表演中穿插的引人发笑的动作，常同“打诨”合用，称“插科打诨”。咽作：指唱曲。双陆（liù）：又名“双六”，古代一种赌博游戏。据说为三国魏曹植所创，至唐代演变为叶子戏（纸牌）。

[8] 歹症候：本是指病，借指恶习、坏脾性。歹，不好。

[9] 尚兀自：仍然还。兀自，方言，仍旧，还是。

导 读

王国维曾把元曲与唐诗、宋词等列为“一代之文学”，但这“元曲”，似是主要指元杂剧，而元散曲虽可以说是元代最热闹的文体，但其真正的成就怕还不能达到唐诗、宋词的境界。

元曲有自己的味道。钟嗣成说它有“蛤蜊”之味（《录鬼簿序》），何良俊说它有“蒜酪味”“风味”（《四友斋丛说》）。这些都是很好的比喻。它确实不是那种雅兮兮的东西，它不仅不是士大夫的——虽然它的作者有不少是“公卿大夫居要路者”（《录鬼簿》），而且也不是家常的，它是泼辣的，孟浪的，冲动的。

最富有自身气质的散曲仍推杂剧大家关汉卿的作品，他的《南吕一枝花·不伏老》，那种死缠烂打、撒泼逞能、好勇斗狠而又睥睨传统的“无赖气”，让我们读得酣畅淋漓且痛快无比，是的，读他的这首名作必须是有一个大的参照系才能明了其意义、价值与人格精神的，我们必须在传统士大夫人格及其审美标准、道德理想的反衬下，才能明了他的革命性、破坏性。

事实上，他这首曲子给我们的，就是那种肆意破坏的快感，他确实在恣意逞快。元朝是一个汉民族传统价值观倍受压抑的时代，是一个读书人失去了身份、失去了精神家园、失去了自身角色定位的时代。既然如此，也就不需要装腔作势，拿着捏着，藏着掖着，就让皮袍下的那一个“小”字肆无忌惮地跑出来又怎样？就让人性中的那些真实而不大崇高的东西展露出来又怎样？这个社会既然不给我们权利，也就不能要求我们道德；我们既不能对社会有责任，也就无须承担伦理上的重负。元散曲中往往无顾忌地表明自己是真小人，而不像在诗词中、散文中存在着大量的伪君子。为什么？在台上，当然要人模人样，端着摆着，不然凭什么发号施令，凭什么高官厚禄？在台下，自可以掉臂来去，任他风言风语，反正我已一无所有，我当然可以我行我素。

“凭着我折柳攀花手，直煞得花残柳败休”，简直是恶。如果说，在美学上，“以丑为美”可以远溯老子、庄子，在后来诗词中屡屡出现并得到认可的话；那么，在道德上，“以恶为善”则只有在元曲这种特殊的艺术形式里才能露头并得到喝彩。元杂剧中的男主人公大都是浪子，好人坏人都有“浪子”特征，好浪子如张君瑞是风流才子，任情倜傥，怜香惜玉。坏浪子如鲁斋郎、周舍，以及各色衙内，是权豪势要，纵欲无羁，暴戾恣睢。

好浪子的特征在于一个“浪”字，而坏浪子则在于一个“戾”字，但他们的“攀出墙朵朵花，折临路枝枝柳”，“折柳攀花，眠花卧柳”的“浪子风流”是一致的。而这又正是传统道德中不折不扣的“恶”。“万恶淫为首”啊！如果没有元散曲，这种人欲之“恶”，是无论如何也不可能成为文学作品中的正面东西堂堂正正且大张旗鼓地表现出来，这种“不以为耻，反以为荣”的精神状态，既是一种反叛，也是一种宣泄，反叛的是几千年的抑情文化，宣泄的是几千年的压抑的情感，当然，还有对现实的愤怒，对自身处境的不满！

这是鲜活的生命，充溢着欲望，因而显示出生命的极度旺盛甚至兴奋，所以，在传统士大夫那里被假惺惺地贬低的世俗享受，在这里都得到了夸张式的表达与肯定。情欲、物欲的满足是他最大的成就感，这也是对传统士大夫“修齐治平”的嘲弄与解构——是的，元曲是中国历史上的“解构主义”，它解构了崇高，解构了价值，解构了传统，解构了生命应该承担的一切社会性责任。

但是消解了崇高，消解了价值，消解了自身的责任，消解了痛苦，——这一切都消解了以后，往往也就消解了激情，所以，关汉卿以后，如他这般激情满怀、自信自大的人少见了，激情四溢的曲子也少见了。曲子少了激情，不光是少了野味，更少了感动人心的力量。

从思想内容上讲，元曲如一味保持自己的那种非主流的姿态、说风凉话的立场、解构崇高的态度，也就缺少诗词能达到的深度、厚度与分量。毕竟，深刻而理性的思考是对人生苦难、社会责任的主动承担，是一切伟大作品的必备条件，拒绝这些，一味追求一己的“闲快活”，可能是求到了一时的“快活”，却不能使自己“自重”；可能使自己的生活有所谓的“质量”，却不能使自己的生活有“分量”。正如叔本华曾说过的，人性越完善，痛苦越深刻，反过来，我们也可以说，拒绝道义与伦理上的痛苦，便也阻塞了人格上升的通道。所以，我们看到，在元散曲里，没有出现像诗词中曾经出现过的真正伟大的作品。或许是元散曲这种先天的风格与体制，使它不能出现深刻展现人生悲剧、展现生命荒凉、揭示世界荒诞、显示人性深度以及在这一深度上相应的痛苦的震撼人心之作。从作品上讲，像充满激情与反叛精神的关汉卿的《不伏老》，有着深刻的历史思考与认识的张养浩的《潼关怀古》，这一类作品太少了。在散曲作家里，也没有出现过像诗词中的屈原、阮籍、陶渊明、李白、杜甫、李煜、苏轼、辛弃疾这样的人物——一句话，元散曲没有大家，也没有伟大的作品。唐诗、宋词、元散曲，在这一中国古代抒情诗歌的文学序列中，元散曲无疑是惭愧的。

嘉言撷英

1. 从来好事天生俭，自古瓜儿苦后甜。
2. 夺泥燕口，削铁针头，刮金佛面细搜求，无中觅有。
3. 四十年来绕湖赊看山，买山钱更教谁办？

4. 今朝有酒今朝醉，且尽樽前有限杯。
5. 月缺终须有再圆。圆，月圆人未圆。朱颜变，几时得重少年？
6. 云来山更佳，云去山如画。山因云晦明，云共山高下。
7. 为善的受贫穷更命短，造恶的享富贵又寿延。
8. 花落水流红，闲愁万种，无语怨东风。
9. 这也不是江水，二十年流不尽的英雄血！
10. 碧云天，黄花地，西风紧，北雁南飞。晓来谁染霜林醉？总是离人泪。

第五章

明清世态

第一节　亲情文字：归有光的真淳淡雅

予读震川之为女妇者，一往情深，每以一二细事见之，使人欲涕。盖古往今来事无巨细，唯此可歌可泣之精神，长留天壤。

——黄宗羲

选　篇

项脊轩志[1]

明　归有光

项脊轩，旧南阁子也[2]。室仅方丈[3]，可容一人居。百年老屋，尘泥渗漉[4]，雨泽下注[5]；每移案[6]，顾视[7]，无可置者。又北向，不能得日[8]，日过午已昏[9]。余稍为修葺[10]，使不上漏。前辟四窗[11]，垣墙周庭[12]，以当南日[13]，日影反照[14]，室始洞然[15]。又杂植兰桂竹木于庭，旧时栏楯[16]，亦遂增胜[17]。借书满架，偃仰啸歌[18]，冥然兀坐[19]，万籁有声[20]；而庭阶寂寂[21]，小鸟时来啄食，人至不去。三五之夜[22]，明月半墙，桂影斑驳[23]，风移影动，珊珊可爱[24]。

然余居于此，多可喜，亦多可悲。先是庭中通南北为一。迨诸父异爨[25]，内外多置小门墙，往往而是[26]。东犬西吠[27]，客逾庖而宴[28]，鸡栖于厅。庭中始为篱，已为墙[29]，凡再变矣[30]。家有老妪，尝居于此。妪，先大母婢也[31]，乳二世[32]，先妣抚之甚厚[33]。室西连于中闺[34]，先妣尝一至[35]。妪每谓余曰："某所，而母立于兹[36]。"妪又曰："汝姊在吾怀，呱呱而泣；娘以指叩门扉曰：'儿寒乎？欲食乎？'吾从板外相为应答。"语未毕，余泣，妪亦泣。余自束发[37]，读书轩中，一日，大母过余曰："吾儿，久不见若影，何竟日默默在此[38]，大类女郎也[39]？"比去[40]，以手阖门[41]，自语曰："吾家读书久不效，儿之成，则可待乎？"顷之，持一象笏至[42]，曰："此吾祖太常公宣德间执此以朝[43]，他日汝当用之。"瞻顾遗迹[44]，如在昨日，令人长号不自禁。

轩东，故尝为厨，人往，从轩前过。余扃牖而居[45]，久之，能以足音辨人。轩凡四遭火，得不焚，殆有神护者[46]。

项脊生曰：蜀清守丹穴，利甲天下，其后秦皇帝筑女怀清台[47]。刘玄德与曹操争天下，诸葛孔明起陇中。方二人之昧昧于一隅也[48]，世何足以知之？余区区处败屋中，方扬眉瞬目[49]，谓有奇景。人知之者，其谓与坎井之蛙何异[50]！

余既为此志，后五年，吾妻来归[51]，时至轩中，从余问古事，或凭几学书[52]。吾妻归宁[53]，述诸小妹语曰[54]："闻姊家有阁子，且何谓阁子也？"其后六年，吾妻死，室坏不修。其后二年，余久卧病无聊，乃使人复葺南阁子，其制稍异于前[55]。然自后余多在外，不常居。

庭有枇杷树，吾妻死之年所手植也[56]，今已亭亭如盖矣[57]。

注释

[1] 项脊轩（xuān）：书斋名。轩，小的房室。志：记录、记载，古代指记载或记载的文字、文章，如博物志、三国志、碑志、墓志、志书、志异等。

[2] 旧：旧日的，原来的。阁子：小屋。

[3] 方丈：一丈见方。

[4] 渗（shèn）漉（lù）：渗漏。

[5] 雨泽下注：雨水往下倾泻。雨泽，雨水。下，往下。

[6] 案：几案，桌子。

[7] 顾视：环视。顾，回头看。

[8] 得日：照到阳光。

[9] 昏：光线昏暗。

[10] 修葺（qì）：修缮，修补。

[11] 辟：开。

[12] 垣（yuán）墙周庭：庭院四周砌上围墙。

[13] 当：面对着。

[14] 日影：日光。

[15] 洞然：明亮的样子。

[16] 栏楯（shǔn）：栏杆。栏杆上的木条，纵为栏，横为楯。

[17] 增胜：增添了光彩。胜，优美的景色。

[18] 偃（yǎn）仰：指安居、休息。偃，伏下。仰，仰起。啸（xiào）歌：长啸或吟唱。

[19] 冥（míng）然兀（wù）坐：静静地端坐着。

[20] 万籁（lài）：自然界的各种声音。籁，孔穴里发出的声音，泛指一般声响。

[21] 寂寂：安静的样子。

[22] 三五之夜：农历每月十五日的夜晚。

[23] 斑驳：色彩杂乱错落。

[24] 珊珊：舒缓轻盈的样子。

[25] 迨（dài）诸父异爨（cuàn）：等到伯、叔们各起炊灶，分了家。异爨，分灶做饭，意为分家。

[26] 往往：指到处，处处。
[27] 东犬西吠（fèi）：东边的狗对着西边叫。意为分家后，狗把原住同院的人当作陌生人。
[28] 逾（yú）庖（páo）而宴：越过厨房而去吃饭。
[29] 已：已而，随后不久。
[30] 凡：总共。再：两次。
[31] 先大母：去世的祖母。先，先前，用于尊称死者。
[32] 乳二世：做过两代的乳母。
[33] 先妣：去世的母亲。
[34] 中闺：内室。
[35] 尝：曾经。
[36] 而：你。
[37] 束发：古代男子二十岁行成年礼，把头发收束起来盘在头顶。
[38] 竟日：一天到晚。竟，从头到尾。
[39] 大类：很像。
[40] 比去：临去。比，及，等到。
[41] 阖（hé）：通“合”，合上。
[42] 象笏：象牙做的狭长板子。大臣朝见皇上，上面记上朝奏之事以防遗忘。
[43] 太常公：指归有光祖母的祖父太常寺卿夏昶。
[44] 瞻（zhān）顾遗迹：回忆旧日事物。瞻，向前看。顾，向后看。瞻顾，泛指看，有回顾之意。
[45] 扃（jiōng）牖（yǒu）：关着窗户。扃，（从内）关闭。牖，窗户。
[46] 殆（dài）：或许，恐怕。
[47] “蜀清”三句：据《史记·货殖列传》载，巴蜀有一个名字叫清的寡妇，守着丈夫遗留下来的丹砂矿，谋取厚利，财富甲天下。秦始皇曾为她修建了一座女怀清台。丹砂，即朱砂；丹穴，丹砂矿。
[48] 昧昧：不明确，意指默默无闻，声名不显。
[49] 扬眉瞬目：形容得意扬扬的样子。
[50] 坎井之蛙：浅井里的青蛙。语出《庄子·秋水篇》，比喻见识浅薄而又自以为是之人。
[51] 来归：嫁到我家来。归，古代女子出嫁。
[52] 凭几（jī）学书：伏在几案上学写字。
[53] 归宁：出嫁的女儿回娘家省亲。
[54] 述诸小妹语：转述她的几位妹妹的话语。
[55] 制：指建造的规格和形状。
[56] 手植：亲手种植。
[57] 亭亭如盖：高高挺立，像伞盖一样。亭亭，直立的样子。

导读

归有光（1507年—1571年），字熙甫，别号震川，又号项脊生，苏州府昆山县（今江苏昆山）人，明代著名散文家。

《项脊轩志》，为归有光的一篇回忆性记事散文，分两次写就，两个部分。前一部分共四段为正文，写于明世宗嘉靖三年（1524年），归有光当时18岁。文章通过祖居项脊轩的变化和几件往日琐事的描述，写出了三位亲人对自己的关怀，抒发了自己对家人的怀念之情和对人生更变的感喟。其后，历经结婚、妻死、不遇等人生变故。嘉靖十八年（1539年），归有光又为这篇散文增添了后两段，作为补记，进一步充实了正文，为后一部分。

近代文学家林纾在其《古文辞类纂》中论道："震川既丧母，而又悼亡，无可寄托，寄之于一小轩：先叙其母，悲极矣。再写枇杷之树，念其妻之所手植，又适在此轩之庭，睹物怀人，能毋恫耶！凡文人之有性情者，以文学感人，真有不能不动者。此文与其《先妣事略》同一机轴，而又不相复沓，所以为佳。"

文章以作者旧时所居的书斋项脊轩为经，以归家几代人的人事变迁为纬，写出家族分崩、家道中落、生活变迁、生死两隔的悲惋，真切再现了祖母、母亲、妻子的音容笑貌，表达了作者对已故亲人的深切怀念，以及自己理想失落、人生无着的伤感。借一轩以记三代之遗迹，睹物怀人，悼亡念存，慨叹人生，叙事娓娓而来，用笔简洁清淡，感情真挚深厚，内涵蕴藉丰赡。

全篇大致可分为四个层次。

第一层为第一段，记述项脊轩修葺前后的情况，是文中着意描写轩室环境的部分。先记项脊轩旧时的破漏陈旧情景，一是小，二是旧，三是漏雨，四是昏暗。再写项脊轩修葺后的优美而富有诗意，不漏不暗，花木摇曳，鸟儿啾啾，胜境迭出，成为幽雅的书斋；写得极具文采，欣喜、热爱之情，无以言表。

第二层为第二、三段，从写环境转入写人事变迁，情形由可喜转入可悲，诸悲之事次第道来，一枝一叶关乎情愫，给人沧桑巨变无可奈何之感。庭院几经变故，诸叔伯分爨，庭院由通到隔，"东犬西吠""鸡栖于厅"，凌乱不堪，一悲。通过老妪述说亡母旧事，平淡中见出深切的怀念，母亲仙逝而音容宛在，追思不及，二悲。追忆老祖母的垂问与勉励，表现老祖母对自己的疼爱与厚望，流露出事业无成人生无望的伤感与惭愧，三悲。故有"瞻顾遗迹，如在昨日，令人长号不自禁"。最后带过一笔，叙述轩中幽静与轩室屡遭火劫而幸存，轩中关门读书等情形，为下段议论伏笔。

第三层为第四段，项脊生（作者自称）的一番议论与感慨。作者自比守丹穴的巴蜀寡妇清和高卧隆中的诸葛孔明，既自慨局促，又自矜抱负，自嘲"井蛙"，又孤芳自赏，表达复杂难言的内心情绪。

第四层为第五、六段，文章最后的补记部分。续写项脊轩在妻子生前死后的变化，睹物思人，悼亡念存，并借以抒怀。记平淡琐事，与前文格调一致，又摇曳生姿，余味绵绵。

《项脊轩志》体现了归有光叙事抒情散文的主要特色。

1. 结构方面，构思巧妙，形散神聚。文章从轩落笔，以轩为线，化散为整，突出情意。全文记事繁多，人物纷杂，细节频见，点滴生情。在项脊轩的统摄之下，饱含对往事、家人、老屋的深情，家族几代的人事变迁，家族分崩、家道中落、生活变迁、生死相隔、生命慨叹等，一一写来，条理井然。

2. 情深意切，具有浓烈的抒情色彩。文章选取日常生活题材，点点滴滴汇聚深情。作者善于捕捉身边的琐事或家庭日常生活细节，用平平常常的笔调，叙平平常常的小事，抒细细深深的情意，表丰富复杂的心理风貌，以小见大，以少胜多，以简驭繁。作者写祖母、母亲、妻子，只是通过一两件和她们有关联的事来叙述，笔墨不多，事情不大，留下人物的剪影，其音容笑貌却跃然纸上。如写祖母的一段文字，有"大类女郎""儿之成，则可待乎"的话语；有"比去，以手阖门""顷之，持一象笏至"的行为、动作，简洁细腻，绘声传神，把老人对孙子的牵挂、嘉许、期望、鞭策等复杂感情描绘得惟妙惟肖。

3. 艺术手法丰富多变。首先，写景、叙事、议论相结合，饱含深情，善于通过形象描绘来抒发感情；重在叙事，通过典型事件来传达感情。其次，善用白描、细节刻画。全文没有复杂的情节，多的只是琐碎却精心提炼的细节，平淡中深蕴情韵和诗意。如描绘修葺后的项脊轩，"三五之夜，明月半墙，桂影斑驳，风移影动，珊珊可爱"。景胜，意佳，情深。写母亲听到大姐"呱呱而泣"时，手指轻叩南阁子的门扉说："儿寒乎？欲食乎？"动作极普通，话语极平常，而母亲的慈爱与音容笑貌，却跃然纸上，读来如见其人，如闻其声，倍感真切。末段叙述亡妻手植的枇杷树，"亭亭如盖"，树在人非，托物寄情，言近旨远。

4. 语言方面，简洁精练，鲜明传神。全文语言平白自然，不事雕饰，简朴有致，淡而有味，富有诗意，给人一种清新淡雅、疏朗明丽的感觉。文中人物的语言，纯用口语，不张声势，极具个性色彩和生活气息。如文中所描绘的母亲和祖母的语调神态和音容笑貌，活灵活现，形神毕肖，言简情深。钱基博《明代散文》中评："此意境人人所有，此笔妙人人所无，而所以成震川之文，开韩、柳、欧、苏未开之境。"

嘉言撷英

1. 夫令之于民诚重矣。令诚贤也，其地之山川草木亦被其泽而有荣也；令诚不贤也，其地之山川草木亦被其殃而有辱也。
2. 文章天地之元气，得之者，直与天地同流。
3. 天下之事，因循则无一事可为；奋然为之，亦未必难。
4. 孺人每令婢倚几旁饭，即饭，目眶冉冉动，孺人又指予以为笑。
5. 可以见士之欲垂名于千载，不与其澌然而俱尽者，则有在矣。

6. 诸儿见家人泣，则随之泣。然犹以为母寝也，伤哉！于是家人延画工画，出二子，命之曰：鼻以上画有光，鼻以下画大姊。以二子肖母也。
7. 回思是时，奄忽便已十年。吁，可悲也已！
8. 人去乡则益贱，物去乡则益贵。
9. 其所言者，其本色也。是以精光注焉，而其言遂不泯于世。
10. 学为文章，但直抒胸臆，信手写出，如写家书，虽或疏卤，然绝无烟火酸馅习气，便是宇宙间一样绝好文字。

第二节　独抒性灵：小品文的平易洒脱

大都独抒性灵，不拘格套，非从自己胸臆流出，不肯下笔。有时情与境会，顷刻千言，如水东注，令人夺魂。其间有佳处，亦有疵处，佳处自不必言，即疵处亦多本色独造语。

——袁宏道

选　篇

虎丘记[1]

明　袁宏道

虎丘去城可七八里，其山无高岩邃壑，独以近城故，箫鼓楼船，无日无之。凡月之夜，花之晨，雪之夕，游人往来，纷错如织，而中秋为尤胜。每至是日，倾城阖户，连臂而至。衣冠士女，下迨蔀屋[2]，莫不靓妆丽服，重茵累席，置酒交衢间[3]。从千人石上至山门，栉比如鳞，檀板丘积，樽罍云泻，远而望之，如雁落平沙，霞铺江上，雷辊电霍[4]，无得而状。

布席之初[5]，唱者千百，声若聚蚊，不可辨识。分曹部署[6]，竞以歌喉相斗，雅俗既陈，妍媸自别[7]。未几而摇头顿足者，得数十人而已。已而明月浮空，石光如练，一切瓦釜[8]，寂然停声，属而和者，才三四辈[9]。一箫，一寸管，一人缓板而歌，竹肉相发[10]，清声亮彻，听者魂销。比至夜深，月影横斜，荇藻凌乱[11]，则箫板亦不复用。

一夫登场，四座屏息，音若细发，响彻云际，每度一字，几尽一刻，飞鸟为之徘徊，壮士听而下泪矣。

剑泉深不可测[12]，飞岩如削。千顷云得天池诸山作案[13]，峦壑竞秀，最可觞客[14]。但过午则日光射人，不堪久坐耳。文昌阁亦佳，晚树尤可观。而北为平远堂旧址，空旷无际，仅虞山一点在望[15]。堂废已久，余与江进之谋所以复之[16]，欲祠韦苏州、白乐天诸公于其中[17]；而病寻作，余既乞归，恐进之之兴亦阑矣。山川兴废，信有时哉！

吏吴两载，登虎丘者六。最后与江进之、方子公同登[18]，迟月生公石上[19]，歌者闻令来，皆避匿去。余因谓进之曰："甚矣，乌纱之横，皂隶之俗哉！他日去官，有不听曲此石上者，如月[20]！"今余幸得解官称吴客矣。虎丘之月，不知尚识余言否耶[21]？

注释

[1] 虎丘：山名，苏州名胜之一，位于苏州市西北，有虎丘塔、千人石等名胜古迹。本文作于万历二十四年（1596 年）。

[2] 蔀（bù）屋：穷苦人家以草席盖屋顶的房子。

[3] 交衢（qú）间：大路上。

[4] 雷辊（gǔn）：雷的轰鸣声，相传雷神出行有雷车，行进时发出雷声。

[5] 布席：安设筵席。

[6] 分曹部署：分批安排。

[7] 妍媸（chī）：美和丑。

[8] 瓦釜：屈原《卜居》："黄钟毁弃，瓦釜雷鸣。"这里指粗俗的音乐。

[9] 属（zhǔ）而和（hè）者，才三四辈：随着唱和的就只有三四人。

[10] 竹肉：《世说新语·识鉴》刘孝标注引（孟）嘉别传："听妓，丝不如竹，竹不如肉，何也？答曰：渐近自然。"丝指弦乐器，竹指管乐器，肉指人的歌喉。

[11] 荇（xìng）藻：水草。这里用以形容月光下树的枝叶影子。出自苏轼《记承天寺夜游》："庭下如积水空明，水中藻荇交横，盖竹柏影也。"

[12] 剑泉：在虎丘千人石下，又称剑池。

[13] 千顷云：山名，在虎丘山上。天池：山名，又名华山，在苏州阊门外三十里。此句说千顷云以天池等山作为它的几案。

[14] 觞：酒杯。

[15] 虞山：位于江苏常熟市西北。

[16] 江进之：名盈科，字进之，桃源（今属湖南）人，时任长洲（与吴县同治苏州）知县。与作者友善。

[17] 祠：祭祀。韦苏州：唐诗人韦应物，曾任苏州刺史。白乐天：唐诗人白居易，曾任苏州刺史。

[18] 方子公：方文僎，字子公，新安人，为袁宏道门客。
[19] 生公石：即生公讲坛。
[20] 如月：对月发誓。
[21] 识：通“志”，记忆。

导读

袁宏道（1568年—1610年），字中郎，号石公，湖北公安人，明代文学反对复古运动主将，与其兄袁宗道、弟袁中道并有才名，合称“公安三袁”，其文学流派世称“公安派”或“公安体”。

“公安三袁”中的老大袁宗道，曾著《读渊明传》一文，对靖节先生的人品出处发表了迥异于人的见解。伯修（袁宗道字伯修）此文，是对道德化生活的否定，或者说，是对生活中的道德事件与道德人物的否定。他从自然人性出发，只承认人出自本性的追求，而道德追求，或追求道德上的自我完善，是与人的本性相违背的。这实际上也是与传统儒家——无论是孟子一派还是荀子一派——唱反调。

伯修在三袁之中是最拘谨的一位，他尚且如此，中郎、小修（袁中道字小修）更是有过之而无不及。对陶渊明形象道德价值的贬低甚至否定，体现出他们的精神向度，此前还没有任何一个时代的知识分子在整体上如此蔑视传统的价值观念，如此贬低传统道德人物的道德价值。传统儒家的价值观，是讲究道义、操守，讲究对世道人心的引导与拯救，讲究承担与坚持。而晚明文人，却完全是新类型，是士这一阶层在历史发展过程中的新品种：他们既否定儒家的社会承担，又轻薄道家的个人操守，他们只认人性中自然欲求的一面。一切享受，物的享受与色的享受，只要身体允可，即纵情享受；一切责任与义务，只要心有所烦，即弃之如敝屣，且还要大张挞伐。这是一种反道德的生活方式，其代表人物，当推袁宏道。

袁宏道曾写《人日自笑》诗，描述自己的形象：“是官不垂绅，是农不秉耒。是儒不吾伊，是隐不蒿莱。是贵着荷芰，是贱宛冠佩。是静非杜门，是讲非教诲。是释长鬓须，是仙拥眉黛。”“自笑”，是自我谈侃，我们从中可以看到，他自己都无法为他的社会形象作一定位。但即便如此，他却也并不惶恐与迷惘，恰恰相反，他颇得意。他在这四不像式的人格形象中摆脱了任一社会角色所承担的社会责任，却又从这任一社会角色中得到相应的地位、权利、享受甚至道德庇护。他一生服膺李贽，把李贽看成是为他思想开路之人，但他绝不像李贽那样在思想战线上冲锋陷阵；他推重徐渭，把徐渭看成是艺术上的大师，但他绝不在性情上如徐渭那样孤傲狂放，更不会在人生际遇上像徐渭那样落魄潦倒；他与汤显祖也保持着友谊，但他也不要像汤显祖那样陷入情与理的冲突，把当代思想与哲学当作自己的敌人，要与之作较量。这可以看成是他的聪明，他不要冲突，不要斗争，不要崇高，他只是随心所欲，至于在他随心所欲时是否逾了矩，他毫不在意：因为，他已经在思想上没了规矩。

与世无争，随缘任化，追求适意适性，自适自足而不他涉，此种人生智慧在他那里特受表彰，不仅作为智慧，甚至上升为道德人品。他在给徐汉明的一封信中，把世间人分为四种状态：玩世、出世、谐世、适世。前三种他都予以智识上的贬低，而独推崇“适世”——退出社会公共生活，不能再为大众提供事务性的服务；而不禅、不儒、不道，不学尧舜周孔之学，不行羞恶辞让之事，又表明他们连精神的感召力也彻底放弃，而以做“天下不紧要人”沾沾自喜。

这样的精神境界，我们固然可以说他们对传统有反叛之功，对当时的专制政体与专制思想有“解构”之力。与明代专制渐深相应，文人对体制的厌恶与逃避也越来越强烈，而且这种逃避与厌恶已不像前人那样是由于特定的人事关系不睦，或政见相左，或小人当道，以及特定的黑暗年代的官场危机（所谓“天下无道”），而是对一般体制的逃避。他们逃避的不是“非常态”的无道的官场，恰恰是“常态”的官场。由此可见，体制自身的桎梏已使人难以忍受，体制已越来越非人性化，所以，才有晚明文人对体制的集体文化声讨与道德否定，最终集体叛逃。但是，“解构主义”之最致命的弱点在于，他们可以解构观念，但不能解构问题。社会问题、道德问题、民生问题等，都不是解构主义所能解决的，袁宏道所处的时代，思想的僵化与文化的保守固然需要解构，而且这种保守僵化的思想观念在与专制整体相互表里、得到专制政体的支撑的时候，用解构主义的方法使其失去崇高与价值尊严，失去统帅人心的力量，是最为经济之方。但是，袁宏道所处的时代，也是社会问题成堆的时代，即便是中郎自己，在“莳花种竹，赋诗听曲，评古董真赝，论山水佳恶”的“快活度日”时，“一见邸报，必令人愤发裂眦。时事如此，将何底止”（《与黄平倩》）。所以，当中郎把他的创作取向圈定为对个体生命、生活中“趣”事的玩味的时候，我们也可以反问：生活中“无趣”的一面呢？对这些“无趣”的一面你何以处之？

所以，晚明以中郎为代表的，讲究闲适、趣味的小品文，相对于此前的先秦诸子、太史公、韩柳欧苏等人，是一个大变化。诸子至欧苏，乃是士或士大夫之文，而中郎之文，乃文人之文。传统的“文以气为主”也一变而为“文以韵为优”，有无“浩然之气”不重要了，只要有趣味即可。传统的“道德文章”，一变而为“趣味文章”。这种文字，轻灵可喜，却也轻浮可厌；充满雅趣，却也因为过度追求从而物极必反，堕为恶俗。中郎等的晚明小品文，初读几篇，觉得辨丽可喜，读多了，就会发现他们的做作、矫情。袁宏道文章，妙处往往只在语言的韵味。

中郎极推崇李贽，极推崇徐渭，但他在骨子里与他两人有大不同。李贽是“打江山者”，打江山者艰苦卓绝，便见其冲锋陷阵，折冲樽俎与人斗，枭枭狂辩，刺刺不休，性情亦坚忍狠毒，斩尽杀绝。而中郎则是“坐江山者”，便见其闲花野草，游山玩水，吃吃喝喝与人戏，风花雪月，闲言碎语，其性情亦婉媚柔顺，便辟巧佞。如果说李贽是思想的斗士，中郎则只是精神的贵族。徐渭作为现实中的失败者，苦大仇深，但此深仇大恨亦自成就一段苦大仇深的文字。徐文长诗歌中所包含的生活的艰辛、怨恨、委屈，被遗忘被抛弃的愤怒与反抗，如水鸣峡；徐文长诗歌中的压迫感、挤压感，生命在挤压中扭曲而形成的张力，如种出土。但中郎本人的文章却只一派平和。李贽、徐渭的文章使人咬牙切齿，扼腕叹息，而中郎的文章则只能使人推杯换盏，吹吹拍拍。这是因为在对趣味的追求中恰恰抽掉了精神的力量。是的，以袁中郎为代表的晚明小品文，是缺少精神力量的，缺少价值上的坚持的。

和传统散文相比，晚明小品文也显示出其琐碎来，高贵性，或理想上的、道义上的坚持与弘扬，是传统散文的身份。这种高贵，就使得散文也成为一种贵族化的文学样式，是并非什么人都能作的，那是“道德文章”，是必须有自身的道德修养才能从事散文的创作，这是“士大夫之文”。而晚明之小品文，平易近人，是其优点，而且，它没有身份，一般人，只要有一些文字上的修养与灵性，都可以作，我们可以把它称为“文人之文”。

晚明小品文的最大贡献，即在于它把文章前面的“道德”二字革去了，解放了文章，使文章成为大众抒发感情表达性灵的随意的工具。士大夫之文需要修养，需要见解，需要对经典的熟悉，需要学问，并且，在写作时，还需要一种姿态，一种正襟危坐、坐而论道的姿态；而晚明小品文的文人之文则只需要心性上的一点颖悟，精神上的一点感动，甚至，只是语言上的一点灵感，一句格言，一段感慨，即可敷衍成文。因为这样，所以“小”，所以“品”，所以大众化。去除散文的贵族化，使其下降为大众娱情抒怀的工具；去除散文的“载道”、代圣贤立言等道德负担，使其成为日常琐碎生活的记录，家常俚语的记叙，私人生活的伴侣，私人情怀的寄托——使散文由公共生活领域转到私人生活领域，由道德文章变为性情文章，由圣贤的传声筒变为个人的声口，由国家意志与价值的喉舌变为个人情怀的载体，这确是晚明小品文的功劳。

嘉言撷英

1. 其所见山奔海立，沙起云行，风鸣树偃，幽谷大都，人物鱼鸟，一切可惊可愕之状，一一皆达之于诗。
2. 其胸中又有勃然不可磨灭之气，英雄失路、托足无门之悲，故其为诗，如嗔如笑，如水鸣峡，如种出土，如寡妇之夜哭，羁人之寒起。
3. 世人所难得者唯趣。趣如山上之色、水中之味、花中之光、女中之态，虽善说者不能下一语，唯会心者知之。
4. 夫趣得之自然者深，得之学问者浅。
5. 山色如娥，花光如颊，温风如酒，波纹如绫，才一举头，已不觉目酣神醉。
6. 西湖最盛，为春，为月。一日之盛，为朝烟，为夕岚。
7. 歌吹为风，粉汗为雨，罗纨之盛，多于堤畔之草，艳冶极矣。
8. 其实湖光染翠之工，山岚设色之妙，皆在朝日始出，夕舂未下，始极其浓媚。
9. 月景尤不可言，花态柳情，山容水意，别是一种趣味。
10. 高柳夹堤，土膏微润，一望空阔，若脱笼之鹄。于时冰皮始解，波色乍明，鳞浪层层，清澈见底，晶晶然如镜之新开而冷光之乍出于匣也。

第三节 一往情深：还魂故事的情与理

惊心动魄，且巧妙迭出，无境不新，真堪千古矣！

——吕天成

选 篇

牡丹亭·惊梦（节选）

明 汤显祖

【绕池游】〔旦上〕梦回莺啭[1]，乱煞年光遍[2]，人立小庭深院。〔贴〕炷尽沉烟[3]，抛残绣线，恁今春关情似去年[4]？

…………

【步步娇】〔旦〕袅晴丝吹来闲庭院[5]，摇漾春如线[6]。停半晌、整花钿。没揣菱花[7]，偷人半面[8]，迤逗的彩云偏[9]。〔行介〕步香闺怎便把全身现？

…………

【醉扶归】〔旦〕你道翠生生出落的裙衫儿茜，艳晶晶花簪八宝填，可知我常一生儿爱好是天然，恰三春好处无人见。不堤防沉鱼落雁鸟惊喧，则怕的羞花闭月花愁颤。

…………

【皂罗袍】原来姹紫嫣红开遍[10]，似这般都付与断井颓垣[11]。良辰美景奈何天，赏心乐事谁家院。恁般景致，我老爷和奶奶再不提起。〔合〕朝飞暮卷，云霞翠轩；雨丝风片，烟波画船。锦屏人忒看的这韶光贱[12]。

…………

【好姐姐】〔旦〕遍青山啼红了杜鹃[13]，荼蘼外烟丝醉软[14]。春香呵，牡丹虽好，他春归怎占的先？〔贴〕成对儿莺燕呵。〔合〕闲凝眄[15]，生生燕语明如翦[16]，呖呖莺歌溜的圆[17]。

注释

［1］啭（zhuàn）：小鸟宛转动听的鸣叫声。

［2］乱煞：缭乱。年光：春光。

[3] 炷：燃烧。沉烟：沉香，常放入香炉做熏香料。
[4] 恁（nĕn）：怎么，为什么。关情：萦绕人心的情致，即春情。
[5] 袅：即袅袅，轻柔飘忽的样子。晴丝：即游丝、飞丝，音谐“情思”，暗喻女主人公对爱情的向往。
[6] 摇漾春如线：形容春光如同晴丝摇曳飘荡，绵绵悠长。
[7] 没揣：没料到。菱花：镜子。
[8] 偷人半面：偷偷映照出自己的半个面庞。
[9] 迤逗：招惹，挑逗。彩云：指代妆饰美丽的发型。
[10] 姹紫嫣红：花色鲜艳明丽的样子。
[11] 断井颓垣：废井残墙。
[12] 锦屏人：深闺中人，即包括自己在内的游园之人。韶光：春光。
[13] 啼红了杜鹃：用杜鹃鸟鸣叫啼血的典故，形容盛开的杜鹃花。
[14] 荼（tú）蘼（mí）：晚春开放的一种黄白色小花。
[15] 凝盼（miǎn）：注视。
[16]“生生”句：形容燕子的叫声明快清脆。
[17] 溜的圆：黄鹂叫声圆润宛转。

导读

汤显祖（1550年—1616年），字义仍，号若士，别号清远道人，江西临川人，明代戏曲家。中国古代文学史上，他是继关汉卿之后的又一位伟大的戏曲大师，其剧作现存主要有五种，即“玉茗堂四梦”（或称“临川四梦”）及《紫箫记》。“玉茗堂四梦”即《紫钗记》、《牡丹亭》（又名《还魂记》）、《邯郸记》、《南柯记》。其中，最为汤显祖自己在意、对后世影响最大的就是《牡丹亭》。汤显祖的戏曲作品传播于世界各地，享誉久远，在英、日、德、俄等很多国家都被视为世界戏剧艺术的珍品，世人盛赞汤显祖是“东方的莎士比亚”。

《牡丹亭》约成书于万历二十六年（1598年）。全剧共五十五出，故事梗概大致如下：

岭南寒门书生柳梦梅忽有一梦，梦中，见一座似锦花园，遒劲的梅花树下，玉立着一位亭亭佳人，丹唇轻启说同他有前世姻缘，今世可续。梦醒之后，柳生陷入无尽的思念之中。

南宋初年，江西南安。太守杜宝的独生女儿杜丽娘才貌端丽，令人羡爱。丽娘师从陈最良读书，因念及《诗经·周南·关雎》而伤春寻春，背着父母悄悄来到自家花园观赏美景。春意盎然中，她芳心萌动，情思乍现，回到闺房，隐几而寐，竟白日成梦。昏沉的梦中，她遇见一位书生走上前来，手持半枝垂柳，与之在牡丹亭畔尽情幽会，云雨欢欣。醒来方知南柯一梦，不由得相思不已，郁闷成疾，一病不起，不治身亡。弥留之际，丽娘要求母亲把她葬在自家花园的梅树下，嘱咐丫鬟春香将其自画像藏在太湖石底。杜宝升任淮阳安抚使后，委托陈最良安葬女儿，并修建了“梅花庵观”。

三年后，书生柳梦梅赴京城临安赶考，途经南安，借宿“梅花庵观”。他行走在花园中，于太湖石下偶然拾得杜丽娘的自画像，惊奇地发现画中之人就是他梦中所见的佳人，倾慕之至，终日对着画像焚香祝拜。精诚所至，丽娘魂灵被感动，翩然而至与柳生再度相会，互诉衷情。柳梦梅冒死掘墓开棺，杜丽娘起死回生，两人喜结良缘，同往临安。杜丽娘的老师陈最良看到杜丽娘的坟墓被掘，遂状告柳梦梅盗墓罪。

临安应试后，杜丽娘托付柳梦梅送家信传报还魂喜讯。接信后，杜宝疑窦丛生，囚禁了柳梦梅。金榜下发后，柳梦梅高中状元，解了阶下囚之围。但杜宝却拒不承认他和女儿的婚姻，还强迫丽娘离异。纠纷闹到皇帝面前，经过皇帝的调停，好事成真，柳梦梅与杜丽娘有情人终成眷属。

《牡丹亭》通过描写杜丽娘和柳梦梅生死相恋、忠贞不渝的爱情，歌颂了青年男女勇于追求自由爱情和幸福生活的大胆叛逆和顽强斗争精神，表达了挣脱封建牢笼、砸碎理学枷锁、追求个性解放、向往美好生活的强烈愿望，具有强烈的时代特色。

从情节内容看，《牡丹亭》表现的是古老的“爱欲与文明的冲突”母题。其中的“文明”就是明代统治者所极力宣扬、用以束缚人的身心、摧残人的性情的程朱理学和封建礼教；其中的“爱欲”，即以杜丽娘天生向往爱情并最终获得了胜利为体现；戏剧用形象化的手法表现了情（欲）与理（礼）的冲突，肯定“爱欲”即情的客观性与合理性，批判不合理的统治“文明”即理（礼）的反人性与脆弱性，反映了明代中后期具有普遍意义的从生活领域到意识形态里的“情”与“理”的斗争，并通过塑造杜丽娘这一鲜明的人物形象来加以表现，赋予了爱情战胜一切、超越生死的巨大力量，因而具有深刻的现实意义、鲜明的战斗性和解放思想的倾向性。

《牡丹亭》具有极高的艺术成就，主要表现在以下三个方面：

一是浓郁的浪漫幻想色彩，表现在主题表达、情节设置和人物塑造等各个方面。戏剧将浪漫主义表现手法融入传奇故事构建，艺术构思奇谲幻变，故事情节跌宕多姿，多条线索交叉错合，梦境世间人鬼魂灵转换，理想现实互为衬托，既有缠绵悱恻、诗情画意，又有金鼓排场、剑拔弩张，悲喜交集、气氛多变；而杜丽娘对美好理想生活的强烈追求贯穿于整个作品，并且被从“情”与“欲”对立的高度来加以观照、表现和肯定，在喜谑浪漫之上，更增添了严肃、深刻、震撼人心的悲剧意味，艺术效果精湛独特而耐人寻味。

二是典型人物的塑造，成功地刻画了追求天性、敢于反叛、青春靓丽、至情至性的富家小姐杜丽娘形象。戏剧从环境描写、景物展现、心理揭示、细节刻画等多个方面运用多种手法来塑造这一形象，写其超越世俗，坚定执着，为情而死，为情而生，尤其注重展示人物丰富的内心世界，发掘人物内心幽微细密的情感及其变化，使之形神毕露，赋予了剧中人物形象以鲜明的性格特征、浓郁的时代气息和深刻的文化内涵。诚如汤显祖在该剧《题词》中所言：“如杜丽娘者，乃可谓之有情人耳。情不知所起，一往而深。生者可以死，死可以生。生而不可与死，死而不可复生者，皆非情之至也。”

三是语言的秾丽诗意风格。全剧采用抒情诗的笔法，人物情感倾泻而下；语词浓丽华艳，意蕴丰赡，婉转优美，精彩纷呈，锦心绣口，机趣迭出，具有抒情、奇巧、尖新、陡峭、纤细的语言风格，许多唱词至今仍然脍炙人口，传唱不衰。

汤显祖的《牡丹亭》与王实甫的《西厢记》、关汉卿的《窦娥冤》、洪昇的《长生殿》并称为中国四大古典戏剧，在思想和艺术上都有着极高的水准。剧本一经推出，就深受民众的欢迎，特别是感情备受压抑的广大妇女。据说，当时有少女读后感动得“忿惋而死”，杭州有女伶演到“寻梦”一出时感情激动，卒于台上。数百年来，《牡丹亭》被改编成各种戏曲传唱良久，江南苏杭一带流行的昆曲就一直将《牡丹亭》作为保留剧目。《牡丹亭》中反抗封建礼教、追求个性解放的思想倾向影响更为深远，其后的《红楼梦》即为明证。

“惊梦”是其中的一出经典段落，杜丽娘与柳梦梅那如诗如画、亦真亦幻的爱情故事，引人入胜、令人叹赏。“良辰美景奈何天，赏心乐事谁家院”之类的词句可以说脍炙人口、家喻户晓。

本篇节选的是《牡丹亭》第十出“惊梦”，包括“游园”和“惊梦”两个情节，主要描写杜丽娘芳心萌动、青春觉醒，是杜丽娘叛逆性格发展的关键环节，也是最能体现全剧主体精神的一出戏。

“惊梦”一节，主要写杜丽娘由伤春思春而感梦生情的具体情形，由六支曲子组成。其中，杜丽娘春情难遣、心怀惆怅，以及与柳梦梅梦中欢会的情景，写出杜丽娘行动上的大胆叛逆和勇敢追求，为后来由梦生情、因情生病、由病而死、死而复生、勇敢抗争的情节做了铺垫。

本出戏剧形象地写出杜丽娘养在深闺的孤寂无聊及其内心的爱意萌动、青春觉醒，这在当时程朱理学和封建礼法风行的时代，具有鲜明的时代特征和人性意识，引发大众特别是被压抑妇女的强烈共鸣，也就可想而知了。

《惊梦》在艺术上体现了《牡丹亭》全剧的艺术特征，又别具个性特点。

首先，本出情节结构完整自然又与全剧相互映带，融为一体，集中写出了杜丽娘思想觉醒、反叛个性形成的关键过程，构思精警，思绪严密，手法独到，格局宏阔。

其次，写景与抒情、描写生活环境与刻画人物心理互相融合，完美统一，景中寓情，情中有景，形象鲜明又含蓄蕴藉，使景象与心境互相映衬，诗情与画意水乳交融。《步步娇》《皂罗袍》两曲，刻画了丽娘的娇羞神态和种种微妙心理，把深闺女子的苦闷和青春觉醒的烦恼描摹得十分细腻、生动、感人。

再次，手法多样，描写细腻，刻画了情感丰富、个性鲜明的人物形象。如“袅晴丝”的比喻和双关，牡丹意象的暗喻，比翼鸟儿的反衬，菱镜“偷人半面”的拟人化，“姹紫嫣红”与“断井颓垣”的对比，等等，无不神韵毕见，十分有利于表现人物的心情和形象。

最后，曲辞艳丽典雅，语言绚烂多姿、灵动飘逸，充满诗情画意，充分显示了《牡丹亭》文辞华美绚丽、富于诗意的语言特色，也最能体现汤显祖作为明代传统文采派代表作家的语言功力。比如发曰“彩云”，镜曰“菱花”，衫裙曰“脆生生”，花簪曰“艳晶晶”，明快燕语曰“剪”，莺歌宛转用“圆”，等等，字字珠玑，创意迭出，新人耳目。

汤显祖生前不无得意地说：“一生四梦，得意处惟在牡丹。”明人沈德符《顾曲杂言》称，“汤义仍《牡丹亭梦》一出，家传户诵，几令《西厢》减价”。

嘉言撷英

1. 惊觉相思不露，原来只因已入骨。
2. 但是相思莫相负，牡丹亭上三生路。
3. 莺逢日暖歌声滑，人遇风情笑口开。
4. 则为你如花美眷，似水流年。是答儿闲寻遍，在幽闺自怜。
5. 这般花花草草由人恋，生生死死随人愿，便酸酸楚楚无人怨。
6. 拜月堂空，行云径拥，骨冷怕成秋梦。世间何物似情浓？整一片断魂心痛。
7. 淅淅零零，一片凄然心暗惊。遥听隔山隔树，战合风雨，高响低鸣。一点一滴又一声，一点一滴又一声，和愁人血泪交相迸。
8. 我独在人间，委实的不愿生。语娉婷，相将早晚伴幽冥。一恸空山寂，铃声相应，阁道崚嶒，似我回肠恨怎平！
9. 长江一线，吴头楚尾路三千，尽归别姓，雨翻云变。寒涛东卷，万事付空烟。精魂显，《大招》声逐海天远。
10. 俺曾见金陵玉殿莺啼晓，秦淮水榭花开早，谁知道容易冰消。眼看他起朱楼，眼看他宴宾客，眼看他楼塌了。这青苔碧瓦堆，俺曾睡风流觉，将五十年兴亡看饱。

第四节　梦中繁华：遗民的眷怀与回忆

昔孟元老撰《梦华录》，吴自牧撰《梦粱录》，均于地老天荒沧桑而后，不胜身世之感，兹编（《陶庵梦忆》）实与之同。虽间涉游戏三昧，而奇情壮采，议论风生，笔墨横姿，几令读者心目俱眩，亦异才也。

——伍崇曜

选　篇

西湖七月半

明　张岱

西湖七月半[1]，一无可看，止可看看七月半之人[2]。看七月半之人，以五类看之[3]。其一，楼船箫鼓[4]，峨冠盛筵[5]，灯火优傒[6]，声光相乱，名为看月而实不见月者，看之[7]。其一，亦船亦楼，名娃闺秀[8]，携及童娈[9]，笑啼杂之，环坐露台[10]，左右盼望[11]，身在月下而实不看月者，看之。其一，亦船亦声歌，名妓闲僧[12]，浅斟低唱[13]，弱管轻丝[14]，竹肉相发[15]，亦在月下，亦看月而欲人看其看月者，看之。其一，不舟不车，不衫不帻[16]，酒醉饭饱，呼群三五[17]，跻入人丛[18]，昭庆[19]、断桥[20]，嚣呼嘈杂[21]，装假醉，唱无腔曲[22]，月亦看，看月者亦看，不看月者亦看，而实无一看者，看之。其一，小船轻幌[23]，净几暖炉，茶铛旋煮[24]，素瓷静递[25]，好友佳人，邀月同坐，或匿影树下[26]，或逃嚣里湖，看月而人不见其看月之态，亦不作意看月者[27]，看之。

杭人游湖[28]，巳出酉归[29]，避月如仇。是夕好名[30]，逐队争出，多犒门军酒钱[31]。轿夫擎燎[32]，列俟岸上[33]。一入舟，速舟子急放断桥[34]，赶入胜会。以故二鼓以前[35]，人声鼓吹[36]，如沸如撼[37]，如魇如呓[38]，如聋如哑[39]。大船小船一齐凑岸，一无所见，止见篙击篙[40]、舟触舟、肩摩肩[41]、面看面而已。少刻兴尽，官府席散，皂隶喝道去[42]。轿夫叫船上人，怖以关门[43]，灯笼火把如列星[44]，一一簇拥而去。岸上人亦逐队赶门，渐稀渐薄，顷刻散尽矣。

吾辈始舣舟近岸[45]，断桥石磴始凉[46]，席其上[47]，呼客纵饮[48]。此时月如镜新磨[49]，山复整妆，湖复颒面[50]，向之浅斟低唱者出[51]，匿影树下者亦出。吾辈往通声气[52]，拉与同坐。韵友来[53]，名妓至，杯箸安[54]，竹肉发。月色苍凉，东方将白，客方散去。吾辈纵舟[55]，酣睡于十里荷花之中，香气拍人[56]，清梦甚惬[57]。

注释

[1] 西湖：即今浙江杭州西湖。七月半：农历七月十五日，旧习称为中元节，又名鬼节。杭州风俗，人们在当天晚上倾城出游西湖。

[2]“止可看”句：谓只可看那些来看七月半景致的人。止，同“只”。

[3] 以五类看之：把看七月半的人分作五类来看。

[4] 楼船：指考究的有楼台装饰的大船。箫鼓：指吹打乐器。

[5] 峨冠：高高的帽子，为士大夫的装束，代指士大夫。盛筵：丰盛的酒筵。

[6] 优：优伶。傒（xī）：奴仆。

[7] 看之：意为可以看看这一类人。

[8] 娃：美女。名娃，指名门的美女。闺秀：有才德的女子，后指代“小姐”。

[9] 童娈（luán）：即娈童，指容貌美好的侍僮。娈，美貌。

[10] 露台：楼船上的露天平台。

[11] 盼望：盼、望都是看的意思。

[12] 闲僧：和尚。出家人不问世俗，从容闲暇，故称。

[13] 浅斟：慢慢地喝酒。低唱：轻声地吟唱。

[14] 弱管轻丝：意指轻柔的管弦音乐。弱管，低吹管笛；轻丝，轻弹琴瑟。

[15] 竹肉相发：此句意指器乐声伴着歌声。竹，竹制管乐器，此处泛指器乐演奏；肉，

歌喉。

[16]“不舟”二句：不坐船，不乘车；不穿长衫，不戴头巾，指不修边幅、放荡随便。帻（zé），头巾。

[17] 呼群三五：呼朋唤友，三五成群。

[18] 跻（jī）：通“挤”。

[19] 昭庆：西湖名胜昭庆寺名。

[20] 断桥：西湖白堤的桥名。

[21] 嚣：呼叫。

[22] 无腔曲：没有腔调的歌曲，形容唱得乱七八糟。

[23] 幌（huàng）：窗幔。

[24] 铛（chēng）：温茶、酒的三脚锅具。旋（xuán）：随时，随即。

[25] 素瓷静递：安静地传递白净雅洁的瓷杯。

[26] 匿影：藏身。

[27] 作意：存心，故意，做出某种姿态。

[28] 杭人：杭州人。

[29] 巳：巳时，约为上午九时至十一时。酉：酉时，约为下午五时至七时。

[30] 是夕好名：七月十五这天夜晚，人们喜欢这个名目。“名”，指“中元节”的名目，等于说“名堂”。

[31] 犒（kào）：用酒食或财物慰劳。门军：把守城门的军士。

[32] 擎（qíng）：举。燎（liáo）：火把。

[33] 列俟（sì）：排队等候。

[34] 速：催促。舟子：船夫。放：开船。

[35] 二鼓：二更，约为夜里十一点。

[36] 鼓吹：指鼓、钲、箫、笳等打击乐器、管弦乐器合奏出来的乐曲。

[37] 如沸如撼：像水沸腾，像物体震撼，形容喧嚷。

[38] 如魇如呓：指在喧嚷中种种怪声。魇（yǎn），梦中惊叫。呓，说梦话。

[39] 如聋如哑：指喧闹之声震耳欲聋，自己说话别人听不见。

[40] 篙：用竹竿或杉木做成的撑船的工具。

[41] 摩：碰，触。

[42] 皂隶：衙门里的差役。喝道：官员出行，衙役在前边吆喝开道、驱人让道。

[43] 怖以关门：用关闭城门来吓唬。

[44] 列星：分布在天空的星星。

[45] 舣（yǐ）舟：指移船停靠岸边。舣，通“移”。

[46] 石磴（dèng）：石头台阶。

[47] 席其上：在石磴上摆设酒筵。

[48] 纵饮：尽情喝酒。

[49] 如镜新磨：如同刚磨制成的镜子。古代以铜为镜，磨制而成。
[50] 颒（huì）面：洗脸。形容湖面重现明净。
[51] 向：先前，刚才。
[52] 往通声气：互相打招呼。
[53] 韵友：风雅的朋友，诗友。
[54] 箸（zhù）：筷子。安：放好。
[55] 纵舟：放开船只。
[56] 拍：扑。
[57] 惬（qiè）：快意，畅快。

导读

张岱（1597年—1689年），又名维城，字宗子，又字石公，号陶庵、蝶庵，晚号六休居士、古剑老人等，浙江山阴（今浙江绍兴）人，明末清初著名文学家、史学家，也是一位多才多艺的生活艺术家。

《西湖七月半》是张岱小品散文的代表作之一，体现了张氏小品文的基本意旨与情调。

文章叙写农历七月十五西湖优美的景致和游人赏月的盛况，展现了西湖一带的世情风俗。作者写景叙事，笔墨不着眼于风景，却集中于看风景之人，一一道来，生动传神，颇有世外高人俯视大千世界、芸芸众生的清高娴雅、气定神闲。实质是，表面写人，却时时不离写月，情趣内蕴，完美地体现了张氏文章清雅拔俗的主旨与风格。

文章先声夺人，反面揭题，选择一个独特的视角来抒写自己的观感。然后，次第描绘了达官贵人、名娃闺秀、名妓闲僧、慵懒之徒四类看月之人，突出这些世俗之辈的附庸风雅、故作清流。与其形成鲜明对比的，是写最后一类即作者的好友及佳人，这些人观景赏月，特立独行，行为持重得体，仪态高雅，气度恬淡，与西湖诗情画意的优美风景相得益彰，融为一体。而在对比当中，孰优孰劣，孰雅孰俗，则一目了然，作者的爱憎情感也昭然若揭。不过，其审美情趣固然高雅脱俗，但也免不了传统文人孤高自赏的毛病。

本文有典型的晚明小品文艺术特征：

第一，构思简洁明晰，行文流畅，井然有序，对比鲜明。如写人物场景，纷繁复杂，又极有条理。第一类假冒风雅的官僚，第二类无意风雅的豪门，第三类欲显风雅而不免做作，第四类不知风雅为何物的市井好事之徒，第五类不欲显其风雅而真正风雅的文人雅客等，五类人物，两种场景，写来如见其人、如临其境。作者观察深入细致，笔墨精练老到，行文错综而富于变化，前后呼应转接自然。文章开头奇警峭拔，结尾韵味悠长，处处对比映照，却雅俗自分，含蓄诙谐。

第二，观察细致，描写细腻传神，语言生动活泼、清新流丽，笔调诙谐幽默。写达官贵人的游湖，有意自炫而无心在月，豪华的大船，丰盛的宴席，环侍的奴仆，献艺的优伶，一派灯火通明，鼓乐齐鸣；写名娃闺秀的游湖，矫揉造作，令人作呕，亦船亦楼，携及童娈，环坐露台，哭哭笑笑，娇声娇气，左张右望；写市井好事之徒游湖，三五成群，纯凑热闹，衣衫不整，乱挤乱撞，大呼小叫，手舞足蹈，衔歌游走，洋洋得意；写杭人的游湖，蜂拥而出，如同赶市："如沸如撼，如魇如呓，如聋如哑"，"止见篙击篙、舟触舟、肩摩肩、面看面而已"，湖上舟船密密麻麻，肩摩踵接，赏月人群蜂拥而出，潮起潮落，见到的无非是一张张贴得很近的油汗淋漓的面孔罢了。这些文字，纯用白描，不动声色，尽显神采。西湖七月半，真的一无可看！

第三，寓情于叙事、写景之中，情感含蓄蕴藉。比如，记叙五类游客，写达官贵人"名为看月而实不见月"，即有意自炫而无心赏月；写名娃闺秀"身在月下而实不看月"，即矫揉造作，乘机玩乐；写名妓闲僧"亦看月"，却着意做作在于"欲人看其看月"；写市井好事之徒"月亦看，看月者亦看，不看月者亦看"，无所不看，而"实无一看"；写清雅之士看月，纯任自然，兴之所至，毫无做作之态。各色人等，依次写来，神态各异，境界不同，无不跃然纸上。笔下情景纷杂，而作者却不动声色，五个"看之"，冷眼旁观，了然于心，三言两语，尽显风神，寓雅俗、褒贬于冷静、客观的画面之中，真实可信又颇为传神。

嘉言撷英

1. 少为纨绔子弟，极爱繁华，好精舍，好美婢，好娈童，好鲜衣，好美食，好骏马，好华灯，好烟火，好梨园，好鼓吹，好古董，好花鸟，兼以茶淫橘虐，书蠹诗魔，劳碌半生，皆成梦幻。年至五十，国破家亡，避迹山居，所存者破床碎几，折鼎病琴，与残书数帙，缺砚一方而已。布衣蔬食，常至断炊。回首二十年前，真如隔世。
2. 月光倒囊入水，江涛吞吐，露气吸之，噀天为白。
3. 一梦耳，惟恐其非梦，又惟恐其是梦，其为痴人则一也。余今大梦将寤，犹事雕虫，又是一番梦呓。
4. 因想余生平，繁华靡丽，过眼皆空，五十年来，总成一梦。
5. 天下之看灯者，看灯灯外；看烟火者，看烟火烟火外。未有身入灯中、光中、影中、烟中、火中，闪烁变幻，不知其为王宫内之烟火，亦不知其为烟火内之王宫也。
6. 雾凇沆砀，天与云与山与水，上下一白。湖上影子，惟长堤一痕，湖心亭一点，与余舟一芥、舟中人两三粒而已。
7. 玉液珠胶，雪腴霜腻，吹气胜兰，沁入肺腑，自是天供。
8. 偶听柯亭之竹篴，留滞人间；久虚石屋之烟霞，应超尘外。
9. 林下漏月光，疏疏如残雪。
10. 人无癖不可与交，以其无深情也；人无痴不可与交，以其无真气也。

第五节　盛世哀音：纳兰性德的敏感与哀婉

容若天资超逸，悠然尘外，所为乐府小令，婉丽凄清，使读者哀乐不知所主，如听中宵梵呗，先凄惋而后喜悦。容若词一种凄忱处，令人不能卒读，人言愁，我始欲愁。

——顾贞观

选　篇

金缕曲·赠梁汾[1]

清　纳兰性德

德也狂生耳[2]。偶然间、缁尘京国[3]，乌衣门第[4]。有酒惟浇赵州土[5]，谁会成生此意[6]。不信道、遂成知己。青眼高歌俱未老[7]，向尊前、拭尽英雄泪[8]。君不见，月如水。

共君此夜须沉醉。且由他、蛾眉谣诼[9]，古今同忌。身世悠悠何足问[10]，冷笑置之而已。寻思起、从头翻悔。一日心期千劫在[11]，后身缘[12]、恐结他生里。然诺重[13]，君须记。

注　释

[1] 金缕曲：词牌名。梁汾：顾贞观，字华峰，号梁汾。江苏无锡人，纳兰性德的朋友。清康熙五年（1666年）顺天举人。著有《积书岩集》及《弹指词》。清康熙十五年（1676年）与纳兰性德相识，从此交契，直至纳兰性德病殁。

[2] 德也狂生耳：我本是个狂放不羁的人。德，作者自称。

[3] 淄尘京国：表居北京之无奈。淄尘，黑尘，喻污垢。此处作动词用，指混迹。淄，通“缁”，黑色。京国，京城。

[4] 乌衣门第：东晋王、谢大族多居金陵乌衣巷，后世遂以该巷名指称世家大族。

[5] 有酒惟浇赵州土：用李贺《浩歌》“买丝绣作平原君，有酒唯浇赵州土”句意，是说希望有战国时赵国平原君那样招贤纳士的人来善待天下贤德才士。浇，浇酒祭祀。

[6] 会：理解。成生：作者自称。作者原名成德，后避太子讳改性德。

[7] 青眼：此指青春年少。

[8] 向尊前、拭尽英雄泪：为二人均不得志而感伤。尊，通“樽”。

[9] 娥眉：亦作“蛾眉”，喻才能。谣诼：造谣毁谤。忌：语助词，无实义。

[10] 悠悠：遥远而不定的样子。

[11] 心期：以心相许，情投意合。

[12] 后身缘：来生情缘。

[13] 然诺重：指守信誉，不食言。

导读

纳兰性德（1655年—1685年），原名成德，字容若，号楞伽山人，满洲正黄旗人，大学士明珠长子，清朝初年词人。

王国维曾不无夸张地说，纳兰性德为“北宋以来，一人而已”（《人间词话》）。其原因在于，纳兰在艺术上有大创造，乃“以自然之眼观物，以自然之舌言情”。事实上，王国维的这种说法可能受纳兰的影响，纳兰自己即认为词滥觞于唐人，极盛于北宋，而南渡以后，可置之勿论。他的座师徐乾学也说他：“好观北宋之作，不喜南渡诸家”（《纳兰君墓志铭》）。王国维推许纳兰“以自然之眼观物，以自然之舌言情”，固与他的词学理论所推崇者相符，但把纳兰推到“北宋以来，一人而已”的高度，一笔抹倒李清照、辛弃疾诸人，总显不大公平。事实上，纳兰词中，除了哀感顽艳、真切自然之风格外，还有梗概不平的豪宕之作，这一类作品的风格，恰恰颇似辛派词人。所以，清人徐釚就指出，纳兰“词旨嵚奇磊落，不啻坡老、稼轩”（《词苑丛谭》）。他在不平之气鼓荡之下一气呵成的作品，与北宋（除苏轼外）诸家颇不类，小令作者二晏、欧阳、方回、秦观等固不论，长调作者中，柳永一味铺陈，转折有余而畅达不足；周邦彦吞吞吐吐，语气拗折而气息奄奄，两者固有纳兰不及之优点，亦有不及纳兰之缺点。相反，正是在他不喜欢的南渡诸家那里，尤其是辛幼安的词作里，才可以找见他的那种调子。

此词从风格到句式，到用典，甚至一些句子，比如“拭尽英雄泪”“蛾眉谣诼”等，都化自辛弃疾。而正是这首词，给他带来了巨大的声誉，“都下竞相传写，于是教坊歌曲间，无不知有《侧帽词》(《饮水词》的前称）者”(徐釚《词苑丛谭》)。

注意这首词的开头“德也狂生耳”，这种直抒胸臆式的开头，在纳兰词中常见，如《金缕曲·寄梁汾》开头“木落吴江矣”，《瑞鹤仙》的开头“马齿加长矣”；《风流子》的开头“平原草枯矣”，都是典型的辛弃疾式的。可惜的是，他还不具备辛弃疾的那种剽悍强戾之气，他“狂”得还不够。他也还不如李清照那样一味自怜，他也“惨”得不够。所以，这类风格的作品，在他的集子中，还不算太多。

纳兰性德是天生贵胄、锦衣玉食之人，而且他自己天分极高，仕途极顺，人际关系极好，按一般世俗观点，他的人生几乎是完满的，但他偏偏常在忧患中，“愁似湘江日夜潮”(《忆王孙·西风一夜》)。

陈廷焯说："词兴于唐，盛于宋，衰于元，亡于明，而再振于我国初，大畅厥旨于乾嘉以还也。"(《白雨斋词话》)事实上，乾嘉以后的词作殊不足道，而清初所谓三大家中另两家陈维崧、朱彝尊，也不能和纳兰相比，真正值得我们记起的，在清代也就一个纳兰，而且纳兰之后，再无大家，再无名作。词作为一种文体，走到纳兰，就走完了它的生命历程，而由这样一位憔悴天才来谢幕，是词体的光荣，留给我们的，却是生命的刻骨伤感。

选 篇

青衫湿遍·悼亡[1]

清 纳兰性德

青山湿遍，凭伊慰我，忍便相忘。半月前头扶病[2]，剪刀声、犹共银缸[3]。忆生来小胆怯空房。到而今独伴梨花影，冷冥冥、尽意凄凉。愿指魂兮识路，教寻梦也回廊。

咫尺玉钩斜路[4]，一般消受，蔓草残阳。判把长眠滴醒[5]，和清泪，搅入椒浆[6]。怕幽泉还为我神伤[7]。道书生薄命宜将息[8]，再休耽、怨粉愁香[9]。料得重圆密誓，难禁寸裂柔肠。

注 释

[1] 青衫湿遍：词牌名，纳兰性德首创。双调，上下片各五句，押平声韵。全词 122 字。

[2] 扶病：带着病行动做事。

[3] 银缸（gāng）：银灯。古代以油灯照明，贵族大家多用银制灯台，故称银缸。

[4] 玉钩斜：隋代埋葬宫女的墓地。《陈无己诗话》："广陵亦有戏马台下路号玉钩斜。"这里是指亡妻的灵寝所在地。

[5] 判：通"拚"。此处为甘愿之意。周邦彦《解连环》："拼今生对花对酒，为伊泪落。"长眠：指亡妻已死。

[6] 椒（jiāo）浆：即椒酒，以椒实浸制之酒，多于元旦饮用。这里是指祭奠之酒浆。

[7] 幽泉：墓穴，代指亡妻。

[8] 将息：保重、调养之意。

[9] 怨粉愁香：怨粉愁香是喻指男女间的恩怨私情，这里借指与妻往日的浓情蜜意。粉香，代指女子。

导 读

纳兰性德的悼亡之作被评为"如寡妇夜哭，缠绵幽咽，不能终听"（《李慈铭读书记》）。学术界对纳兰的这种“性近悲凉”精神状态的成因作了种种说明，有说他是“生就肝肠”，天性如此（张芑川《百字令》），有说是“家族世仇”，是“民族仇怨”，是“末世悲凉”，是“理想破灭”。我的意见是，根据他的精神状态，他可能有着忧郁症的病状。所以，虽在花团锦簇之中，烈火烹油之时，他仍然“料也觉，人间无味”（《金缕曲·亡妇忌日有感》）。甚至一睡而不愿醒来：“解道醒来无味”（《如梦令·万帐穹庐人醉》）。当然，这种忧郁症病状，不仅仅由于生理上的问题，更多的是由于社会问题。一种社会状态，延续了两千年，总会让人厌倦。因为这样的社会，哪怕稳定，哪怕舒适，它也不能给人提供精神上的新鲜感，从而使人丧失了精神上的追求，没有精神探索的生活是无聊的，没有激情的生活是令人厌倦和颓唐的。况且，这种表面的繁荣，总隐藏着巨大的危机，表面的稳定，挡不住宿命般必将到来的崩溃，因为，这种盛衰兴亡，甚至改朝换代，已经经历无数次了，熟谙历史而又生性敏感的纳兰，他不可能看不到历史上那么多煊赫一时的家族与风光一时的人物，最后几乎无一例外地不能逃脱覆亡的命运。“朱丹吾毂，一跌将赤吾之族”（扬雄《解嘲》）的故事，是不断地用鲜血来重写的。尤其是他看到自己的父亲，虽权倾一时，却大肆贪赃弄权，最终垮台的命运几乎是铁定的。面对这一切，纯洁而敏感的纳兰，不患上忧郁症，倒是不正常的。

纳兰词为我们提供了什么？在文学史上，他有什么贡献？换句话说，他对丰富我们这个民族的心灵，做了什么？他对我们这个民族的审美，提供了什么样的样本？对他这方面的评价，相差很大：最高的，是王国维，认为他是北宋以来第一人；低的，只认为他是一个一般的词作者。在这类意见里，陈子展的话很有意思：恰好他的爱妻死了，悼亡叹逝，不觉流露于字里行间，罩上了很浓厚的感伤气氛，可以传染读者；恰好他常常陪侍皇帝出巡打猎，引起了他的边塞荒凉之感，也足以动人。同时他是由科举出身的贵公子，自命风雅，肯和许多名士往来；他又救了一个遭难的文人吴季子，所谓热情侠气，也成了他词里的一部分；加上他的不幸短命；这样，他就成为一代无双的词人了。（《中国文学史讲话下》）

这段话中的事实，实际上不能说明纳兰词之艺术成就，因为凡此种种，本身并不能决定一个人心灵的深度、境界的高度和思想的广度。面对同样的事，不同悟性的人，境界会达到不同的深度。而纳兰恰恰是具有非凡悟性的人。不少人喜欢把纳兰和李煜比，而我以为，两者在风格上或很相似，在把具体事件的感受最终上升到人生感慨上也很一致，但两者的路径却很不相同。李煜是向事件开拓的人。他前期写宫廷生活，写与大小周后的爱情，向宫廷生活要灵感，他把那些事写得花团锦簇；后期写亡国，写囚虏生活，把亡国大事反复写，向亡国大事要题材，把这些事写得一派狼藉。而纳兰是向内心开拓的人，他一生中值得写的大事与李煜相比太少了，或者说，太平常了。和一般人比，或者还有些骄傲的地方，比如出塞、下江南。和李煜比，他只能拱手称臣，他的那些事，只能是黯然失色。李煜有现实的大磨难、大变迁、大跌宕，纳兰的生活，纵有些苦痛，也是人之常情（这正是陈子展对他不以为然的地方）。但问题恰恰在于，他就对这些人之常情极敏感，他就从这些人之常情中，从人生的常见遗憾中，看出人生的大悲剧、大荒谬、大空虚、大无聊，换句话说，他从日常生活中看出了悲剧。所以，他把自己花团锦簇的生活，弄得一片荒凉。其实，看不见荒凉，就是繁华，若是你的眼光很不幸透过了这层繁华，就看见了荒凉。所以，李煜的悲剧，是事的悲剧，而纳兰的悲剧，则是“几乎无事的悲剧”。李煜的悲剧，是个别的悲剧，他的可贵在于他从自己的个别的悲剧中找到了一般性的人生悲剧，他通过主题的升华，上升为普遍人生的苦痛，这是他的伟大，是他的深度与广度。而纳兰的悲剧，本来就是一般的悲剧，就是我们所有人所有的生活中常见的悲剧。他不需要李煜主题的升华，他就在日常生活中发现了生命的苦痛，无所逃乎天地之间的苦痛，这是彻底绝望。是对生活的彻底绝望，对世界的彻底绝望。绝望到根本无须其他什么重大打击和挫折，无须什么重大变故与失去，我们已然一无所有，我们已然被打倒。我们的日常生活，就是悲剧。一个社会在僵死的过程中，一些最敏锐的感官，总是最先死亡。纳兰就是这样的感官。

嘉言撷英

1. 山一程，水一程，身向榆关那畔行，夜深千帐灯。
2. 人生若只如初见，何事秋风悲画扇。
3. 一生一代一双人，争教两处销魂。
4. 风淅淅，雨纤纤。难怪春愁细细添。记不分明疑是梦，梦来还隔一重帘。
5. 半残阳下小楼，朱帘斜控软金钩。倚阑无绪不能愁。
6. 红影湿幽窗，瘦尽春光。雨余花外却斜阳。谁见薄衫低鬓子，抱膝思量。
7. 断续凉云来一缕，飘堕几丝灵雨。今夜冷红浦溆，鸳鸯栖向何处？
8. 凭仗丹青重省视，盈盈，一片伤心画不成。
9. 辛苦最怜天上月，一昔如环，昔昔都成玦。
10. 肠断月明红豆蔻，月似当时，人似当时否？

第六节　暗夜精魂：龚自珍的孤绝与疾呼

自珍性诪宕，不检细行，颇似法之卢骚；喜为要眇之思，其文辞俶诡连犿，当时之人弗善也。……虽然，晚清思想之解放，自珍确与有功焉。光绪间所谓新学家者，大率人人皆经过崇拜龚氏之一时期。

——梁启超

选 篇

病梅馆记

清 龚自珍

江宁之龙蟠[1]，苏州之邓尉[2]，杭州之西溪[3]，皆产梅。或曰[4]：“梅以曲为美，直则无姿；以欹为美[5]，正则无景；以疏为美，密则无态。”固也[6]。此文人画士，心知其意，未可明诏大号以绳天下之梅也[7]；又不可以使天下之民斫直[8]，删密，锄正，以夭梅、病梅为业以求钱也[9]。梅之欹、之疏、之曲，又非蠢蠢求钱之民[10]，能以其智力为也[11]。有以文人画士孤癖之隐明告鬻梅者[12]，斫其正，养其旁条[13]，删其密，夭其稚枝[14]，锄其直，遏其生气[15]，以求重价[16]，而江浙之梅皆病。文人画士之祸之烈至此哉！

予购三百盆，皆病者，无一完者。既泣之三日[17]，乃誓疗之、纵之、顺之[18]，毁其盆，悉埋于地[19]，解其棕缚[20]；以五年为期，必复之全之[21]。予本非文人画士，甘受诟厉[22]，辟病梅之馆以贮之。

呜呼！安得使予多暇日[23]，又多闲田，以广贮江宁、杭州、苏州之病梅，穷予生之光阴以疗梅也哉[24]！

注 释

[1] 江宁：旧江宁府所在地，今江苏南京。龙蟠：龙蟠里，今南京市清凉山下。

[2] 邓尉：山名。在今江苏省苏州市西南。汉代的邓尉曾隐居于此，故名。

[3] 西溪：地名。今浙江省杭州市灵隐寺山西北。

[4] 或：有的人。

[5] 欹（qī）：倾斜。

[6] 固也：本来如此。

[7] “未可明诏大号”句：公开宣告，大声疾呼。绳，衡量，约束。

[8] 斫：砍削。直：笔直的枝干。

[9] 夭梅病梅：摧折梅，把它弄成病态。夭，使……摧折（使……弯曲）。病，使……成为病态。

[10] 蠢蠢：无知的样子。

[11] 智力：智慧和力量。

[12] 孤癖：特殊的嗜好。隐：隐衷，隐藏心中特别的嗜好。鬻（yù）：卖。

[13] 旁条：旁逸斜出的枝条。

[14] 稚枝：嫩枝。

[15] 遏（è）：遏制，压抑。

[16] 重价：高价。
[17] 泣：为……哭泣。
[18] 纵：放纵。顺：使……顺其自然。
[19] 悉：全部。
[20] 棕缚：束梅的棕绳。
[21] 复：使……恢复。全：使……得以保全。
[22] 诟厉：辱骂，责难。
[23] 安得：怎么能够。暇：空闲。
[24] 穷：穷尽。

选 篇

咏史

清 龚自珍

金粉东南十五州[1]，万重恩怨属名流[2]。
牢盆狎客操全算，团扇才人踞上游[3]。
避席畏闻文字狱[4]，著书都为稻粱谋[5]。
田横五百人安在，难道归来尽列侯[6]？

注 释

[1] 金粉：古代妇女化妆用的铅粉。这里指景象繁华。十五州：泛指长江下游地区。
[2]“万重”句：指“名流”在声色和名利场中彼此猜忌争夺，恩怨重重。恩怨，指情侣、夫妻间的恩爱悲怨之情。属（zhǔ），结交。名流，知名之士，这里指当时社会上沽名钓誉的头面人物。
[3]“牢盆”两句：意谓在盐商家帮闲的清客和那些轻薄文人得操胜算，全很得意。牢盆，古代煮盐器具。这里借指盐商。狎（xiá）客：权贵豪富豢养的亲近的清客。团扇，圆扇，古代宫妃、歌妓常手执白绢团扇。才人，宫中女官。“团扇才人”是对轻薄文人的贬称。踞上游，指占据高位。
[4] 避席：古人席地而坐，为表示恭敬或畏惧离席而起。文字狱：指清统治者迫害知识分子的一种冤狱，故意在作者诗文中摘取字句，罗织成罪。康熙、雍正、乾隆几代文字狱尤为厉害。
[5] 为稻粱谋：为生活打算。杜甫《同诸公登慈恩寺塔》：“君看随阳雁，各为稻粱谋。”原指鸟类寻觅食物，转指人们为衣食奔走。
[6]“田横”两句：借用田横门客的故事讽刺清统治者惯于欺骗，指出当时有些士大夫趋

炎附势，没有骨气，实无益处。田横在秦末自立为齐王。刘邦统一中国后，田横带领五百多人逃入海岛。刘邦招降说："田横来，大者王，小者乃侯耳！不来，且举兵加诛焉。"田横来到离洛阳三十里处，终于觉悟到向刘邦称臣为耻，自刎而死。岛上五百人听到田横已死，也都自杀（见《史记·田儋列传》)。列侯：爵位名。汉制，王子封侯，称诸侯；异姓功臣受封，称列侯。

选 篇

己亥杂诗·其五

清　龚自珍

浩荡离愁白日斜[1]，吟鞭东指即天涯[2]。
落红不是无情物[3]，化作春泥更护花[4]。

注 释

[1] 浩荡离愁：离别京都的愁思浩如水波，也指作者心潮不平。浩荡，无限。
[2] 吟鞭：诗人的马鞭。东指：东方故里。即：到。天涯：指离京都距离遥远。
[3] 落红：落花。花朵以红色者为尊贵，因此落花又称为落红。
[4] 花：比喻国家。

导 读

龚自珍（1792 年—1841 年)，字璱人，号定盦，浙江临安（今浙江杭州）人，晚年居住昆山羽琌山馆，清代思想家、文学家和改良主义的先驱人物。龚自珍志存高远，才华横溢，思想敏锐，极具个性，激情洋溢，曾任内阁中书、宗人府主事和礼部主事等官职。他在政治上主张改革，革除积弊，抵制外侮，并因屡屡揭露时弊而触动时忌，遭致权贵的不断排挤和打击。1839 年 6 月，龚自珍辞官南归，其时 48 岁。途中，龚自珍写下了情思激扬、忧国忧民的组诗《己亥杂诗》。1841 年 9 月他暴卒于江苏丹阳云阳书院。

龚自珍学术上属于今文经学派，主张"经世致用"。其诗文创作多表现"更法""改图"之先进思想，揭露清朝统治者的腐朽，洋溢着爱国热情，具有思想的深刻性和艺术的独创性，风格独特而鲜明。著有《定盦文集》，留存文章 300 余篇，诗词近 800 首。名篇有《尊隐》《病梅馆记》等，组诗《己亥杂诗》尤为著名，多咏怀和讽喻之作。

诗歌创作方面，龚诗别开生面，不同于唐宋诗，开创了近代诗歌创作的新风貌。体式上，其诗多写五七言"古体律诗"、七言"近体诗"，而以七言绝句为大宗。其绝句摆脱了格律拘束，自由运用，冲口而出，成就突出。取材上，其诗作多汲取现实题材，如遍存的现象、习见的景物，并站在政治、历史、社会的高度来加以审视、拷问，以政论作诗，以哲理入诗，或抒情，或议论，或想象，不涉实事，多抒感慨，表明态度和愿望，又不落于以文字、学问、议论为诗，避免了散文化。艺术表达上，其诗作想象奇异，语言瑰丽，生气勃发，充满激情，有“龚派”之称。如“落红不是无情物，化作春泥更护花”，从衰败中看出新生与壮丽，别出意象，出人意料。

龚自珍的散文也有别于唐宋和桐城派的古文，上承先秦两汉古文，下开近代散文的新风。思想内容上，其散文与诗歌的主要精神相一致，或“以经术作政论”，或直接批判揭露现实，或借题发挥，托物影射，或通过论文、论事、记物、记名胜形势来批判、讽刺封建专制统治的恶行败德，具有深刻的思想性和批判精神。艺术表现上，方法多样又简洁明了，或直率，或奇诡，简括中有铺陈、夸张。语言表达活泼多样，有的散行中有骈偶，有的瑰丽，有的古奥，有的也不乏偏僻、生硬、晦涩。

本节所选文章《病梅馆记》是其代表作，据吴昌绶的《定盦先生年谱》记载，本文作于道光十九年（1839 年）。

这一时期，正是鸦片战争爆发前夕。清朝统治者为了加强思想统治，奴役民众，一方面继续实施科举，以八股文取士，以禁锢人们的思想，另一方面大兴文字狱，疯狂镇压知识分子，这从《咏史》中可以看得出来。长期而严酷的极权统治、思想钳制之下，人才遭受严重的压抑和摧残，整个国家一片万马齐喑，社会乌云压顶暮气沉沉。龚自珍思想敏锐，洞观天下，宦场经年，深感时事繁难，民生多艰，内忧外患，风雨飘摇，急切要为国为民振臂疾呼，仰天放歌，希望深刻的社会变革迅速到来。有诗可证：“九州生气恃风雷，万马齐喑究可哀。我劝天公重抖擞，不拘一格降人才。”（《己亥杂诗·其二百二十》）

辞官返回故里杭州后，龚自珍新辟了一处梅园，取名“病梅馆”，由此写了本篇寓言体散文，故本文题目又名《疗梅说》。文章题为《病梅馆记》，写作对象无疑是“梅”，但落笔却重在“病”字上。如此做法，说明作者是有的放矢、有感而发的，“歌泣无端字字真”（《己亥杂诗·其一百七十》）。这也印证了本文的性质是托物言志，以梅喻政，讥评时弊，全篇忧国忧民，激情洋溢，寓意深刻。文章形象而深刻地揭露了封建统治的腐朽与黑暗，批判了专制体制和文化的落后，以及社会庸俗与功利的现象，热情追求思想解放与个性自由，热切盼望社会变革与进步。

全文共三段。

第一段剖析产生病梅的社会根源，揭露社会的黑暗现实。文章先列举盛产梅花的江宁龙蟠、苏州邓尉、杭州西溪等产地，引出叙议的对象，把读者置入一片梅林之中。既说梅分布之广，又说梅产地之多，暗喻天下人才不可胜数，江浙一带更是人才济济。以梅喻人，托物言志，为全文的叙议做了铺垫。接着从三个层面分析了病梅产生的缘由。一是某些人陈腐的审美观所致，这些人认为梅“以曲为美”“以欹为美”“以疏为美”，而“直则无姿”“正则无景”“密则无态”。这样的品梅标准，影射了当时封建统治阶级选用人才的标准。清朝统治者为了维护其封建专制，实行严酷的思维钳制，摧残和扼杀刚正、忠贞、富有朝气的人才，豢养屈曲、奸邪、蝇营狗苟、唯唯诺诺的庸才和奴才。二是封建文人画士持有上述品梅观。他们居心不善，用意邪恶，代表了清朝封建统治者，是夭梅、病梅的幕后凶手。暗寓“万马齐喑”、令人窒息以及郁闷悲愤局面产生的社会原因。三是某些助纣为虐的帮凶的卑劣行径。这些人“斫其正，养其旁条，删其密，夭其稚枝，锄其直，遏其生气”，夭梅病梅，祸烈至极，导致“江浙之梅皆病”。揭露、谴责了封建统治者的帮凶们，趋炎附势，投合自己主子的意图，处心积虑地清洗、摧残、扼杀人才，致使天下“万马齐喑”、死气沉沉。作者深切的同情、悲恸、愤慨，也跃然纸上。

第二段，表明自己疗梅的经过和决心。先写作者一次就购买了三百盆病梅，“泣之三日”，“誓疗之”，行动果敢，态度坚决。然后写“疗”梅之法，“纵之、顺之”，“毁其盆”，“悉埋于地”，“解其棕缚”，表现了作者对专制压抑、思想束缚的满腔义愤和积极要求变革的斗争激情。最后写“辟病梅之馆”，点明题旨，收束前文。

最后一段，抒写自己辟馆疗梅的心志。先用“呜呼”一词引出议论，慨叹自己暇日不多，疗梅的力量有限，不足以挽回“病梅”的厄运，悲叹人才普遍遭受扼杀的局面。再用反问句“安得使予……也哉”，抒写“穷予生之光阴以疗梅”的心志。末尾一叹，充分表现出作者期盼未来、坚持斗争的志向和决心。

《病梅馆记》是一篇动人而出色的散文精品，艺术上有着独到的特点。

第一，选材独到，构思新颖，思想深刻，激情洋溢，具有强烈的批判性和战斗性。全文不到三百字，明着写梅，实则写人，小处着手，大局着眼，从政治、社会、历史、文化的高度作客观、公正的剖析，无情地揭露和批判了现实政治的腐朽、社会的黑暗与落后，显示了龚自珍后期散文创作的突出特点。

第二，表现形式和手法独特。《病梅馆记》采用寓言样式、曲笔手法，借题发挥，以梅喻人，托梅言志，透过植梅、养梅、品梅、疗梅等的日常琐事，层层写来，有叙有议，由小见大，影射现实，表现了破除封建束缚、追求个性解放的鲜明的政治观点和主张。

第三，语言形象、生动、简明而有激情，熔叙述、议论、抒情于一体，具有强烈的抒情性和感召力。

梁启超赞曰：“晚清思想之解放，自珍确与有功焉。光绪间所谓新学家者，大率人人皆经过崇拜龚氏之一时期；初读《定盦全集》，若受电然。……今文学派之开拓，实自龚氏。”柳亚子誉之为“三百年来第一流”。

嘉言撷英

1. 一笑劝君输一著，非将此骨媚公卿。
2. 我劝天公重抖擞，不拘一格降人才。
3. 一箫一剑平生意，负尽狂名十五年。
4. 纵使文章惊海内，纸上苍生而已。似春水、干卿何事。
5. 万一禅关砉然破，美人如玉剑如虹。
6. 不是逢人苦誉君，亦狂亦侠亦温文。照人胆似秦时月，送我情如岭上云。

7. 设想英雄垂暮日，温柔不住住何乡。
8. 吟到恩仇心事涌，江湖侠骨恐无多。
9. 何日冥鸿踪迹遂，美人经卷葬年华。
10. 天地，人所造，众人自造，非圣人所造。

第七节　新民之光：梁启超笔下的少年中国

本爱国之心，绞爱国之脑，滴爱国之泪，洒爱国之血，掉爱国之舌，举西东文明大国国权民权之说，输入之于中国，以为新民倡，以为中国光。

——黄遵宪

选　篇

少年中国说（节选）

近代　梁启超

日本人之称我中国也，一则曰老大帝国，再则曰老大帝国。是语也，盖袭译欧西人之言也。呜呼！我中国其果老大矣乎？梁启超曰：恶！是何言！是何言！吾心目中有一少年中国在！

欲言国之老少，请先言人之老少。老年人常思既往，少年人常思将来。惟思既往也，故生留恋心；惟思将来也，故生希望心。惟留恋也，故保守；惟希望也，故进取。惟保守也，故永旧；惟进取也，故日新。惟思既往也，事事皆其所已经者，故惟知照例；惟思将来也，事事皆其所未经者，故常敢破格。老年人常多忧虑，少年人常好行乐。惟多忧也，故灰心；惟行乐也，故盛气。惟灰心也，故怯懦；惟盛气也，故豪壮。惟怯懦也，故苟且；惟豪壮也，故冒险。惟苟且也，故能灭世界；惟冒险也，故能造世界。老年人常厌事，少年人常喜事。惟厌事也，故常觉一切事无可为者；惟好事也，故常觉一切事无不可为者。老年人如夕照，少年人如朝阳。老年人如瘠牛，少年人如乳虎。老年人如僧，少年人如侠。老年人如字典，少年人如戏文。老年人如鸦片烟，少年人如泼兰地酒。老年人如别行星之陨石，少年人如大洋海之珊瑚岛。老年人如埃及沙漠之金字塔，少年人如西比利亚之铁路。老年人如秋后之柳，少年人如春前之草。老年人如死海之潴为泽，少年人如长江之初发源。此老年与少年性格不同之大略也。梁启超曰：人固有之，国亦宜然。

…………

任公曰：我中国其果老大矣乎？是今日全地球之一大问题也。如其老大也，则是中国为过去之国，即地球上昔本有此国，而今渐澌灭，他日之命运殆将尽也。如其非老大也，则是中国为未来之国，即地球上昔未现此国，而今渐发达，他日之前程且方长也。欲断今日之中国为老大耶？为少年耶？则不可不先明"国"字之意义。夫国也者，何物也？有土地，有人民，以居于其土地之人民，而治其所居之土地之事，自制法律而自守之；有主权，有服从，人人皆主权者，人人皆服从者。夫如是，斯谓之完全成立之国，地球上之有完全成立之国也，自百年以来也。完全成立者，壮年之事也。未能完全成立而渐进于完全成立者，少年之事也。故吾得一言以断之曰：欧洲列邦在今日为壮年国，而我中国在今日为少年国。

…………

且我中国畴昔，岂尝有国家哉？不过有朝廷耳！我黄帝子孙，聚族而居，立于此地球之上者既数千年，而问其国之为何名，则无有也。夫所谓唐、虞、夏、商、周、秦、汉、魏、晋、宋、齐、梁、陈、隋、唐、宋、元、明、清者，则皆朝名耳。朝也者，一家之私产也。国也者，人民之公产也。朝有朝之老少，国有国之老少。朝与国既异物，则不能以朝之老少而指为国之老少明矣。文、武、成、康，周朝之少年时代也。幽、厉、桓、赧，则其老年时代也。高、文、景、武，汉朝之少年时代也。元、平、桓、灵，则其老年时代也。自余历朝，莫不有之。凡此者谓为一朝廷之老也则可，谓为一国之老也则不可。一朝廷之老且死，犹一人之老且死也，于吾所谓中国者何与焉。然则，吾中国者，前此尚未出现于世界，而今乃始萌芽云尔。天地大矣，前途辽矣。美哉我少年中国乎！

…………

故今日之责任，不在他人，而全在我少年。少年智则国智，少年富则国富；少年强则国强，少年独立则国独立；少年自由则国自由，少年进步则国进步；少年胜于欧洲则国胜于欧洲，少年雄于地球则国雄于地球。红日初升，其道大光。河出伏流[1]，一泻汪洋。潜龙腾渊，鳞爪飞扬。乳虎啸谷，百兽震惶[2]。鹰隼试翼[3]，风尘吸张[4]。奇花初胎[5]，矞矞皇皇[6]。干将发硎[7]，有作其芒[8]。天戴其苍，地履其黄。纵有千古，横有八荒[9]。前途似海，来日方长。美哉我少年中国，与天不老！壮哉我中国少年，与国无疆[10]！

注释

[1] 伏流：语出《水经注》："河出昆山，伏流地中万三千里，禹导而通之。"

[2] 震惶：惊恐害怕。

[3] 隼（sǔn）：猛禽，鹰类。

[4] 吸张：即“翕张”，一开一合。此处意为风和尘土随鹰翼的扇动而扬起。

[5] 奇花初胎：语出唐司空图《二十四诗品·精神》，以奇花喻少年之精神。

[6] 矞（yù）矞皇皇：语出扬雄《太玄》，形容万物在春光中蓬勃美盛的样子。

[7] 干将：春秋时吴人干将所铸利剑，以铸剑者命名。发硎（xíng）：刚刚磨好利刃。硎，磨刀石。

[8] 有作其芒：语出《史记·天官书》：“作作有芒”。有，语助词。作，光芒四射的样子。

[9] 八荒：八方荒远之地。

[10] 无疆：无限，无止境。

导读

梁启超（1873年—1929年），字卓如，一字任甫，号任公，又号饮冰室主人、饮冰子、哀时客等。清朝光绪年间举人，中国近代思想家、政治家、教育家、史学家、文学家，戊戌变法（百日维新）领袖之一。

1900年2月10日，梁启超在《清议报》第35册发表了《少年中国说》一文。此时的梁启超因戊戌变法的失败，被迫流亡海外，使得他大量接触了外国先进文化。他开始用世界的眼光来看当时中国的现状和中国人的精神。他自己回忆在日本的经历说：“自居东以来，广搜日本书而读之，若行山阴道上，应接不暇，脑质为之改易，思想言论与前者若出两人。”新思想的输入使得梁启超对中国文化、社会问题以及国家前途有了新的认识。同时，异国的流亡生活与国际社会对中国的轻视与侮辱，又使得梁氏具有强烈而敏感的民族认同与自尊。在日本，一批流亡青年学生与梁氏切磋琢磨，使得梁氏对中国的希望看得更清晰。在这内外因素的作用下，梁氏写下了这篇激昂澎湃、浩荡纵横的雄文名篇。

查屏球教授指出：本文构思于梁启超前往美国旅行的船上与初到夏威夷岛时，对西方现代文明的直接体验以及对夏威夷岛民族变异的直观感受，激发了他的使命感与危机感。这点在本文最后“作者附识”中有明确的表示：

> “三十功名尘与土，八千里路云和月。莫等闲、白了少年头，空悲切！”此岳武穆《满江红》词句也，作者自六岁时即口受记忆，至今喜诵之不衰。自今以往，弃“哀时客”之名，更自名曰“少年中国之少年”。

其中以岳飞《满江红》自励，其中华文化独立与异族抗衡的意思显而易见。

本文的语言极具特色，是梁氏“新文体”的代表作。“新文体”，亦称“新民体”“报章体”，指近代梁启超所创散文新体。19世纪90年代，以梁启超为代表的维新派人士在报刊文章写作上取得了突破，创造了一种“新文体”。其内容以“新民”为要，主张根据社会发展，启发民智，多为时事政治评论。其语言最具特色，将传统古文与现代生活语言相结合，讲求平易畅达，杂用俚语、韵语、外语等，条理清晰，在参差错落的语句之中，多用大段的排比句和对偶句式，气势雄伟贯通，具有很强的感染力和号召力。

本文长于对比与排比，在新旧、中西、老少的对比中，梁氏使用大量新鲜的知识与事物作比喻，用形象生动而又极度刺激的语言描绘了中国与世界的差距：

老年人如夕照，少年人如朝阳。老年人如瘠牛，少年人如乳虎。老年人如僧，少年人如侠。老年人如字典，少年人如戏文。老年人如鸦片烟，少年人如泼兰地酒。老年人如别行星之陨石，少年人如大洋海之珊瑚岛。老年人如埃及沙漠之金字塔，少年人如西比利亚之铁路。老年人如秋后之柳，少年人如春前之草。老年人如死海之潴为泽，少年人如长江之初发源。

这一段文字对传统中国古文的改造既新奇又自然，气势排山倒海而来，为后来白话文创作之先声。其中蕴含着梁氏对沉闷腐朽的中国的深深的忧虑，同时在呼唤并坚信新生的中国即将到来：

红日初升，其道大光。河出伏流，一泻汪洋。潜龙腾渊，鳞爪飞扬。乳虎啸谷，百兽震惶。鹰隼试翼，风尘吸张。奇花初胎，矞矞皇皇。干将发硎，有作其芒。天戴其苍，地履其黄。纵有千古，横有八荒。前途似海，来日方长。

这结尾的排比，又回用传统骈文四字句式和古典意象，但赋予其新时代的精神气质，恰可表现中国少年的蓬勃活力和少年中国的自强气象。

梁氏曾自我评价："有《少年中国说》《呵旁观者文》《过渡时代论》等，开文章之新体，激民气之暗潮"（《清议报100册祝辞并论报馆之责任及本馆之经历》）。就《少年中国说》而言，其思想之激昂清新，其语言之开阖雄放，确属的论。

所谓"激民气之暗潮"，正是梁氏"新民"思想的体现，他在文中写道：

有土地，有人民，以居于其土地之人民，而治其所居之土地之事，自制法律而自守之；有主权，有服从，人人皆主权者，人人皆服从者。夫如是，斯谓之完全成立之国，地球上之有完全成立之国也，自百年以来也。完全成立者，壮年之事也。未能完全成立而渐进于完全成立者，少年之事也。故吾得一言以断之曰：欧洲列邦在今日为壮年国，而我中国在今日为少年国。

正可见梁氏对于改造中国之信念。梁启超一生不断吸取新知，力求前进。他曾言："男儿志兮天下事，但有进兮不有止，言志已酬便无志。"对梁氏的政治思想，学术界虽然多有争论，但他领风气之先的精神却是大家公认的。

梁启超笔下的少年中国，是一种期盼，是对中华文明重获新生的期盼；同时也是一种信仰，对中华民族伟大复兴的信仰。

嘉言撷英

1. 自由者，权利之表证也。凡人所以为人者有二大要件：一是生命，二是权利。二者缺一，时乃非人，故自由者亦精神界之生命也。

2. 凡作事，将成功之时，其困难最甚。行百里者半九十，有志当世之务者，不可不戒，不可不勉。
3. 这个社会尊重那些为它尽到责任的人。
4. 法者，天下之公器也；变者，天下之公理也。
5. 天下惟庸人无咎无誉。
6. 人之生也，其忧患俱来，知其无可奈何而安之若命。
7. 凡人必常常生活于趣味之中，生活才有价值。
8. 自由者，权利之表证也。凡人所以为人者有二大要件：一是生命，二是权利。二者缺一，时乃非人，故自由者亦精神界之生命也。
9. 教育不是别的什么，教育就是教人学做人。
10. 知育要教到人不惑，情育要教到人不忧，意育要教到人不惧。

参考文献

[1] 程俊英，蒋见元著．诗经注析．北京：中华书局，1991．
[2] 杨伯峻译注．论语译注．北京：中华书局，1980．
[3] 杨伯峻编著．春秋左传注．北京：中华书局，2009．
[4] 郭庆藩辑．庄子集释．北京：中华书局，1961．
[5] 汤炳正等注．楚辞今注．上海：上海古籍出版社，2012．
[6] 司马迁著．史记．北京：中华书局，1982．
[7] 班固著．汉书．北京：中华书局，1962．
[8] 隋树森编著．古诗十九首集释．北京：中华书局，2018．
[9] 曹操著．曹操集．北京：中华书局，1974．
[10] 赵幼文校注．曹植集校注．北京：人民文学出版社，1998．
[11] 俞绍初辑校．建安七子集．北京：中华书局，2005．
[12] 诸葛亮著．诸葛亮集．北京：中华书局，1960．
[13] 逯钦立校注．陶渊明集．北京：中华书局，1979．
[14] 余嘉锡笺疏．世说新语笺疏．北京：中华书局，2007．
[15] 刘跃进主编．汉魏六朝集部珍本丛刊．北京：国家图书馆出版社，2019．
[16] 陈桥驿校证．水经注校证．北京：中华书局，2007．
[17] 王利器撰．颜氏家训集解．北京：中华书局，1993．
[18] 萧统编．文选．上海：上海古籍出版社，1986．
[19] 郭茂倩编．乐府诗集．北京：中华书局，1979．
[20] 瞿蜕园，朱金城校注．李白集校注．上海：上海古籍出版社，1980．
[21] 陈铁民，侯忠义校注．岑参集校注．上海：上海古籍出版社，2004．
[22] 孙钦善校注．高适集校注（修订本）．上海：上海古籍出版社，2014．
[23] 仇兆鳌注．杜诗详注．北京：中华书局，1979．
[24] 柳宗元著．柳宗元集．北京：中华书局，1979．
[25] 吴在庆撰．杜牧集系年校注．北京：中华书局，2008．
[26] 刘学锴，余恕诚著．李商隐诗歌集解．北京：中华书局，2004．
[27] 王仲闻校订．南唐二主词校订．中华书局，2007．
[28] 洪本健校笺．欧阳修诗文集校笺．上海：上海古籍出版社，2009．
[29] 孔凡礼点校．苏轼文集．北京：中华书局，1986．

[30] 王文诰辑注．苏轼诗集．北京：中华书局，1982．
[31] 刘尚荣校点．黄庭坚诗集注．北京：中华书局，2003．
[32] 徐培均笺注．李清照集笺注．上海：上海古籍出版社，2013．
[33] 朱东润选注．陆游选集．上海：上海古籍出版社，1979．
[34] 邓广铭笺注．稼轩词编年笺注．上海：上海古籍出版社，1993．
[35] 王起主编．元明清散曲选．北京：人民文学出版社，1988．
[36] 周本淳校点．震川先生集．上海：上海古籍出版社，1981．
[37] 钱伯城笺校．袁宏道集笺校．上海：上海古籍出版社，2008．
[38] 徐朔方，杨笑梅校注．牡丹亭．北京：人民文学出版社，1963．
[39] 夏咸淳，程维荣校注．陶庵梦忆　西湖梦寻．上海：上海古籍出版社，2001．
[40] 张草纫笺注．纳兰词笺注（修订本）．上海古籍出版社，2003．
[41] 王佩诤校．龚自珍全集．上海：上海古籍出版社，1996．
[42] 梁启超著．饮冰室合集．北京：中华书局，1989．